日本経営学基礎シリーズ

企 業 論

小椋康宏
柿崎洋一　著

〈第 四 版〉

学 文 社

は　し　が　き

　現代経営体を取り巻く経営環境は，今日急激な変化の過程にあり，経営体が
それをどのように経営意思決定過程に取り入れるかが問われてきているといっ
てよい．21世紀における経営像，企業像を考えるとき，そこには現代経営体
の企業論的視点からみた経営原理の解明が必要であるように思われる．

　以上のような問題意識から，われわれは，ここに本書のタイトルを『企業
論』として上梓することにした．企業論は，われわれの見解では企業の性格を
経営学的視点より明らかにするものであると考えている．そのための経営学研
究において，企業体制論研究は，伝統的にみて経営学の体系を基礎づける研究
として重要である．したがって企業論の視点が経営学の方法の基礎にあるもの
であると考えている．

　本書における研究は，最近の10年間にわたる個々人の研究および共同研究
を通じて生み出された研究成果をベースにまとめられたものである．本書は
10章から構成されている．各章の概要は次の通りである．

　第1章では「会社は誰のものか」で設定されるコーポレート・ガバナンス論
を財務論の視点からその経営原理を明らかにした．とくに，コーポレート・ガ
バナンスの現代的特質をステークホルダーである株主，債権者（金融機関）
との関連で検討した．加えて，日本企業再構築のために必要な経営原理を提示
した．

　第2章では，経営体制の発展原理の帰結として措定される「新経営体」を理
念として掲げ，新経営体に至る経営体制の発展原理を明らかにした．とくに経
営体制発展原理のなかで多国籍企業がもっとも具体的な実践的課題を提起して
おり，日本型多国籍企業の経営を明らかにすることによって，日本的経営論の
経営実践論を展開したわけである．

　第3章では，マネジリアル・エコノミックスの基本的枠組みをとりあげ，マ

ネジリアル・エコノミックスで生み出された分析概念が経営の意思決定過程に
どのように適用されるかを明らかにした．とくに，ここでは財務理論（ファイ
ナンス理論）および投資理論との関連のなかでマネジリアル・エコノミックス
でとりあげられる分析概念がどのような特徴をもつかを検討した．

　第4章では，企業の法律形態を企業の成長問題と関連させながら展開した．
とくに，株式会社形態では，企業成長を可能にする制度的な工夫に焦点をあて，
経営活動の充実という視点からその特質をとりあげた．また，株式会社の経営
における構造的課題たとえば資本と経営の分離，経営者の位置づけ等を検討し
た．

　第5章では，成長の概念や評価の検討を含めて，企業活動の総合的視点から
成長の機構と過程をとりあげた．とくに，純財産成長率として成長率をとらえ，
資産や負債の成長に関連づける均衡成長の概念を援用して，企業成長の総合的
な経済機構を提示した．ここでは，企業の主体的な視点，つまり経営の立場か
ら企業成長の内実を踏まえて検討した．

　第6章では，統一的な指揮のもとで形成される企業結合関係としてのコンツ
ェルンをとりあげ，その経営のあり方を考察した．コンツェルンの形成は，企
業成長の有力な方策の1つであるとともに，企業の経営構造を大きく変えるこ
とになる．ここでは，いわゆる持ち株会社の機能的な理解を深めるとともに経
営会社という構想にも触れながら，コンツェルンの経営的な特質を究明した．

　第7章では，企業間の結合関係を独立企業間の協調関係にまで拡大して，企
業間関係の多様性を経営的な視点から再整理し，その特質を検討した．とくに，
企業間競争の激化と国際化，さらに生産的資源の分散化や技術革新によって，
他企業との間の弾力性に富む関係を明らかにした．つまり具体的には協調関係
たとえば提携関係やネットワーク関係等の形成を指摘した．

　第8章では，未知の事業への挑戦というベンチャーの概念を用いて，企業成
長を経営者の行動原理という主体的な視点から考察した．ここでは，既存企業
におけるベンチャー活動（ベンチャーマネジメント）と独立精神の旺盛な個人

が企業を創出する独立ベンチャー活動（ベンチャービジネス）を含めてベンチャー企業とし，その経営行動の原理を検討した．

　第9章では，ベンチャー企業を財務論的視点から，ベンチャー企業を創造し，ベンチャー企業を発展させる行動原理を明らかにした．とくに，ベンチャー企業の枠組みとくにベンチャー企業の立ち上げにおいて生ずる経営原理を明らかにし，とくにエクイティ資本調達における問題点を明らかにした．またベンチャー企業の投資原理，資本コスト原理がベンチャー企業の経営行動にどのような影響を与えるかについても明らかにした．

　第10章では，多国籍企業の経営行動のなかで，その投資原理を明らかにした．とくに，多国籍企業の資本予算としての投資決定基準の方法をとりあげ，その有効性を明らかにした．多国籍企業の資本コスト原理は多国籍企業の投資決定原理にとっても重要であり，その資本コストの具体的計算例を示し，資本コストの実践原理を明らかにした．また多国籍企業の投資原理として終価利益率法の特質を考え，その有効性を明らかにした．

　本書における一貫した経営学方法論はいずれも実践経営学の方法論に依拠している．本書における各分担者の執筆担当の各章は，いずれも著者の専門的立場からの分析となっている．本書の特徴としては，各章の最初に「キーワード」が示されている．各章末には「本研究に関する現状と動向」という形で著者による本テーマに関するコメントがつけられている．読者は，これら2つの特徴を念頭において，それぞれの企業論研究の内容を理解し，検討していただきたい．

　ところで，本書がこのような形で出版できたことに対して，まずわれわれは，恩師一橋大学名誉教授故山城章先生の学恩に感謝するものである．本書における経営学方法論については，小椋が一橋大学大学院商学研究科において，柿崎が東洋大学大学院経営学研究科において，先生から実践経営学の方法として学んだものである．その後，先生が1993年2月にお亡くなりになるまで，われわれは先生から経営学研究のご指導をいただいてきたのである．われわれは，

拙ないこの研究成果である本書を先生のご仏前に供えたいと思う次第である.

　なお，本書は，日本経営学基礎シリーズ第2巻として発刊されることはわれわれにとっても大きな喜びとなっている．今後の研究の展開としては，われわれはより体系だった『企業論』の内容を精緻化したいと考えている.

　本書における思わぬ過誤は，いずれもわれわれの責任である．読者諸賢からの忌憚のないご意見とご教示をお願いするものである.

　最後に学文社社長田中千津子氏から，本書の出版に関し，多大なご尽力をいただき，このような形で出版に至ったことに対し，心から厚くお礼申し上げたい.

　1998年3月3日　桃の節句

小椋康宏

柿崎洋一

第4版によせて

　第3版発刊（2007年）以後の社会経済は大きく変化した．2015年国連総会で採択された持続可能な開発目標（Sustainable Development Goals: SDGs）は，企業の社会問題や地球環境問題などへの積極的な取り組みを期待している．このような状況変化に対応して，本書では，企業家機能，オープンイノベーション，ステークホルダー，企業と社会の共通価値の創出などの課題を検討した．具体的には，第1章，第11章，第12章を新たに改訂した.

　今回の改訂作業には，学文社社長田中千津子氏からご尽力をいただいた．心からお礼を申し上げることにしたい.

　2021年2月24日

著　　者

目　次

第1章　企業と企業家

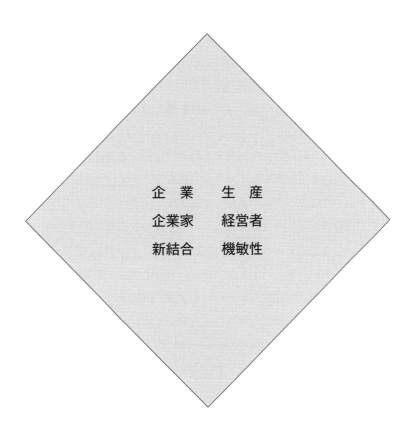

企　業　　生　産

企業家　　経営者

新結合　　機敏性

1　生産と市場

　われわれは生活に必要な財貨またはサービスを生産（production）しなければならない．生産は，「何か価値のある財またはサービスを生み出すため資材と諸力とを結合し，整合的に利用する過程をすべて含めることができる[1]」と定義される．

　生産は，人間によるだけでなく，自然界でも行われている．しかし，人口，食糧生産，工業化，汚染，および再生不可能な自然資源の消費にみられる幾何級数的成長の限界を明らかにしたローマクラブの指摘[2]によるまでもなく，われわれの将来の生活を支える生産のために自然界が生産する自然資源は限られている．このことは，地球環境問題に端的に示されている．したがって，われわれは自然界の資源循環的な生産システムに配慮して生産の合理性を高めなければならい．

　生産活動には，一般的に自ら消費するために生産する自給自足型生産と他の消費のために生産する分離型生産が考えられる．たとえば，自給自足型生産は，孤島に漂着し，そこでの生活を描いたロビンソン・クルーソーの物語[3]の世界ともいえる．自給自足という生産形態は，閉じた経済社会である．しかし，人間は知的な好奇心などによって開放的な行動をとることが知られている．冒険心がこれである．他の社会との交流は，新しい発見と生活基盤の広がりをもたらすのである．とりわけ交通機関などの技術発展，財貨またはサービスの交換により生活が豊かになり，貨幣の出現により安定した合理的な生活が形成される．さらに，そこに形成される市場（market）は，図表1—1のように価格の働きにより経済的な生産と消費を調整することになる．

　図表1—1のE点は，需要と供給が一致する価格PEと生産量（数量）QEであり，均衡点（equilibrium point）とよばれる．この均衡点で市場取引が成立する．分離型生産には，生活に必要な財貨またはサービスを購入したい人と財

図表1－1 市場均衡

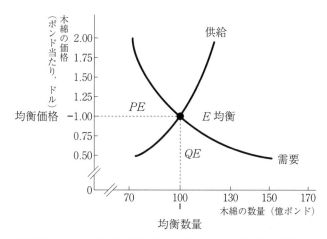

出所）Krugman, P. & R. Wells, *Economics*, 3rd ed., Worth Publishers, 2013（大山道広，石橋孝治，塩澤修平，白井義昌，大東一郎，玉田康成，蓬田守弘訳『クルーグマンミクロ経済学』東洋経済新報社　2007年　113ページ）.

貨またはサービスを売りたい人が市場での自由な取引によって調整される市場経済と国家などの生産計画に基づいて調整される計画経済がある．市場経済では，自由な競争市場が前提となる．ここに，競争市場とは，「同じ財またはサービスについて多数の買い手と多数の売り手がいるが，誰もその財またはサービスの価格に影響を及ぼすことができないような市場[4]」である．

　市場経済では，「生活に必要な財貨またはサービスの購入」を需要と，「財貨またはサービスの生産」を供給とよぶのである．需要と供給は，市場での取引の価格によって調整される．需要と供給の一致点を均衡点とする．この均衡点では，均衡価格と均衡数量が決定される．つまり，均衡点までは，生産されるがその後は供給過剰となる．需要曲線と曲線上の移動を区分する．曲線の上昇はイノベーション（innovations）であり，曲線上の移動は需要と供給の数量ということになる．

2　生産と企業家

　生産は生産諸要素の結合であり，生産諸要素にはあらゆる生産手段が含まれる．たとえば，ヒト（労働力），モノ（土地，施設，設備など），カネ（資金），技術（知財，ノウハウ）などがある．これらの生産諸要素を結合するには何か意味ある財またはサービスをみつけなければならない．この何か意味ある財またはサービスは，市場経済の特徴である私有財産制によっても理解される．私有財産制は「その本質的要素に限ってみれば，各人が自らの努力によって生産した物品，または暴力や詐欺などによらないで，贈与または公正な契約によって生産者から受け取った物品は，これを少しも妨げられることなく自由に処分してよいという権利を，各人に認めることに存在する[5]．このように各人は，自分の財を効率的に利用して，財を増やそうとする．自分の財を効率的に増やす手段として生産がなされることになる．

　このような生産諸要素の結合は，「機械的に行われるのでもなく有機的に行われるのでもなく，むしろ，原理にのっとる意識的人間行為によって行われる[6]」この結合機能は「企業家」に任されるのである．企業家は生産諸要素の結合機能によって規定されるが，ここでは代表的な企業家の概念としてシュンペーター（Schumprter, J. A.）とカーズナー（Israel Meir Kirzner, I. M.）の所論を検討する．

2―1．シュンペーターの企業家論

　シュンペーターは，「企業者（Unternehmer）」を経済発展の本来的な根本現象と名づけた．「われわれが企業と呼ぶものは，新結合の遂行およびそれを経営体などに具体化したもののことであり，企業者と呼ぶものは，新結合の遂行をみずからの機能とし，その遂行に当たって能動的要素となるような経済主体のことである[7]．」そこでは機能としての企業者が取り上げられている．「だれでも「新結合を遂行する」場合にのみ基本的に企業者であって，したがって彼が

一度創造された企業を単に循環的に経営していくようになると，企業者としての性格を喪失するのである.」[8]

　シュンペーターによれば，「生産をするということは，われわれの利用しうるいろいろな物や力を結合することである」[9]とされる. 経済発展の形態と内容は，新結合の定義によって与えられるとし，つぎの5つの場合が掲げられている.[10]

　① 新しい財貨，すなわち消費者の間でまだ知られていない財貨，あるいは新しい品質の財貨の生産.

　② 新しい生産方式，すなわち当該産業部門において実際上未知な生産方式の導入.
　　これはけっして科学的に新しい発見に基づく必要はなく，また商品の商業的取扱いに関する新しい方法をも含んでいる.

　③ 新しい販路の開拓，すなわち当該国の当該産業部門が従来参加していなかった市場の開拓. ただし，この市場が既存のものであるかどうかは問わない.

　④ 原料あるいは半製品の新しい供給源の獲得. この場合においても，この供給源が既存のものであるか—単に見逃されていたのか，その獲得が不可能とみなされていたのかを問わず—あるいは初めてつくりだされねばならないかは問わない.

　⑤ 新しい組織の実現，すなわち独占的地位（たとえばトラスト化による）の形成あるいは独占の打破.

　また，シュンペーターの新結合の遂行は，"*Business Cycles*"（1939）では，イノベーション（innovation）として論じられ，さらに"*Capitalism, Socialism & Democracy*"（1942）では「創造的破壊（Creative Destruction）」の過程の担い手として企業家が登場する. そして，新規結合の遂行としての経済発展について，「すなわち，われわれが取り扱おうとしている変化は経済体系の内部から生ずるものであり，それはその体系の均衡点を動かすものであって，しかも新

しい均衡点は古い均衡点からの微分的な歩みによって到達しえないようなものである. 郵便馬車をいくら連続的に加えても, それによってけっして鉄道を売ることはできないであろう[11)]」とする. このような新規結合の特徴づけは, 創造的破壊としてあらわれ, その担い手として企業家の役割を見出すことになる. 同時に, 用語上の変化はあるもののイノベーション, 新結合の機能を担うのが企業家である点に留意する必要がある.

さらに, 「企業 (enterprise) と経営 (management) の区別がある. すなわち, お互い共通する部分が多くても, 新しいアイディアを具体化する事業を起こすのと, ゴーイング・コンサーンの管理を指導するのとは別のことである. 手段の所有によって機能が促進されることはあっても, 企業家の機能は資本家のそれと同じではないことに注意することも肝心である[12)]」さらに, 機能としての企業家を概念化しているのであるが, 「その思想が純粋に企業家の機能に限定されているのは, 結局のところ「創業者」(Gründer, promoter) のタイプということになる[13)]」このように企業家を機能として位置づけている点が重要であり, 経営との関連を考える上でも重要であると考える.

2—2. カーズナーの企業家論

企業家は, 企業の存在以前に存在する. カーズナーによれば, 「恐らく新しい追求する価値のある目的および恐らく新しい入手可能な資源に対する機敏性 (alertness) という要素を人間の意思決定における企業家的要素と名付けることにする[14)]」とされる. 企業家の意思決定の特徴は, 不完全知識の世界における潜在的に価値のある目的に対する機敏性と潜在的に有用で入手可能な資源に対する機敏性に求められている. さらに, 「純粋な企業家精神という場合には, 意思決定者が手段なしで事業を始めている必要がある[15)]」としている. このように考えると, 企業家は, 企業家的な意思決定の後に必要とされる生産者, 資産所有者 (資本家) そして経営者とも異なることになる. つまり, 企業は, 「企業家が何らかの企業家的な意思決定を終えた後に生まれてくるものである. 企業家はひとたびある商品を生産するのに必要な資源のいくつかを獲得してしま

うと，いわゆる平常の事業活動に携わる[16]」とする．この企業家的な意思決定は，創業者の最初の意思決定ということになる．ただし，生産者は個人事業者だけでなく，会社という法律上の人，つまり法人企業としての生産組織である点が十分に取り上げられているとはいいがたいのである．

　このように，「企業家精神とは，新しい製品や新しい生産技術を導入することではなくて，新しい製品が消費者に価値あるものとなり，他人が知らない新しい生産技術が企業化できることを見通す能力なのである[17]」．さらに，「企業家精神に必要とされる「知識」の種類は，実質的な市場情報の知識ではなく，「知識をどこで探索すべきかの知識である」．この種の知識をぴったりと表現する言葉は機敏性であると考える．また，「機敏性」は雇われうるというのも真実である．しかし，知識を発見するのに機敏な被雇用者を雇う人間は，より高次の機敏性を発揮していることになる．企業家的知識は「高次の知識」といえようし，すでに保有されている（あるいは発見可能性のある）利用可能な情報を実用化するのに必要な究極の知識といえよう[18]」と指摘するのである．

　資本に対する報酬は利子であり，土地に対する報酬は地代であり，労働に対する報酬は賃金である．したがって，企業家に対する報酬は企業家利潤である．企業家利潤は企業家のみが手にできる報酬である．企業以前に企業家利潤が存在する．

　さて，「シュンペーターの企業家はいまの均衡状況を攪乱するように行動する．企業家的活動は連続的な経済循環を中断する．企業家は変化を起動し，新しい機会を創造すると構想されている．企業家的革新の噴出は，新しい均衡状態を導くものであるが，企業家は均衡化ではなくて「不均衡化」をもたらす力と表現されている[19]．そして，カーズナーによれば，「私は，企業家の役割が作用するのは，内在的に均衡下ではなく不均衡下であり，すなわち，なめらかな平坦な状況ではなく，望ましい変化をもたらすように機会を攪乱するものと考えてきた．また，私にとっては，変化が起動されるのは，企業家によってではあるが，これらの変化を均衡化変化とみなすのである．企業家が起動する変化

は，つねに仮想的な均衡状況であって，現在の誤った決定パターン，とり逃した機会で特徴づけられるパターンに反応してもたらせられるのである．私見では，企業家は以前の市場での無知から生ずる不斉合な諸要素を相互的に調整すると考えられる[20]．」カーズナーの企業家は市場の調整者といえる．さらに，「私は企業家を革新の源泉とはみなさないで，すでに存在し認知されるのを待っている諸機会に対して機敏であるものと見なしている．また，経済発展においても，企業家は機会を創造するのではなく，機会に反応し，また，利潤を発生させるのではなく，利潤機会をとらえるのである．有利な資本利用の生産方式が技術的に利用可能であり，必要な資本を準備するのに蓄積が十分であるなら，企業家精神がこの投資を実行するために必要とされている．企業家精神なしに，また新しい機会への機敏さなしには，長期的な利潤は利用されないで放置されることになる[21]．」市場の調整者としての企業家は，市場機会への機敏な反応者ということになる．

　しかし，シュンペーターは，経済体系の変化は経済体系の内部からその体系の均衡点を動かすものであって，しかも新しい均衡点は古い均衡点からの微分的な歩みによって到達しえないようなものと説明した．このようにカーズナーとシュンペーターは，企業家を考える視点が異なるのである．今日でも企業家やイノベーションの意味は，シュンペーターの視点から取り扱うことが多いのであるが，わが国企業における生産性向上問題などを検討する際には，カーズナー的な視点も検討する必要がある．わが国企業の最適な生産可能性フロンティア（PPF＝production possibility frontier）に対する現実の生産性の低さを改善するという問題については，カーズナー型の企業家が意味を持つと考える．ここに，生産可能性フロンティアとは，「2財のみを生産する経済が直面するトレードオフを描き出す．それは一方の財の生産量が任意の水準に与えられているときに，もう一方の財の最大限可能な生産量を示す[22]」ということである．

　「シュンペーターにとって革新とは，生産曲線 a から生産曲線 b への移動であるが，カーズナーの場合の革新（企業者活動）は生産フロンティア内部の点

X から生産曲線（最適生産フロンティア）a への移行にほかならない．何らかの事情で企業家は最適フロンティア上で生産を行うことができず，フロンティア内部の点で生産を行っているが，企業家の利潤機会を見いだす「機敏さ」によって最適フロンティアへの移動が可能になるのである．[23]」

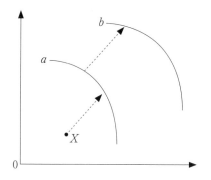

図表1—2　シュンペーターの革新とカーズナーの機敏性

出所）Schumpeter, J. A. 著，清成忠男編訳『企業家とは何か』東洋経済新報社 1998年　176 ページ．

3　生産の過程と構造

　シュンペーターが企業家によって創造され，新結合の遂行およびそれを経営体などに具体化したものとする企業，またカーズナーが生産者とする企業は，基本的な生産過程によって理解される．まず，生産は投入—産出システム（input-output system）として理解される．この投入—産出システムは，基本的な生産過程とよばれ，諸資源の投入，製造・加工，そして販売〜構成される．ここに，システムとは，部分の有機的な結合としての全体である．一部分の欠落や機能不全は全体としての機能不全を意味する．

　さらに，生産の構造は，投入—産出システムと経営管理システムの機能的なしくみによって構築される．企業の生産過程は，さまざまな活動を通して遂行されるのである．生産諸要素は，時間の経過によって自動的に製品へと転化するわけではないのである．生産諸要素は，経営者の意思決定に基づく組織的，時間的な過程によって意図的に製品へと転化するのである．[24]

　企業の生産過程，経営管理過程から構成されるシステムは図表1—3のように示される．生産過程は生産の流れであり，調達から販売までの一連の投入—産出システムを形成する．ついで，経営管理過程は，経営者の意思決定から作

図表1—3　企業の立体的な機能構造

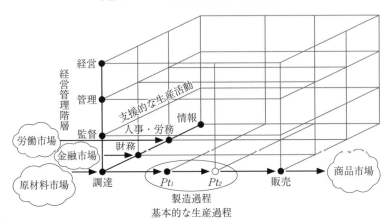

業者の実行までの階層的なシステムとして示される．さらに，生産過程と経営
管理過程には，それぞれの合理的な活動を支援する人事・労務，財務・会計，
情報などの支援が加わることになる．結果として企業の基本的な機能構造は，
立体的な構造を示すことになる．

4　企業の行動目標と企業家

　今日の企業は，市場経済という仕組みのなかで営利を目的として継続的に商
品生産を行う組織体として理解されるようになってきたのである．つまり，
「市場が機能するにはなんらかの費用が発生する．そして組織を形成し，資源
の指示監督を，ある権限をもつ人（企業家）に与えることによって，市場利用
の費用を何ほどか節約することができる」[25]のである．

　そして，企業と社会との間には，市場経済システムを介して，図表1—4の
ような目的と手段のパラドックスが存在する．

　企業の目的である利潤の獲得は，市場経済システムにおける生産活動によっ
て実現される．これに対して，社会の経済的目的は，市場経済システムの生産

図表1－4　企業の目標と社会経済の目標

主体＼目標と手段	目　標	手　段
国民経済（経済社会）	生　産	利　潤
企　　業	利　潤	生　産

出所）亀川俊雄『体系経営分析論』白桃書房　1966年.

活動による需要の合理的（最適資源配分という意味での）充足である．そのための手段として，社会は企業に利潤の獲得を容認するのである．

　さて，企業の概念は，今日では組織（organization）としての特性が不可欠となっている．この組織としての特性が，企業を一時的な生産活動ではなく，継続的な生産活動の担い手としている．

　企業は，市場経済体制を前提とする営利的な生産組織である[26]．この定義は，営利経済原理を特徴としている．営利経済原理は，市場経済体制の重要な要素である．市場経済体制は，① 市場での取引と調整（価格機構），② 私的な所有財産制度，③ 営利経済原理によって支えられている．営利経済原理は利潤原理であり，行動選択の原理である．この行動原理としての利潤原理が合理的な生産原理を導くのである．

　企業は組織である．組織は自然に形成される組織もあれば，目的的に形成される組織もある．また，「協働体系の経験を分析するための最も有効な概念が，公式組織を2人以上の人々の意識的に調整された活動や諸力の体系と定義することのうちに具現化している」[27]．しかし，生産組織は，財貨やサービスを生み出すことから，諸資源や技術の組織としても理解される．さらに，市場経済体制において，これらの生産に必要なヒト，モノそして技術は資金による取引によって獲得される．とくに，生産に投入される資金は，資本（capital）とよばれる．ここに，企業は生産組織とともに資本組織として理解される．資本は私有財産制度により所有や支配という性格をもっている．

　企業は，自然に生まれることはない．そこには企業家という存在がいる．企業家は社会で敏捷に生産の機会を見出し，生産の決定を行う．市場経済体制に

おいて企業家は，営利経済原理に従って生産の機会を見出し，生産の決定を行うのである．企業家の成果は，企業家利潤（企業家賃金）として発現する．カーズナーは，このような企業家の行動を企業家精神ともよぶのである．企業家は合理的な生産のために組織を形成する．組織の形成と運営は，企業家と異なる機敏性が求められる．組織は，ヒト，モノそしてカネを合理的に結びつけなければならない．組織は，生産の機会を実現するために形成され，運営される．ここに，組織はヒト，モノそしてカネの協働体系としての性格をもつことになる．とくに，協働体系としての組織の合理的な形成と運営は，経営とよばれる．この経営という役割（機能）を担うのが経営者である．協働体系の複雑化は，より専門的な能力を要求し，専門的な経営者を登場させる．

5　企業家と経営者

　ここでは，ペンローズ（Penrose, E.）とドラッカー（Drucker, P. M.）の企業家と経営者に関する所論を取り上げる．

5―1．ペンローズの企業者論と経営者論

　ペンローズは，「企業の成長率や方向性は，企業が有利な投資の機会に対してどれだけ敏感に行動するかによって決まることは，疑う余地がない」[28]（There surely can be little doubt that the rate and direction of the growth of the firm depend on the extent to which it is alert to act upon opportunities for profitable investment.）ということに着目する．さらに，企業をひとつの管理組織体と同時に生産資源の集合体として理解する．この生産資源という点から企業者の機能が明らかになる．生産資源たるゆえんは，生産機会にある．「このような生産活動は，われわれが企業の「事業機会」とよぶものによって支配される．この事業機会とは，「企業者」が見出し，かつ，活かすことができる．製品やサービスの生産のあらゆる可能性からなる．企業成長の理論は，本質的には，企業の変化を遂げていく事業機会についての考察である」[29]とするのである．

　ペンローズとカーズナーの見解は，alert，alertness という「機敏」「敏感」などの表見が企業家（者）の特徴的な性質として掲げられていることであり，同時にそれが「有利な投資の機会」や「新しい追求する価値のある目的および新しい入手可能な資源」という事業機会に対することである．ただ異なる点は，カーズナーの見解が「市場における企業家」に，ペンローズの見解が「企業における企業家」にそれぞれ関心を向けていることである．さらに，重要なことはペンローズとカーズナーは，「企業家（者）と経営者・管理者」とを機能的に区分していることである．ペンローズは，［注］でつぎのように区分している．「『企業者』という用語は，彼らの地位や職務分類が何であれ，社内で企業者サービスを供給する個人ないしはグループをさし，機能的な意味で用いられる．企業者サービスとは，企業の利益に資するための製品，立地，技術上の重要な変化などに関するアイディアの導入と承認，新しい経営管理者の獲得，企業の管理組織の根本的な改編，資本調達，拡張の方法の選択も含む拡張計画の立案等に関連する企業の業務に果たす貢献をさす．企業者サービスは，経営者サービスとは対照をなすもので，後者は企業者的アイディアや提案の遂行と既存の業務の監督に関連する．同一の個人が，企業の両方のタイプのサービスを提供することもありうるし，おそらくそうであることが多いだろう．企業の「経営陣」には，経営者サービスを提供する個人と並び，企業者サービスを提供する個人が含まれる．しかし，「経営陣の能力」という場合は，経営者機能が遂行される方法をさすのに対し，「経営陣の企業者精神」という場合は，企業者機能をさす」[30]．また，「シュンペーター流の「企業者」は，もっと華やかで識別しやすいが，われわれの目的にとってはあまりにドラマティックな人物でありすぎる．シュンペーターは，経済発展に関心があり，彼のいう企業者は経済全体の観点からみたイノベーターであった．われわれの関心は企業の成長にあるため，ここでの企業者は企業の観点からみたイノベーターであり，必ずしも経済全体の観点からのものではない」[31]．このように「企業家（者）」は，観点が異なるとその機能や役割が異なることが明らかである．シュンペーターはマ

クロ経済的な視点から経済変動の問題として企業家を位置づけている．カーズナーはミクロ経済的な視点から市場における企業家の役割を取り上げている．そして，ペンローズは組織論的な視点から資源組織と管理組織としての企業における企業家を取り上げていると考えられる．

　さて，ペンローズとカーズナーの見解における企業家（者）の核心は，カーズナーの市場機会への「機敏性」であり，ペンローズの企業者サービス（企業の利益に資するための製品，立地，技術上の重要な変化などに関するアイディアの導入と承認など）における「機敏性」といえる．これに対して，経営（management）の性格はペンローズの経営者サービスに示されているように「執行」にウェイトがあると考えられる．企業者サービスは，今日ではイノベーションという言葉でもあらわされていると考えられる．そして，わが国企業の経営課題としては，経営陣が経営者サービスのウエイトが高く，企業者サービスのウエイトが低いと思われる．

5−2．ドラッカーの企業家論と経営者論

　ドラッカー（Drucker, P. F.）は，企業家精神を行動（behavior）として理解し，その基礎を論理的かつ構想的な能力によって特徴づけている[32]．そして，企業家の役割は，イノベーションを行うことであるとする．イノベーションは，資源に対する価値創造の新しい能力を付与することであり，企業家の道具であるとする．

　さらに，「既存の企業は，経営管理を行うこと（how to manage）は知っているが，企業家としてイノベーションを行うことはこれから学ばなければならない．これに対し，ベンチャービジネスも，企業家としてイノベーションを行うことを学ばなければならないが，むしろそれよりも，経営管理を行うことを学ばなければならない」[33]．企業家機能と経営機能は必要不可欠な関係にある．そして，ベンチャービジネスにはこのような組織が欠けており，「企業家精神にはまた，経営管理者による実践が必要である」[34]と指摘する．

　また，「創業者が企業家精神を組織の中に確立しなかった企業で，創業者が

いなくなっても企業家的であり続けた企業は，一つもない」とも指摘するのである. 既存の企業では，いかに企業家精神の内部化に取り組むかが問われるのである. カーズナーとドラッカーは，企業家の機能（役割）を新たな機会の発見に求めている. そして，ともに企業家機能と経営管理機能は資本所有とは異なる機能であるとしている. ともに新しい機会に対する経営管理機能の適用がなければ社会的に存在しないことも指摘していると考える.

　まず，カーズナーは，おそらく新しい追求する価値のある目的およびおそらく新しい入手可能な資源に対する機敏性（alertness）という要素を人間の意思決定における企業家的要素と名付けることにするとしていた. 企業家の意思決定の特徴は，不完全知識の世界における潜在的に価値のある目的に対する機敏性と潜在的に有用で入手可能な資源に対する機敏性に求められている.

　さらに，カーズナーは，純粋な企業家精神という場合には，意思決定者が手段なしで事業を始めている必要があるとしていた. このように考えると，企業家は，企業家的な意思決定の後に必要とされる生産者，資産所有者（資本家）そして経営者とも異なることになる. この企業家的な意思決定は，創業者の最初の意思決定ということになる. そして，このような平常の事業活動に携わる企業家はもはや，純粋な企業家ではなく，生産者，資源の所有者として理解される. ただし，生産者は個人事業者だけでなく，会社という法律上の人，つまり法人企業としての生産組織である点が十分に取り上げられているとはいいがたいのである.

　企業は，市場を利用する取引費用との関係で存在が決定される. 市場での取引コストに対して企業での取引コストが低ければ，顧客は企業を利用する. しかし，企業それ自体も市場での取引コストを内部化しているのであり，市場との関係がないわけではない. 企業は市場での競争だけでなく，生産諸要素の市場での取引がコストとして内部化されている点も看過されてはならない.

　企業での取引コストは，企業を生産書資源の組織体として理解するペンローズによって企業家と企業，そして経営者の概念が明らかにされると考える. 経

営資源の効率的な利用は，取引コストを下げることになり，企業の存在意義を高める．したがって，生産諸資源の未利用機会を機敏にみつける企業家とその機会を実現し，効率的な利用選択の主体である経営者機能が考えられることになる．もとより，企業家が未利用機会をみつけて実現することにより，企業家利潤が得られる．企業の創成と発展は，企業家機能と経営者機能の適切な遂行によって推進される．

ここでは，企業家について，①シュンペーター型企業家（経済変動の主体としての企業家），②カーズナー型企業家（市場における企業家），③ペンローズ型企業家（組織における企業家）そして④ドラッカー型企業家（リーダーシップにおける企業家）を取り上げた．これらの4つの企業家論は，いずれも企業家機能とともに経営者機能について触れている．しかし，①〜④へ向かうに従って経営者機能への考察の関心が移行し，企業家機能はイノベーションへと変化する．

この4つの諸説は，いずれも機能としての企業家を考察し，経営者との機能的違いを明らかにしている．シュンペーター型の企業家は，均衡からの離脱の主体として理解され，カーズナーの均衡への不均衡からの接近とは異なっている．カーズナーにとって経営者機能は雇用されたものとして理解されている．最初の意思決定が企業家機能であり，その後の執行は企業家機能とは異なるものである．この点でペンローズは，ひとつの管理組織体と同時に生産資源の集合体資源の束としての企業を組織的に取り上げ，企業者的アイディアや提案の遂行と既存の業務の監督することを経営者機能としている．ドラッカーは，より経営者の機能に強く焦点を当てている．さらに，機能としての企業家は，ベンチャーにおいてもっともよく示されるとしている．そして，ドラッカーは企業家精神を体現した企業家的経営者という構想を提示しているのである．

今日のようにイノベーションの重要性が高まる時代では，企業家機能と経営者機能の組織的な研究は重要であるといえる．この意味で，カーズナーの次の指摘が看過されてはならない．つまり，「機敏性」は雇われうるというのも真

実である．しかし，知識を発見するのに機敏な被雇用者を雇う人間は，より高次の機敏性を発揮していることになる．企業家的知識は「高次の知識」といえようし，すでに保有されている（あるいは発見可能性のある）利用可能な情報を実用化するのに必要な究極の知識としていることである．

注）

1) Carlson, S., *A theory of the Pure Theory of Production,* London: P. S. King, 1939.（近江谷幸一・三宅忠和訳『生産の純粋理論』現代書館　1976年　9ページ）

2) Meadows, D. H., Meadows, D. L., Randers, J. & W.W. BehrensⅢ, *The Limits to Growth ; A Report for the Club of Rome's Project on the Predicament of Mankind,* New York: Universe Books, 1972.（大来佐武郎監訳『成長の限界―ローマクラブ「人類の危機」レポート』ダイヤモンド社　1972年）

3) Defoe, D., *The Life and Strange Surprising Adventures of Robinson Crusoe of York, Mariner.* Constable and Company, 1925.（平井正穂訳『ロビンソン・クルーソー（上）』岩波文庫　1967年）

4) Krugman, P. and R. Wells, *Economics,* 3rd ed., Worth Publishers, 2013.（大山道広，石橋孝治・塩澤修平・白井義昌・大東一郎・玉田康成・蓬田守弘訳『クルーグマンミクロ経済学』東洋経済新報社　2017年　30ページ）

　なお，市場の歴史について，Gerd, H. & S. Jürgen, *Das Buch vom Markt,* Verlag C. J. Bucher GmbH, 1980.（石井和彦訳『市場の書―マーケットの経済・文化史―』同文舘　1988年）では，市場の歴史について次のように述べている．「市場（Markt）というと，週市（Wochenmarkt）や年市（Jahrmarkt）などでわれわれになじみの，買手と売手画品物を持ち寄って市場広場（Marktplatz）に集まる，本来の意味の市場の開催（Markt-veranstaltung）が思い浮かべられる．この名称のもつ意味は，その市場開催から市場の立つ舞台（Schauplatz）へと変わっていった．……現代のショッピング・センター（Einkaufs-zentrum）に至るまで，大きな変化をしてきたのである．市場は今や経済的取引（wirtscaft-liche Transaktion）なのである．同上訳書，ⅲ～ⅳページ．」そして，この経済的取引としての市場は，その市場としての性格をほとんど意識することができないような，さまざまな活動を含んでいる．つまり，組織原理としての市場原理，市場経済がこれである．

5) Mill, J. S., *Principles of Political Economy with some of their Applications to Social Philosophy,* 1965, 2vols (1st ed., 1848, 7th ed., 1871), in Collected Works of John Stuart Mill, Toronto, vol. Ⅱ, vol. Ⅲ.（末永茂喜訳『経済学原理』②岩波文庫

18

1959-1963 年　46 ページ)

6) Gutenberg, E., *Grundlage der Betriebswirtschatslehre, Band I. Die Produktion*, 1983. (24. unveranderte Auflage) (1951, ersten Auflage), Berlin・Heidelberg: Springer. (溝口一雄・高田馨訳『経営経済学原理. 第 1 巻　生産編』千倉書房　1958 年　5 ページ)

7) Schumpeter, J. A., *Theorie der wirtschaftlichen Entwicklung*, 1926. 2.Aufl., (塩野谷祐一・中山伊知郎・東畑精一訳『経済発展の理論』(上), 岩波文庫 1977, 2019 年　198 ページ)

8) 同上訳書, 207 ページ

9) 同上訳書, 182 ページ

10) 同上訳書, 182-183 ページ

11) 同上訳書, 180 ページ

12) Schumpeter, J. A. 著, 清成忠男編訳『企業家とは何か』東洋経済新報社 1998 年　91 ページ

13) 同上編訳書, 38 ページ

14) Kirzner, I. M., *Competition and Entrepreneurship*, Chicago university Press, 1973. (田島義博監訳『競争と企業家精神—ベンチャーの経済理論』千倉書房 1985 年　39 ページ)

15) 同上監訳書, 40 ページ

16) 同上監訳書, 57 ページ

17) 同上監訳書, 84 ページ

18) 同上監訳書, 73 ページ

19) 同上監訳書, 77 ページ

20) 同上監訳書, 77-78 ページ. なお, カーズナーによれば, 「「市場過程は動態的な競争により動かされる発見の過程であり, 新旧両方の市場への企業家的参入が妨げられない制度的枠組みによって可能となる. 資本主義的市場経済が示す成功というのは, 非効率的で非創造的な生産活動の経路が消費者の必要を満たす新たに発見されたより優れた方法（より良い財を生産すること, あるいはまだ知られていないが存在する資源供給源の強みを利用すること）によって置き換えられなければならない強力な傾向の結果である」（同上監訳書, 31 ページ）とされる.

21) 同上監訳書, 78 ページ

22) Krugman, P. and R. Wells, 前掲訳書, 40 ページ

23) Schumpeter, J. A. 前掲訳書, 176-177 ページ

24) Albach, H., Ein allgemeine Theorie der Unternehmung, in *Zeitschrift für Betriebswirtschaft*, 69.Jg, H.4., 1999, pp.411-427.

25) Coase, R. H., *The Firm, the Market, and the Law*. Chicago: University of

Chicago Press, 1988.（宮沢健一・後藤晃・藤垣芳文訳『企業・市場・法』東洋経済新報社　1992 年　45 ページ）

26）Gutenberg, E., 前掲訳書，344-366 ページ

27）Barnard, C. I., *The Functions of the Executives,* Harvard Univ. Press, 1938.（山本安次郎，田杉競，飯野春樹訳『新訳 経営者の役割』ダイヤモンド社　1968 年　76 ページ）

28）Penrose, E., *The Theory of the Growth of the Firm,* New York: John Willy, 1959.（末松玄六訳『会社成長の理論（第 2 版）』ダイヤモンド社　1980 年　55 ページ）

29）同上訳書，62 ページ

30）同上訳書，75 ページ

31）同上訳書，75 ページ

32）Drucker, P. F., *Innovation and Entrepreneurship : Practice and Principles,* New York: Harper & Row, 1985.（小林宏冶監訳，上田惇生・佐々木実智男訳『イノベーションと企業家精神』ダイヤモンド社　1985 年　40 ページ）

33）同上訳書，62 ページ

34）同上訳書，62 ページ

35）同上訳書，62 ページ

36）池本正純『企業家とはなにか：市場経済と企業家機能』八千代出版　2004 年　231 ページ

　　関智一『イノベーションと内部非効率性』白桃書房　2017 年　84 ページ

本研究に関する現状と動向

　企業家は，今日では企業家精神という形で取り上げられることが多い．しかし，基本的には，機能的な理解から出発していることを再確認する必要がある．機能とは，仕事であり，その充実に努めることが大切である．この意味では，イノベーションという概念を使ってその企業家の機能的な性格を深化させることが重要であると考える．

　特に，シュンペーターとカーズナーの企業家論は，イノベーション問題では必ず取り上げられるが，概念的な定義で使われるよりも機能そのものの内実的な意味で着目する必要がある．たとえば，生産可能曲線に関するシュンペーターとカーズナーの企業家概念の理解は，国際的に生産性が低いとされる日本の産業構造問題や企業の在り方を解決するための重要な手懸りとなっている．

　ペンローズとドラッカーの企業者と経営者の所論は，新たな株式会社の経営体制を考えるうえで重要である．すでに，欧米の経営体制をみるとペンローズとドラッカーの企業者の機能が具現化されていると考えられる．たとえば，アメリカでは，Board Commitees と Executive Management のシステムが一般的である．ただし，アメリカの Ford Motor Company では，監査，報酬そして指名の3委員会意外に Finance と Sustainability and Innovation の2つの委員会が設置されている．他の事例では risk management などの委員会もみられる．さらに，ドイツでも Siemens AG では，Mediation と Innovation and Finance といった委員会，他の事例では Technology などの委員会もみられる．そこには，イノベーションといった企業家機能重視の取締役会の改革を進める姿がよくあらわれている．

　今後，わが国が目を向けるべきは，北欧の国であり，同時に国土面積では小国である．2008年1月1日の日本経済新聞で，ポール・サミュエルソン MIT 名誉教授は「日本はむしろスイスやフィンランド，アイルランドなど成功を収めている小国の戦略から学ぶべきだ．市場原理を導入しながら，公的規制のもとで競争するという「中間の道」がある．これらの国は日本と同じように出生率が低下し，人口と労働人口の減少に直面している．同時に医学の発達によって寿命が延び，生活の質も改善することが約束されている．」さらに，「日本の労働者が現在よりも長期にわたり働き続けるべきであるのは明白である．定年後の生活水準を維持するため，70歳代になっても働き続けなければならなくなる人が出るかもしれない．……今後の難しい時代に世帯当たりの平均所得と貯蓄を引き上げる方法の1つは，グローバルな潮流に沿って夫婦双方が働くことではないか．」このようなポール・サミュエルソンの見解はとても重要である．

第 2 章　経営体制発展の原理と日本型多国籍企業

日本型多国籍企業　　生業・家業

企　業　　経営体

世界経営システム

日本的経営

1 経営体制発展と経営環境

今日における日本企業を取り巻く環境にはいくつかの部面が存在する．経営環境（business environment）からみれば，経営の国際化（internationalization of management）があり，経営のグローバル化（globalization of management）が存在する．経営の国際化および経営のグローバル化のいずれの表現をとるにしても，それらは経営体制の発展に大きな関わりをもっており，経営体制の発展過程における経営体制そのものを変革させる重要な中身を有している．

経営の国際化および経営のグローバル化における日本企業の経営実践は，いわゆる日本的経営論の原理を積み上げるデータを提供しているが，それはわれわれが措定する経営体制発展の原理の実証にとってもきわめて重要である．経営体制発展の原理は，われわれが研究の対象とする経営体の経営実践を生みだす基本的「場」としての意味をもっている．つまり，経営体制発展の原理が経営原理を考えるうえでの基本的理念を表している．

経営体制の発展における基本的モデルは次項で展開するが，山城章の「企業体制論研究[1]」がわれわれの研究のベースになる．経営体制の発展のなかでもっとも重視する点は「企業」と「経営」を中心とする概念である．「企業」と「経営」は現代の経営実践のなかできわめて有効な概念を有していると考える．企業と経営は経営学的見地から明らかにされる必要がある[2]．

経営体制発展の原理にとって，われわれは新経営体を措定する．新経営体をリードする経営者はグローバル経営者と呼ばれる．新経営体とグローバル経営者が一体となって主体的に経営活動する経営体制が世界経営システムである．これらの具体的展開は本章の課題であり，われわれが主張する世界経営システムは90年代後半，21世紀初頭にかけて世界のいたるところで実践される経営制度である．

さて，われわれは経営体制発展のなかで具体的な経営課題として，多国籍企

業の経営，とりわけ「日本型多国籍企業の経営」をとりあげなければならない．
それは経営体制発展の原理のなかに「日本企業の多国籍化」の経営実践の理論
化が必要であり，いわゆる「日本的経営論」の展開としての意味を含んでいる
のである．われわれはアメリカ経営学をベースに，具体的には，アメリカ経営
論の経営実践と日本的経営論の経営実践とを比較・検討し，そこにおける経営
原理を提示しようと試みてきた．[3]

　ところで，経営体制発展の原理とともに，われわれは環境主体[4]の経営体制発
展の原理を同時に考えておかなければならない．環境主体の問題は，われわれ
が展開しようとする経営理念とおおいに関係がある．つまり，今日の現代経営
体の理念を解き明かすためには，この環境主体の経営理念もまた必要不可分の
関係にあり，われわれは経営学的観点からその問題に接近しなければならない
のである．

　本章では，以上の問題意識を根底におきながら，経営体制の発展と日本型多
国籍企業に関し具体的展開を試みることにする．

2　経営体制発展の原理

2－1．経営の国際化・グローバル化と経営体制発展の原理

　経営の国際化・グローバル化は経営環境の一部面として，日本企業の成長・
発展過程のなかで重要な流れとなっている．今日の現代経営体にあっては，経
営の国際化・グローバル化は新しい経営体制を築く潮流であり，現代経営体を
変革させる推進力となっている．

　経営体制の発展過程の原理を考える場合，われわれはまず山城章による企業
体制論研究を検討しなければならない．山城章による企業体制論研究は次のよ
うに考えられている．[5]

　山城章の企業体制論に関する学説では，「前近代」「近代化」「現代化」とい
った 3 つの企業体制の発展段階が考えられ，それぞれの企業体制の内容が明ら

図表 2 － 1　企業体制の発展原理

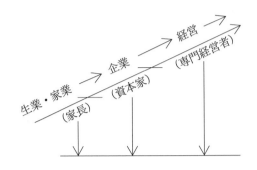

出所）山城章『日本的経営論』丸善　1970 年　186 ページ．

かにされる．これら 3 つの企業体制はそれぞれ独特の意味を持っており，それらは明確に区別されなければならない．

　図表 2 － 1 は山城章の企業体制の発展原理を表したものである．これは，企業が著しい発展を遂げ，その発展・成長につれ企業が次第に自らを脱皮し，経営または経営体へと成長する過程を示したものである．また，これらの関係は企業が生成した段階にもみられ，企業以前の段階を生業・家業と名づけられる．したがって，このような発展過程は生業・家業——企業——経営として考えられる．

　このような 3 つの展開つまり生業・家業——企業——経営にいたる発展過程は，前近代——近代——現代という関係に相応している．この場合，生業・家業は家長，企業は資本家，経営は専門経営者がそれぞれ主体者としての役割を演じていることである．このようにして，それぞれの主体者がそれぞれの企業体制を責任をもって行動するのである．企業体制論上，これらの発展過程は現代経営体を生成する過程を意味することになる．経営は現代化とともに生まれ，経営の生成が現代化を展開させたのである．ここにいう現代化の基本理念は経営自主化であり，マネジメント化であるといえる．

　山城章の企業体制論研究から，われわれは次のことを理解することができる．

1つは企業と経営を区別することである．企業という体制から経営という体制への基本的転換は，われわれが主張する経営体制論においても基本的モデルとして考えておかなければならない．またわれわれが注意しなければならないことは，現実の経営実践においては企業の概念と経営の概念が同時に並行して混在化していることである．つまり，今日における経営実践の場においては，企業の理念と経営の理念が必要になるということである．

　もう1つは，日本的経営論からみた場合，生業・家業の理念が企業体制論研究のなかで重要な位置を占めており，経営実践の場において企業の理念と経営の理念に何らかの影響を与えているということである．山城章の主張する3つの経営形態は基本的にはわが国特有の三重構造をなしてきたのであり，それを土台にした日本の経営および日本的経営論の実態が理解される．

2－2.「生業・家業」の論理と理念

　生業・家業は「なりわい」として，仕事場でありながら家や生活の場の意識が支配するような組織体の仕組みである．山城章によれば生業・家業といわれるものの特色は，仕事場の論理よりも生活の場の論理を中軸とした仕事場である点にあるという[6]．

　日本企業の生成・発展を考えてみた場合，このような生業・家業は近代化されていない前近代の体制であり，「企業」以前の体制である．生業・家業においては，過去の諸制度，とりわけ過去の封建制度の考え方が大きな部分を占めており，権力・支配・服従といった主従関係とか温情・人情・身分・和といった家の意識を中心とする人集団によって事業が行われている．

　生業・家業において，そこでは仕事場でありながら，家や生活の場の意識・論理が支配している．また家の家長と家族の関係が問題となり，他方では主人と使用人の主従関係が問題となる．この場合，年功序列，身分関係および温情関係が支配的となる．

　山城章によれば生業・家業の特性として次の項目をとりあげている[7]．

　① 前近代的

② 身内の論理・家集団理念

③ 血縁的・社縁的・同族的地縁

④ 封建情緒集団

⑤ 家長，家父長主義，長男，長（おさ）

⑥ 甘え，恥，義理人情・生計，伝来の家の成長

⑦ 相互扶助的伝統，家事使用人，ボトム・アップ

⑧ 身内と「よそもの」

　われわれは以上とりあげた特性が生業・家業に特有なものとして考えるわけであるが，それぞれの特性が，日本企業において，次に示す「企業」「経営」の企業体制発展の段階にも一部分混在化して生きている実態を理解しておく必要がある．たとえば，年功による昇進制度，年功賃金，定年制，永年雇用，集団主義があり，われわれがとくに事業運営の技法としてこのような前近代的特色をもつ「稟議制度」，つまり稟議的経営は生業・家業の理念の遺産である．[8]

　われわれは生業・家業の論理・理念を基本的には経営論として払拭する方向を考えるわけであるが，経営実践論として日本的経営論のなかで再度，この問題を吟味しなければならない．

　生業・家業の論理・理念を検討するうえで，三戸公は，「家（イエ）」の問題を中心に日本的経営論を展開する．[9]三戸公は，間宏，津田真澂における「家の論理」「家制度」と関連された日本的経営論の批判・検討を通じて，独自の日本的経営論を展開する．ここでは，三戸公の「家（イエ）」の論理についての具体的展開は割愛するが，結論的には，三戸公の主張としては，経営体としての家の論理を主張しているということである．三戸公によれば，「この家の論理は，現代日本の企業の論理として，そのまま生きて機能している[10]．」ことになる．

2－3．「企業」の論理と理念

　企業は「近代化」とともに生成したと考えられる．近代化の概念は一義的に規定することはできないが，少なくとも前近代的である生業・家業とは明確に

区別することができる．つまり，そこでは生業・家業の主体者である家長とは異なって，企業者が主体的に活躍することになる．企業者は通常，資本家であると考えてよいが，企業者精神にのっとって企業者活動を行うものを考える．

企業は「近代化」[11]ともっとも深い関係にあると考える．近代化はそのベースとして資本主義化というものが存在する．前近代における生業・家業とは，主体者の企業者活動の面で基本的に異なっている．企業は資本主義社会を支える制度として存続し，企業を担う企業者は企業そのものを近代化し，それを維持・発展させる企業者職能を有している．

企業者と資本家とは別物であり，基本的概念は明確に区別されなければならない．企業者の概念はすでに述べたように企業活動を営む機能的側面をみたものであり，資本家の概念は資本主義社会を支配する所有者の側面をみたものであるということができる．「企業」の段階においては，われわれは，企業者と資本家とが一体的関係の状態にあるという特徴を見出すのである．なお，通常，企業者は資本出資者であるが，資本出資者から企業活動を任されたものであってもよい．ここでは企業は資本主義社会を維持する制度として展開することになる．

山城章によれば，企業の特性として次の項目をとりあげている[12]．

① 近代化

② 資本の論理，所有の論理

③ 資本家的企業者，所有者的企業者

④ 経済単位

⑤ 資本支配の経営

⑥ 経済利潤極大化

⑦ 個人主義的企業者本位

⑧ 競争社会

われわれはこのような特性が企業に特有なものとして考えるわけであるが，それぞれの特性が資本家的企業にとって有効な役割を果たしているのである．

また，企業段階における企業理念は企業発展のなかで各国企業の企業理念を比較するうえで有効となる．つまり，企業体制が発展していく過程における企業者の経営実践の積み上げがそれぞれの国の企業者の経営実践の一般原理に必要なものとなろう．企業の段階においては，その理念に関し，多くの国における[13]国際比較が可能となろう．ただし，われわれが問題とする日本的経営論のレベルにおいては，前項の生業・家業の段階と併せて検討する必要がある．

「企業」というものの論理をさらに追求すれば，競争および市場経済を前提にした環境条件における「企業」を考えることになる．この段階における「企業」に関する理念としての内容は2つ存在する．1つは，利潤性であり，もう1つは，イノベーションである．前者の利潤性については，ファイナンス理論においては収益性原理，株価極大化原理として展開される．後者のイノベーションについては，シュンペーター（Schumpeter J. A.）による企業者職能との関連で展開される理論をベースに，今日の企業経営にあっては，技術革新を含[14]む経営革新として整理する必要があろう．

2－4．「経営（経営体）」の論理と理念

経営（経営体）の段階は企業体制発展過程のなかでもっとも重視する段階である．これは企業以前の前近代体制が近代化により企業が生成し，それが現代化し経営体へと発展した段階である．つまり，それは近代企業の現代化において生成する段階である．経営の段階における主体者は専門経営者である．山城章の見解では，作業・管理・経営の全職能がその道の専門家によって担当されるところの現代的集団が経営体である．経営体は主体的な経営体であり，経営[15]自主体とも呼ばれる．

経営体は自主性をもっており，独自の行動を認められた責任ある主体である．経営体は制度的存在として社会的に認知され，それは社会的存在としての経営社会である．われわれがここで注意すべき点は経営体そのものが自主的に経営活動するだけではないことである．経営体は社会的存在である利害者集団（interest groups）あるいはステークホルダー（stakeholders）と対境関係をも[16]

っている．このように経営体と利害者集団は対境関係にあり，主体的な立場で
それぞれが活動を行うのである．

　山城章によれば，経営の特性として次の項目をとりあげている．

① 経営（経営体）

② 経営の論理，機能主義マネジメント

③ 経営のプロフェッショナル，管理プロフェッショナル

④ 経営社会単位，市民的経営体

⑤ 資本と経営の分離，所有と経営の分離

⑥ 経営体の自己充実

⑦ 職場主義＋人間関係

⑧ 対境関係の調和

これらの特性は現代経営体においてとりあげられるべきものである．また，
それらは現代的経営体への発展過程のなかで生きており，日本的経営実践の根
底にある論理・理念の一般化にとってきわめて重要である．「経営」の段階は
企業体制発展の原理のなかで目標とすべき企業体制の発展段階であり，理念と
しての「経営」の考え方が重要である．

　企業体制の発展原理として，経営実践論的には，近代化，現代化の過程が重
要である．企業体制発展原理における近代化，現代化は経営のグローバル化社
会のなかで展開されることになる．

　経営体の理論として今日，もっとも重要な点は，機能主義による経営と人間
尊重主義による経営との一体化であり，従来の環境主体に加え，新しい環境主
体（経営環境を超える自然的環境問題も社会的に認知されることによって対象
となる）との調和を求めることにある．もちろん，今日の経営体はグローバル
化した世界経営システムのなかで存続・成長するわけであるから，経営体その
ものが開かれた経営制度でなければならない．われわれの見解では，現在，経
営体が新経営体（世界経営システム）として新たな展開を図る経営体制になり
つつあると考えている．

3　日本の多国籍企業の実態とその役割

3－1．多国籍企業の経営体制論上の位置

　多国籍企業（multinational enterprises）に対する企業体制論的研究は，われわれがすでにみてきた経営体制の発展原理のなかで明らかにされなければならない[17]．多国籍企業は経営体制発展過程のなかで位置づけられるのであって，経営体，換言すれば新経営体を措定したうえで，それに到達する一過程で出現するのである[18]．多国籍企業の出現は，経営の国際化，経営のグローバル化といった経営環境の変化により加速されつつあり，日本企業の多国籍化とともに日本型多国籍企業の分析も必要となっている．また，それは日本的経営論の一環としての意味合いをもっている．

　日本型多国籍企業の出現については，われわれは経営体制論上，経営の現代化を推進する重要な現象としてみることができる．日本型多国籍企業の経営実践は巨大会社のみならず，中・小会社においてもみることができ，したがって，そこにおけるデータの積み上げによって，経営の現代化の実践原理が明らかにされるのである．

　多国籍企業は，今日の日本企業の経営体制として避けて通ることができないものであると考えられる．日本型多国籍企業の合理的展開が日本的経営論の理論的展開に役立つものであるとするならば，経営体制論上，日本型多国籍企業の位置づけは経営体制発展過程の一形態として明らかにされるのである．日本型多国籍企業の出現は，今日の日本経営論を国際的水準に引き上げ，経営実践原理を作り上げる経営データを提供している．

　多国籍企業は経営の現代化を推し進めるうえで，きわめて重要な役割を果たしている．つまり，日本の多国籍企業の増大が，経営のグローバル化とともに世界の経営システムに大きな影響を与えることになり，そこでの経営実践がわれわれが必要とする経営原理の中身の1つを示している．

　今日，多国籍企業があらためて問題とされるのは，多国籍企業が従来の伝統的経営システムを革命的に変え得る企業体制を有していることにある．経営システムの要素のなかには，人の問題があり，資本の問題があり，組織の問題があり，生産の問題がある．いずれにしてもそれらの問題を統合する概念は，経営体制論における経営理念の問題にあるといえる．

　国家というものの力が，必要以上に弱くなり，経済や経営の力の存在が必要となっている今日の経営システムにおいては，この多国籍企業の実践は，グローバル化した世界経営システムのなかできわめて重要な役割を果たしている．多国籍企業そのものの経営原理は基本的には国籍の違いによるものではないが，われわれは少なくとも日本型多国籍企業の経営実践原理を明らかにする必要がある．

　日本型多国籍企業が経営体制論上，世界経営システムを目指し経営実践する過程は，われわれが経営学のうえで日本的経営論として構築しようとしてきた考え方のデータを提供していくのであって，将来の日本経営学のベースになるものである．日本型多国籍企業の経営実践原理はとくに海外における子会社の経営実践から学ぶものも多いが，われわれは親会社におけるグローバル的視点からの経営実践原理の精緻化が必要であると考える．

　日本型多国籍企業は，日本的経営論精緻化の展開のなかで経営実践するわけであって，本国における事業会社ばかりでなく，現地における事業会社での経営スタイルがその性格を規定するのである．日本型経営スタイルの行動原理は，地球上にわたって経営活動するグローバル経営者の指導原理としての行動基準となるものであり，経営実践のための行動規範でもある．

　日本型多国籍企業の経営体制論上の位置について，日本型多国籍企業が新経営体（新経営体が地球規模にわたって活動する経営社会が世界経営システムである）を目指して自己革新する過程として理解する．現在，地球規模にわたって経営実践する日本型多国籍企業は，他国型多国籍企業との競争と共生の関係にあるといえよう．

3－2．日本の多国籍企業の実態と役割

　経営体制の発展は，経営のグローバル化とともに展開することになる．日本企業の多国籍化の増大は，日本の多国籍企業の増大につながっており，とくに典型的な日本の多国籍企業の増大は，とりあえず日本の巨大企業の実態から理解することができる．

　日本の多国籍企業の実態はどのようになっているのであろうか．われわれはこの点に関して，日本の巨大企業を世界の巨大企業との比較のなかで，その実態を明らかにすることができる．最近のフォーチュン誌によれば，次のような実態が明らかにされている[19]．そこで，まず日本の多国籍企業が世界の多国籍企業のなかでどのぐらいの位置を示しているかを売上高基準によってみることにする．

　フォーチュン誌によれば，1994年における世界の巨大企業の500社のなかに，日本の巨大企業は149社を数え，アメリカの151社に次いで第2位にランクされている．他の主要国で，第3位がドイツ44社，フランス40社，イギリス33社，スイス14社，イタリア11社，韓国8社，オランダ8社，スペイン6社となっている．日本企業の100位までの会社名は次の通りである．図表2－2によれば，①三菱商事，②三井物産，③伊藤忠商事，④住友商事，⑤丸紅，⑥日商岩井，⑦トヨタ自動車，⑧日立製作所，⑨日本生命，⑩ＮＴＴ，⑪松下電器産業，⑫トウメン，⑬日産自動車，⑭ニチメン，⑮兼松，⑯第一生命，⑰東京電力，⑱住友生命，⑲東芝，⑳ソニー，㉑本田，㉒ＮＥＣ，㉓明治生命，㉔三菱自動車，㉕富士通，㉖三菱電機，㉗ダイエー，㉘日本興業銀行，㉙富士銀行，㉚三菱銀行，㉛住友銀行，㉜新日本製鉄，㉝三和銀行，㉞三菱重工業，㉟イトーヨーカ堂，㊱朝日生命，㊲第一勧業銀行，㊳さくら銀行，㊴関西電力，㊵東日本鉄道，㊶日本長期信用銀行である．

　日本が149社を数えたことは，この数値がきわめて高いことを示しており，日本の巨大企業が世界の巨大企業として世界経営システムのなかで生きている

図表2―2　世界の巨大企業番付*

順位 1994	1993	S			売上高 単位 100万ドル	売上高 %1993年度との変化	利益 単位 100万ドル	利益 順位	利益 %1993年度との変化	総資産 単位 100万ドル	総資産 順位	株主持分 単位 100万ドル	株主持分 順位	従業員総数 総数	従業員総数 順位
1	S		MITSUBISHI	JAPAN	175,835.6	9.8	218.7	311	28.4	109,256.0	83	11,764.8	69	36,000	294
2	S		MITSUI	JAPAN	171,490.5	4.9	263.8	283	85.8	82,461.8	107	6,592.4	172	80,000	137
3	S		ITOCHU	JAPAN	167,824.7	8.2	81.6	400	–	74,062.9	117	5,138.5	228	7,345	468
4	S		SUMITOMO	JAPAN	162,475.9	3.1	73.2	408	8.2	58,973.6	133	8,074.8	127	22,000	372
5	1		GENERAL MOTORS	U.S.	154,951.2	12.1	4,900.6	4	98.7	198,598.7	40	12,823.8	53	692,800	2
6	S		MARUBENI	JAPAN	150,187.4	3.9	104.4	373	105.0	78,802.8	113	5,532.0	207	9,911	453
7	2		FORD MOTORS	U.S.	128,439.0	18.4	5,308.0	2	109.9	219,354.0	33	21,659.0	20	337,778	9
8	3		EXXON	U.S.	101,459.0	2.0	5,100.0	3	(3.4)	87,862.0	102	37,415.0	6	86,000	124
9	S		NISSHO IWAI	JAPAN	100,875.5	5.7	52.7	419	(47.0)	56,412.6	137	2,804.2	353	17,008	403
10	4		ROYAL DUTCH/SHELL GROUP	BRIT./NETH.	94,881.3	(0.3)	6,253.6	1	38.4	108,300.0	84	56,375.2	1	106,000	92
11	5		TOYOTA MOTOR	JAPAN	88,158.6	3.4	1,184.6	75	(19.6)	98,037.1	93	49,028.1	3	110,534	82
12	S		WAL-MART STORES	U.S.	83,412.4	22.7	2,681.0	17	14.9	32,819.0	197	12,726.0	58	600,000	3
13	6		HITACHI	JAPAN	76,430.9	11.4	1,146.7	80	89.6	105,257.5	87	34,926.6	7	331,673	11
14	S		NIPPON LIFE INSURANCE	JAPAN	753,350.4	6.2	2,682.1	16	(4.5)	422,350.8	9	3,129.5	331	90,132	110
15	S		AT&T	U.S.	75,094.0	11.8	4,676.0	7	–	79,262.0	111	17,921.0	27	304,500	14
16	S		NIPPON TELEGRAPH TELPHONE	JAPAN	70,843.6	14.9	767.9	129	66.1	146,776.9	62	49,759.9	2	194,700	32
17	S		MATSUSHITA ELECTRIC INDUSTRIAL	JAPAN	69,946.7	13.9	911.0	106	301.3	94,440.7	95	37,481.0	5	265,397	17
18	S		TOMEN	JAPAN	69,901.5	8.2	10.2	451	(29.7)	27,014.1	222	1,317.0	426	3,192	490
19	9		GENERAL ERECTRIC	U.S.	64,687.0	5.1	4,726.0	5	9.5	194,484.0	41	26,387.0	10	221,000	23
20	10		DAIMLER-BENZ	GERMANY	64,168.6	8.6	649.9	149	78.5	60,365.3	131	12,971.9	50	330,551	12
21	7		INTL, BUSINESS MACHINES	U.S.	64,052.0	2.1	3,021.0	12	–	81,091.0	108	23,413.0	13	243,039	20
22	11		MOBILE	U.S.	59,621.0	4.5	1,079.0	84	(48.2)	41,542.0	173	17,146.0	33	58,500	200
23	12		NISSAN MOTOR	JAPAN	58,731.8	9.2	(1,671.7)	496	–	82,820.0	106	16,454.4	35	145,582	50
24	S		NICHIMEN	JAPAN	56,202.6	5.5	39.7	430	12.7	24,635.4	239	1,695.1	406	2,591	492
25	S		KANEMATSU	JAPAN	55,856.1	5.9	(153.0)	469	–	19,430.5	268	943.1	454	8,431	461
26	S		DAI-ICHI MUTURAL LIFE INSURANCE	JAPAN	54,900.4	9.2	1,823.1	39	(9.6)	299,470.4	18	2,101.5	385	71,797	154
27	S		SEARS ROEBUCK	U.S.	54,825.0	(0.1)	1,454.0	55	(38.8)	91,896.0	99	10,801.0	78	360,000	6
28	15		PHILIP MORRIS	U.S.	53,776.0	6.2	4,725.0	6	52.9	52,649.0	143	12,786.0	56	165,000	41
29	19		CHRYSLER	U.S.	52,224.0	19.8	3,713.0	9	–	49,539.0	153	10,694.0	81	121,000	66
30	17		SIEMENS	GERMANY	51,054.9	1.3	1,067.6	85	(4.0)	50,579.1	147	13,123.5	49	382,000	5
31	13		BRITISH PETROLEUMBRITAIN	BRITAIN	50,736.9	(3.3)	2,416.1	20	161.6	48,699.4	155	47,320.8	31	60,000	196
32	S		TOKYO ELECTRIC POWER	JAPAN	50,359.4	15.1	870.8	111	51.6	157,097.4	56	17,232.3	32	43,115	263
33	•		U.S. POSTAL SERVICE	U.S.	49,383.4	3.8	(913.6)	486	–	46,415.6	161	(5,961.5)	497	728,944	1
34	18		VOLKSWAGEN	GERMANY	49,350.1	6.6	91.9	385	–	52,329.1	145	7,090.7	156	242,318	21
35	S		SUMITOMO LIFE INSURANCE	JAPAN	49,063.1	9.8	2,061.2	31	1.4	259,372.3	23	2,416.2	368	70,911	157
36	20		TOSHIBA	JAPAN	48,228.4	12.4	449.9	216	299.9	62,904.9	128	12,882.1	52	190,000	35
37	21		UNILEVER	BRITAIN/NETHERLANDS	45,451.2	8.6	2,388.5	21	22.7	28,438.2	211	8,354.1	124	304,000	15
38	16		IRI	ITALY	45,388.5	(10.1)	(1,085.9)	491	–	116,625.5	3	4,572.8	250	292,695	16
39	22		NESTLÉ	SWITERLAND	41,625.7	7.0	2,377.8	22	21.7	34,562.6	191	12,934.4	51	212,687	27
40	S		DEUTSCHE TELEKOM	GERMANY	41,071.2	10.6	794.2	121	–	107,485.8	86	23,143.3	15	223,000	22
41	26		FIAT	ITALY	40,851.4	17.7	627.3	160	–	59,127.6	132	12,218.2	64	248,810	19
42	S		ALLIANS HOLDING	GERMANY	40,415.2	10.0	593.8	176	82.9	152,732.5	60	7,720.3	136	69,859	162
43	27		SONY	JAPAN	40,101.1	15.9	(2,953.2)	500	(2,183.0)	48,634.7	156	11,604.0	71	138,000	55
44	S		VEBA GROUP	GERMANY	40,071.9	8.1	823.9	118	65.2	38,628.5	181	10,052.7	90	126,875	62
45	24		HONDA MOTOR	JAPAN	39,927.2	11.5	619.4	165	182.0	34,708.2	190	11,715.2	70	92,800	104
46	23		ELF AQUITAINE	FRANCE	39,459.1	5.9	(980.6)	489	(619.1)	48,915.7	154	18,035.8	42	89,500	117
47	•		STATE FARM GROUP	U.S.	38,850.1	4.8	(244.3)	472	(111.6)	76,670.0	144	21,164.9	21	68,353	165
48	29		NEC	JAPAN	37,945.9	14.4	355.5	251	480.7	47,798.7	158	9,104.8	108	151,069	47
49	S		PRUDENTIAL.CO.AMERICA	U.S.	36,945.7	(5.1)	(1,175.0)	492	(233.7)	211,902.0	35	9,484.0	104	99,000	96
50	•		ŌESTERREICHISCHE POST	AUSTRIA	36,766.0	–	1,858.6	36	59,127.6	178,322.8	47	26,299.9	11	56,983	208

*　*Fortune*, July, 2006 は巻末（275 ページ）に記した. 参照されたい.

出所）*Fortune*, August 7, 1995.　一部省略

という実態を表わしたものである．また，そのことは日本の企業体自体が世界経営システムのなかで多国籍化していく過程を表わす指標としてみることもできよう．

なお，図表 2 － 2 は 1994 年における世界の巨大企業番付，売上高 50 位までの会社を示したものである．

3 － 3．日本型多国籍企業の要件

(1) 新経営理念の設定

日本型多国籍企業の要件として第 1 にあげなければならないことは，新経営理念の設定である[20]．経営理念は経営体自体が持続・成長するにあたって，もっとも基本にある経営観であり経営体そのものを方向づける指導原理である．日本型多国籍企業が地球全体にわたって経営活動するという意味において，その経営体は，それぞれの国に有する企業文化，経営価値観を統合した経営理念を必要とする．

新経営理念は，地球規模にわたった経営体の組織構成メンバー全員がもつものであって，経営体全体のアイデンティティをもたらすものである．組織構成メンバーは自分が所属する経営体が何を目的に行動しているのかを地球規模で体得しておかなければならない．新経営理念は組織構成メンバーがそれぞれの出身国，人種，宗教，経歴，文化，習慣等を超えて一体化される経営価値観でもある．

新経営理念は，経営実践原理の基盤をなすものであり，世界の経営社会において共通の一般原理であり，普遍的原理である．新経営理念は，国際的に通用しうるものであって，グローバル化した経営体を統一する経営実践の基礎的役割を果たしている．

(2) 事業の再構築の設定

多国籍企業においては，事業の再構築をあらためて設定しなければならない．事業の再構築とは既存の事業分野を見直し，経営理念に沿った形で，新しい事業分野の進出を含めた事業構築を意味する[21]．既存事業の 1 つが成熟し，あるい

は衰退しつつあるのか，また，どの事業が成長しつつあるのか，将来の期待を
もって現在，種を蒔く事業は何であるのかを，多国籍企業は地球規模の視点か
ら，事業の再構築を図るのである．

　事業の再構築を図るうえで，事業そのものの概念的枠組みを考えなければな
らない．事業は，消費者の欲求にあった製品をつくるためのものであるが，常
に，消費者を含めた利害関係者から，その事業が認知されるものでなければな
らない．つまり，事業そのものの概念が企業家（経営者）サイドのみで形成さ
れるものではなく，その事業に何らかの関係を有する利害者集団によって認知
されるものでなければならない．

　事業の再構築は，すべての企業体において行われるものであるが，とりわけ
多国籍企業の経営体にあっては，事業のドメイン（domain）として，いわゆ
る経営戦略との関連で明確にする必要がある．

　3　経営戦略の策定

　経営戦略の策定にあたって，まず経営戦略と多国籍企業の経営理念との整合
性を明確にする必要がある．経営戦略は，経営体における経営意思決定過程の
第1のプロセスであって，事業のドメインの決定過程でもある．経営戦略は，
今日の経営体にあっては，事業の再構築の形成過程における経営活動と関係し
ているのであって，グローバル化した経営体制のなかでの戦略行動であるとい
うことができる[22)]．

　多国籍企業における経営戦略は，基本的には事業の現地化を含めた全経営活
動と関係しているのであって，今日の経営体がグローバル化のなかで事業の再
構築と海外子会社を使った現地生産との立体的でかつ複合的なシステムを指し
ている．もちろん，経営体の経営戦略行動において，単なる生産活動のみを意
味しているのではない．生産活動に加えて，販売活動，研究開発活動および財
務活動の部面において，この経営戦略が問題となる．

4　日本型多国籍企業の経営体制

4－1．日本型多国籍企業の組織原理

　日本型多国籍企業の組織原理は世界経営システムを措定した形で，経営体制発展過程の経営体制段階における組織原理を意味する．この段階における日本型多国籍企業は，経営実践においては，経営体をリードする意思決定主体は，母国を中心とする本社がすべての責任を有している．本社における経営活動に対する権限は，国内はもとより基本的には海外子会社の経営活動に対しても責任を負っており，本社自体の権限はきわめて強いものとなる[23]．

　われわれは，以上のような実態が，経営体制発展の原理からみて十分であるとは考えない．世界経営システムで活動する経営体は，社会全体に対して開かれた存在であり，グローバルにわたる経営活動を通じて社会全体に貢献するのである．そのためには，グローバルにわたる海外子会社それ自体の経営活動の自主性が多国籍企業の経営体のなかで培われる必要がある．つまり，経営の組織原理でいうところの分権化がきめ細かく経営実践される必要がある．分権化が多国籍企業の経営形態を発展させるもっとも重要な要素である．

　日本型多国籍企業の組織原理のベースとして，投資決定の自主性が海外子会社に付与される必要がある．投資の決定は多国籍企業の本社に課せられた重要な経営課題であるが，投資決定そのものがグローバル化した経営体のなかで本社・子会社間の連携システムを有効に使う基礎原理となるものである．投資の自主性をもつ海外子会社が経営活動の結果として経営体全体の発展に寄与するものであるならば，日本型多国籍企業の発展はわれわれが措定する世界経営システムへの展望が開かれるものであると考えたい．

4－2．日本型多国籍企業の人的資源

　日本型多国籍企業の展開において，人の問題を経営体のなかでどのように位置づけるかが重要となる．多国籍企業における海外子会社現地化の問題は，具

体的な経営活動の面では，人の問題であり，マネジメントの問題である．マネ
ジメントの基本原理は基本的にはアメリカのマネジメント原理をベースとする
が，日本型多国籍企業の実践原理においては，日本的経営論としてのマネジメ
ント原理が必要となる[24]．

　海外子会社における経営のスタイルが日本的経営として実践される場合にあ
っては，まず海外子会社のトップ・マネジメントの日本的経営スタイルを明ら
かにする必要がある．日本型多国籍企業の段階では，トップ・マネジメントは
日本人によって占められる．日本人による日本的経営が成功するためには，日
本的経営が実践される組織体がまずつくられる必要がある．われわれの見解で
は，海外派遣管理者の育成システムが会社自体のなかで作られ，彼らに対して
日本的経営の意思決定システムを十分修得させるのである．海外派遣管理者の
育成は，将来的には，現地の海外子会社における管理者の人材育成につながる
のであって，日本的経営実践を経営原理のレベルまで精練化する基本的条件の
整備でもある．

　日本型多国籍企業の人材資源の有効化は，真の「日本的経営」の経営ノウハ
ウの国際移転でもあり，いわゆる「日本的経営論」として国際的一般原理とし
て通用するものとなろう．われわれは海外派遣管理者を一定の期間をくぎって，
ローテーションを組み，本社と海外子会社との経営実践上の交流をすることが
重要であると考える．日本的経営論の経営実践レベルにおいての精緻化は，わ
れわれが狙いとする経営の一般原理の開発への大いなるプロセスとなろう．

4－3．日本型多国籍企業の資本資源

　日本型多国籍企業の資本資源としては，国内における金融・資本市場からの
調達が基本となるが，海外子会社の進出にあたっては，国内に加えて，海外で
の金融・資本市場からの調達を考えることになる．経営体における資本資源か
らの資本調達は，一方では投資機会の探索によって提案された投資を賄うもの
である．しかしながら，通常の経営実践においては，投資と資本調達が同時的
に解決されることはない．

　「日本的経営」の国際移転が日本型多国籍企業の展開にとって，もっとも重要な経営学的意味をもっているとはいえ，「日本的経営」のどの面が経営一般原理として国際的に通用しうるかが問題となる．この場合，投資行動の問題に限定して考えてみると，投資決定基準がどのようなものとして定義づけられるかが問題となる．投資決定基準としてもっとも適切なものは，いわゆる正味現在価値法にもとづく方法がベースとなるが，国際的な投資行動においては，リスクの概念たとえば政治リスク，為替リスクの概念の導入が必要であり，いわゆる回収期間法を含めたうえでの投資決定基準の開発が必要である[25)]．

　日本型多国籍企業の投資決定において調達される資本投資額が，どのような場所でどのような投資機会に資源配分されるかについて，われわれはポートフォリオの理論を導入することができる．われわれは，投資行動において，いわゆるリスク回避のもとで確実に投資成果をうる意思決定を必要とする．もちろん投資そのものは，すぐれてリスクを伴うものであるところから，不確実性下における投資決定原理の開発が必要とされるのである．われわれはリスク調整割引率法をもとにした投資決定原理の方法をとりあえず有効性のあるものとして支持を与えている[26)]．

4－4．日本型多国籍企業の経営戦略と事業の再構築

　日本型多国籍企業の経営戦略は基本的には世界経営システムを措定するところから，経営体の自主的活動体としての意味を強く経営理念のなかに取り組むことである．経営理念の構築は，グローバル化した経営体の行動原理のなかに含まれるものであり，その経営理念のなかに「日本的経営論」の経営思想がベースとなるのである[27)]．

　日本型多国籍企業の経営戦略としてまず第1に重要なことは，日本企業の海外生産（海外事業子会社の生産システム）の問題にあるところから，海外生産システムをどのように位置づけるかということである．海外生産システムについては，技術および生産の面に関しては，日本からの移転が原則となり，財務の面では，一般的投資原理が基礎となる．

　第2の問題としては，日本型多国籍企業の経営戦略のなかで事業の再構築を
どのように組み込んでいくかということである．各国別および地域別における
事業の適正化が日本型多国籍企業の世界経営システムをめざしての準備段階と
なる．生産と販売のグローバル的視点からの調整が必要となる．財務の面にお
いては事業の投資決定基準と資本調達の問題ひいては資本コストの正確な計測
が必要となる．これらの経営問題を世界経営システムのなかに組み込むことに
なる．

　第3の問題としては，日本型多国籍企業における海外子会社が現地で経営活
動するところから，組織構造の中身を機能的なものにする必要がある．とくに
自主的に経営活動する海外子会社の意思決定が十分な経営戦略をもつことであ
る．われわれの考えとしては，海外子会社のトップ・マネジメントの意思決定
システムの迅速化と現地採用の管理者の活力を生かすボトム・アップ・システ
ムの有効性を基本としている．

5　日本型多国籍企業の経営原理

　以上にわたり，われわれは経営体制発展の原理と日本型多国籍企業に関し，
実践経営学的立場から検討を試みてきた．そこでみた日本型多国籍企業の行動
原理は，経営実践としての日本的経営論の意味内容をもっている．日本型多国
籍企業は経営体制発展過程のなかでの具体的な経営体制であって，世界経営シ
ステムを措定したうえでの前段階の経営形態でもある．われわれは，日本型多
国籍企業の発展段階を経営体制の発展過程のなかでとりあげたのであって，そ
こで実践される経営データは，実践経営学をつくりあげる基礎データとなって
いる．

　多国籍企業における経営原理は，現在の段階では，それぞれの多国籍企業の
出身母国の経営スタイルに負うところが大であるが，われわれとしては，多国
籍企業の経営原理がとくに日本の経営スタイルを基盤にした経営原理の開発に

よるものであることを企てているのである.

　日本の多国籍企業はすでに，売上高を中心とする規模の面で世界の巨大企業のなかで，アメリカに次いで第2位となっている．われわれは，そこにおける日本の多国籍企業の経営の特徴がきわめて日本の経営スタイルをもったものであるという考えから，そこにおけるデータをベースに日本型多国籍企業の経営スタイルのあり方を考えようとするわけである.

　日本型多国籍企業の経営体制の段階では，1つは人の問題が重要であり，もう1つは投資の効率の問題が重要となる．われわれはこれら2つの問題が常に一体となった自主的活動体としての経営体がその自己啓発による精緻化によって，新しい経営原理が創造されると考えるのである.

（小椋康宏）

注）

1）山城章の企業体制論研究については次のものを参照されたい.
　　山城章『経営学』（増補版）白桃書房　1982年　第2編参照

2）「企業」と「経営」の概念は，「近代化」と「現代化」とに対応するものとして考えられるが，われわれは，「企業」そのものよりは，「経営」自体に，まず経営学研究の基礎をおいている.

3）この点に関する筆者の見解については，次の文献を参照されたい.
　　小椋康宏「企業体制と国際的経営者——日本経営学の成立——」（小椋康宏堀彰三編『比較経営学』中央経済社　1987年　77-95ページ）

4）環境主体とは経営主体（経営体）との対応関係つまり「対境関係」のなかで重要な意味をもつ．具体的には，環境主体は経営体と関係をもつ利害者集団（interest groups）あるいはステークホールダー（stakeholders）を意味し，それらの現代的展開において，経営体と環境主体との経営システムが精緻化されることになる.

5）山城章『経営原論』丸善　1970年　183-233ページ

6）「生業・家業」的特色は日本企業の大・中・小規模のいずれであってもみられるものであり，日本の経営の特徴の一面を表わしている.

7）山城章，注1）前掲書　48-51ページ

8）「稟議制度」つまり「稟議的経営」の経営プロセスは，「起案」—「回議」—「決裁・承認」—「記録」をいう．次の文献をみよ.
　　山城章監修・企業研究会編『稟議的経営と稟議制度』東洋経済新報社　1966

年.

9)「家の論理」について次の文献が参考となる.

　9)‑a 三戸公『家の論理1　日本的経営論序説』文眞堂　1991年

　9)‑b 三戸公『家の論理2　日本的経営の成立』文眞堂　1991年

10) 三戸公　注9)‑a 前掲書　310ページ

11)「近代化」に対する筆者の見解については次の文献をみよ.

　　小椋康宏「経営体制の発展と近代化――日本経営学の成立をめざして――」（小苅米清弘編『日本経済社会の近代化分析――経済・経営・法・社会各社会科学分野からの学際的接近――』東洋大学創立100周年記念論文集，東洋大学，1987年，259‑316ページ.）

12) 山城章　注1)前掲書　48‑51ページ

13) 山城章　注1)前掲書　49ページ

14) 山城章『経営原論』136‑149ページ

15) J. A. シュンペーター著（塩野谷祐一・中山伊知郎・東畑精一訳）『経済発展の理論』岩波書店　1937年

16) 山城章，注13)前掲書　201‑207ページ

17) 視点は異なるが，次の文献にケース紹介があり参考となる.

　　上野明『多国籍企業の経営学――世界のなかの日本企業への道』有斐閣　1990年

　　佐々木健『日本型多国籍企業――貿易摩擦から投資摩擦へ――』有斐閣　1986年

18) 小椋康宏　注11)文献参照

19) フォーチュン（Fortune）誌による毎年の世界の大企業番付が参考になる.

20) 新経営理念の設定については次の文献をみよ.

　　Tricker, R. I., *International Corporate Governance*-Text, Readings and Cases, Prentice Hall, 1994.

21) 事業の再構築（corporate restructuring）については，次の文献をみよ.

　　Donaldson, G., *Corporate Restructuring-Managing the change process from within*, Harvard Business Press, Boston, Massachusetts, 1994.

22) 経営戦略の策定については，競争戦略が重要であり，M&Aおよび企業提携が経営戦略の一方策として経営意思決定される．次の文献をみよ.

　　Starr, M. K., *Global Corporate Alliances and the Competitive Edge-Strategies and Tactics for Management*, Quorum Books, 1991.

　　Niederkofler, M., "The Evolution of Strategic Alliances : Opportunities for Managerial Influence," *Journal of Business Venturing* 6, pp. 237‑257, Elsevier Science Publishing Co., 1991.

23) 筆者は，この日本型多国籍企業の組織原理として，次のものを考えてきた.

42

次の文献で，多国籍企業における経営主体として一部，展開している．

　小椋康宏「多国籍企業における資本コスト論——その経営学的考察」『経営行動』Vol. 5，No. 2．1990 年 6 月

24）日本人，外国人を含めて，人材育成の観点から多国籍企業にあった組織原理のなかで人員配置を行う．次の文献をみよ．

　日経産業新聞編『経営創造，地球企業の条件』日本経済新聞社　1987 年

25）多国籍企業における投資決定基準については次の文献で展開した．

　小椋康宏「多国籍企業の投資行動——投資決定基準の変革」（菅野康雄編著『企業発展と現代経営』の内 102–118 ページ参照）　1990 年 6 月

26）小椋康宏　前掲論文 111 ページ以下参照

27）「日本的経営原理」の国際移転が必要であり，その展開を通して「日本的経営論」「日本経営学」が明らかにされる．

本研究に関する現状と動向

　経営体制発展の原理は，日本においては第 2 次大戦後，一貫して，山城章，占部都美らを中心に「企業体制論研究」として学問展開がなされてきた．企業体制論研究は，経営学の学問体系を考えるうえで基本となるものであった．しかしながら，実際には，経営学の学問研究方法を確立するうえで，企業体制論研究を永続して研究を続けてきたものは極めて少ないといえよう．

　企業体制論研究は，企業形態論研究の延長線上のものであり，今日の現代経営学の研究においては，経営体制論研究としてもっとも基本的かつ重要なものであるといえよう．

　以上の研究に関するものとして，アメリカ経営学研究では，多国籍企業の発展理論のなかにみられ，ドイツ経営学研究では企業論の発展理論のなかにみることができる．

　本章では，経営体制の発展原理を明らかにするために，日本における多国籍企業論をその手掛りとして展開した．アメリカにおいては，すでに 1950 年代のアメリカ企業の多国籍化のなかで経済学・政治学・社会学の立場から検討され，次第に，経営学の領域のなかで多国籍企業の経営論が論じられるようになった．

　今日，経営のグローバル化時代においては，この多国籍企業論から多国籍経営論への学問的展開が必要となるわけである．そういった意味で，日本型多国籍企業およびアメリカ型多国籍企業その他各国籍別における多国籍企業の国際経営比較が要求せられてきているといえよう．

第 3 章　企業のマネジリアル・エコノミックスと財務

企業の理論　　利潤

経済理論　　限界利益

企業価値　　意思決定科学

1　企業におけるマネジリアル・エコノミックス

　マネジリアル・エコノミックスに関する研究が，経営学の領域の影響を与え
てきて以来，多くの年月が経過した．マネジリアル・エコノミックスの特徴
としては，経済学の領域で生み出されてきた各種の分析概念が経営の意思決定
過程に適用されるところにある．とくにアメリカのビジネス・スクールにおい
ては，マネジリアル・エコノミックスで使われる分析概念は，財務理論（ファ
イナンス理論）のなかでも多くとりいれられている．

　本章では，マネジリアル・エコノミックスが，現在，どのような内容を，ど
のように体系づけようとしているのかを検討することである．とくに，財務論
（ファイナンス理論）および投資理論との関連のなかで，マネジリアル・エコ
ノミックスでとりあげられる分析概念がどのようなものになっているのかをあ
わせて検討してみることにする．マネジリアル・エコノミックスに関する最
近の研究は，経営のグローバル化にあわせて，多くの経営領域の意思決定用具
としての役割を果している．20数年前のブリガムとパッパスの文献の題材と
比較して新しいマンスフィールドの文献の題材においては，経営環境の変革に
応じた題材に対しマネジリアル・エコノミックスの立場から検討を試みている
といえる．

2　マネジリアル・エコノミックスの基本的枠組み

2－1．マネジリアル・エコノミックスの位置

　マネジリアル・エコノミックスの基本的枠組みについて，どのようにマネジ
リアル・エコノミックスでは考えられているであろうか．この設問に関し，マ
ンスフィールドは次のように考える．

　図表3－1で示されるように，マネジリアル・エコノミックスと関連した学

科との関係がどのようになっているのかによって説明される．マンスフィールドによれば，「マネジリアル・エコノミックスは経営意思決定分析において経済理論と意思決定科学との間の橋渡しをすることである[4]」と考えている．伝統的経済理論は，ミクロ経済学（個々の消費者，企業および産業を対象とする）およびマクロ経済学（総産出量，総所得および総雇用を対象とする）からなっており，経営意思決定に関連する適切な題材や，その経営意思決定に関し，とくに重要であるミクロ経済学の役割を含んでいる．マネジリアル・エコノミックスは経済理論のその他の領域と同様に，マクロ経済学から特に引き出されている．

　マネジリアル・エコノミックスは方法論的にはミクロ経済学と全く異なっているといえる．すなわち，ミクロ経済学はほとんど記述的であるのに対して，マネジリアル・エコノミックスはほとんど処方的であるといえる．

　マネジリアル・エコノミックスは経営研究において2つの重要な役割を演じている．第1にマネジリアル・エコノミックスのコースでは，会計学，数量的

図表3－1　マネジリアル・エコノミックスと関連学問分野との間の関係

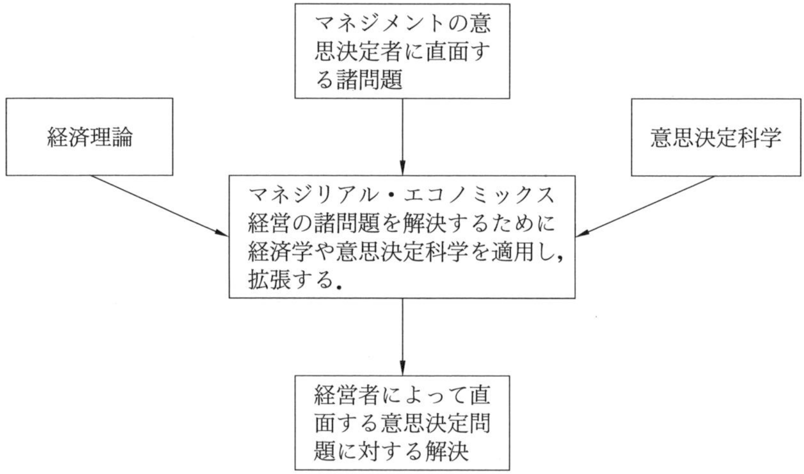

出所）Mansfield, E., *op. cit.,* p. 6

方法および経営情報システムと同様に基本的分析用具を与えており，マーケティング，ファイナンスおよび生産といった他のコースでも使用されなければならない．第2は，マネジリアル・エコノミックスのコースでは，経営政策のコースと同様に，統一的役割に役立っており，マーケティング，ファイナンスおよび生産といったようなその他の領域が企業目的を満たすために全体としてどのように検討されなければならないかを示していることになる．

2－2．経営意思決定の基本プロセス

経営意思決定の基本プロセスは次に示すように，5段階にわけることができる．マネジリアル・エコノミックスでは，この意思決定プロセスに適用される分析用具の役割を果たしている．

第1段階　目標の設定

どのような意思決定においても，意思決定者としては，組織（あるいは個人）の目標が何であるかを決定しなければならない．

第2段階　問題の明確化

意思決定のなかでもっとも困難な部分の1つは，その問題が何であるのかを正しく決定することである．

第3段階　実行可能な複数解の確認

一度，問題が設定されると，実行可能な複数解を求め，確認しなければならない．

第4段階　最適解の選択

一連の代替的実行可能な複数解が確認されると，組織の目標のもとで，1つひとつの解を評価し，どちらのものが最善であるかを決定しなければならない．

第5段階　意思決定の遂行

一度，特定の解が選択されると，それは効果的になるように実施されなければならない．

以上，5つの段階は，具体的には会社それぞれによって問題の中味が異なるであろう．しかしながら，マネジリアル・エコノミックスにおいては，それぞ

48

図表 3 － 2　意思決定の基本プロセス

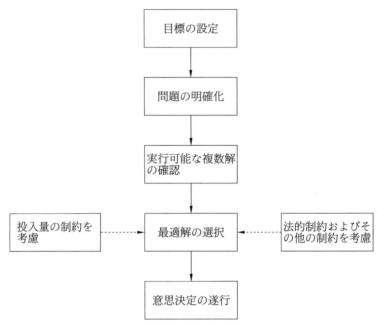

出所）Mansfield, E., *op. cit.,* p. 7

れの段階で意思決定用具としてその力を発揮することになる．

2 － 3．企業の理論

　マネジリアル・エコノミックスのなかで，企業の理論は重要な意味をもっている．すなわち，マネジリアル・エコノミックスを企業経営に適用するためには，ここでいう企業の理論を必要とする．企業の理論とは，企業がどのように行動するのか，また企業目的は何であるのかを示した理論のことである．

　伝統的な経済理論では，「企業は利潤の極大化を追求する」ことを仮定してきた．しかしながら，この理論の展開として「企業はその富と価値を極大化する」ことを仮定することになり，この理論がマネジリアル・エコノミックスにおいても支配的な理論となってきたといえる．マンスフィールドの概念規定では，「企業の価値は，期待未来キャッシュ・フローの現在価値として定義され

5)
る」とする．この考え方は，ファイナンス理論における企業の価値に関する
定義につながっている[6]．

　企業の価値を方程式で表わせば次のようになる．

$$\begin{aligned}\text{期待未来利益} \atop \text{の現在価値} = \frac{\pi_1}{1+i} + \frac{\pi_2}{(1+i)^2} + \cdots\cdots + \frac{\pi_n}{(1+i)^n}\end{aligned}$$

$$= \sum_{t=1}^{n} \frac{\pi_t}{(1+i)^t} \qquad\cdots\cdots\cdots\cdots\cdots\cdots\cdots(1)$$

ただし，$\pi_t =$ t 年度における期待利益

　　　　$i =$ 利子率

　　　　$t =$ 次年度から最終年度まで期間

また，利益は総収益から総費用を差し引いたものであることより，次のよう
に表わすことができる．

$$\begin{aligned}\text{期待未来利益の} \atop \text{現在価値} = \sum_{t=1}^{n} \frac{TR_t - TC_t}{(1+i)^t} \qquad\cdots\cdots\cdots\cdots\cdots\cdots(2)\end{aligned}$$

ただし，$TR_t =$ t 年度における企業の総収益

図表3－3　企業価値の決定要因

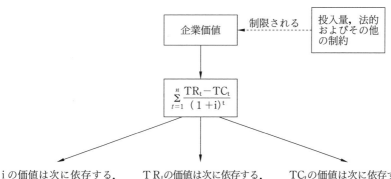

出所）Mansfield, E., *op. cit.*, p. 11

$TC_t = t$ 年度における企業の総費用

マネジリアル・エコノミックスでは，方程式(1)，方程式(2)で定義されるように，企業が企業価値を最大化することを望んでいると仮定している．しかしながら，企業がこの点において達成できうるかに関して多くの制約要因をもっているという事実と対抗しなければならない．

図表3－3において示されるように，これらの制約要因は企業価値本来と同様に，企業がどのぐらいの利益を生み出すかに制限を与えるかを示したものである．

2－4．利潤概念

マネジリアル・エコノミックスでは，利潤（profit）という用語が使われる．経営実践では，会計的利益の用語が使われる．このように経済学と会計学によって使用される概念の違いは，それぞれの機能の違いを反映しているといえる．たとえば，会計学，具体的に会計実務では，企業の日常の業務活動の統制に関係しており，他方，経済学では，意思決定および代替案からの合理的選択と関連している．もし，企業ができるかぎり金を稼ぐことに関心をもつとしたら，その解としては，会計学ではなく経済学によって測定される企業利潤に依存することになる．企業の経済利潤がゼロよりも大きなものである場合には，企業は存続すべきであり，ゼロより小さな場合には存続すべきではないことになる．

それでは，経済利潤がなぜ存続するのか．マンスフィールドは，これに関し3つの理由をあげる．1つはイノベーション（innovation）であり，2つはリスク（risk）であり，3つには独占力（monopoly power）である[7]．1つの経済が競争的産業から構成されており，これらの産業への産入が完全に自由であり，しかも新工程のない，新製品とかその他のイノベーションもない，そういった科学技術の変化がないといったことが容認されると仮定してみよう．さらに，誰もが全く正確に未来を予測できると仮定してみよう．こういった条件のもとでは利潤はなくなるであろう．なぜなら人びとは利潤が存在する産業に参入し，したがってこれらの利潤が結果的にゼロまで減少し，また損失が存在する産業

から離脱し，したがってこれらのマイナスの利潤が結果的にゼロまで減少することになるからである．

現実問題として，各種のイノベーションが起こされる．たとえば，ハイテク製品等といった飛躍した製品開発計画を実行する人々がイノベーターということになる．たとえイノベーターと発明家がある場合に同じであるとしても，イノベーターは必ずしも新技術とか新製品の発見者ではない．イノベーターは別の発明をとりいれ，それを適用し，そしてそれを市場に参入させる．マンスフィールドによれば，「利潤は成功したイノベーターによって稼得される報酬である」[8]ということになる．

リスクは現実の世界で存在する．マンスフィールドによれば，リスクの考え方として「一人のイノベーターとして企てる場合における偶然性の１つがそのなかに含まれるリスクである」[9]ということになり，「利潤はリスクに伴う報酬」[10]ということになる．

利潤の存在に対するもう１つの理由は市場が完全に競争的でないという事実である．完全競争のもとでは，長期的には経済利潤が失われる傾向にある．しかし，もし１つの産業が独占的であったり，寡占であったりすると，このことは当てはまらない．利潤は，長期的にこういった不完全競争的産業において存在しうる．

3　マネジリアル・エコノミックスにおける最適化技法

マネジリアル・エコノミックスでとりあげられる最適化技法をファイナンス理論でとくに関連をもつ技法を２，３とりあげ，その理論構造と関連を検討しておこう．

3－1．限界分析

限界分析は，マネジリアル・エコノミックスではもちろん，投資理論を展開する場合の基本的概念を与えている．限界分析は，経営者の意思決定用具とし

ても役立っている.

　まず，マンスフィールドによれば，「従属変数の限界価値は，ある特定の独立変数における1単位の変化に伴う従属変数の変化として定義される[11]」という．この例示として，図表3－4を考えてみる．もし生産される単位総数第1欄が，それぞれの合計額に等しいとすると，R会社の総利益を第2欄に示すことができる．この場合，総利益は従属変数であり，産出量は独立変数である．利益の限界価値（「限界利益」と呼ぶ）は産出量の1単位変化に伴う総利益の変化である．

　図表3－4の第3欄は限界利益の価値を示している．もし産出量が0から1単位増大すると，第2欄は100ドルだけ総利益が増大することを示している．第3欄による限界利益は，もし産出量が0から1単位の間にあるならば，100ドルに等しくなる．もし産出量が1単位から2単位まで増大すると，総利益は150ドルだけ増大する．このようにして第3欄における限界利益は，産出量が1単位から2単位の間にあるならば150ドルに等しくなる．

図表3－4　産出量と利益との間の関係，R会社

産出量と利益との間の関係，R会社			
(1) 1日当り産出量 の単位総数	(2) 総利益	(3) 限界利益	(4) 平均利益
0	0		—
1	100	100	100
2	250	150	125
3	600	350	200
4	1,000	400	250
5	1,350	350	270
6	1,500	150	250
7	1,550	50	221
8	1,500	−50	188
9	1,400	−100	156
10	1,200	−200	120

出所）Mansfield, E., *op. cit.*, p. 35

　この種の限界概念の関係について心に留めるうえでのもっとも中心的な点は，従属変数である総利益が正から負に最大化されるということである．

　平均利益は総利益を産出量で割って計算され，第4欄に示される．平均利益は，平均利益がもっとも高い産出量を選択することで明らかに合理的にみえる．もし経営者が利潤を最大化することを狙うとするならば，これは正しい決定ではない．前述したように経済理論では「限界利益が正から負に移動する産出量を経営者は選択すべきである」ということになる．

3－2．総利益，限界利益および平均利益との間の関係

　マネジリアル・エコノミックスでは，総利益，限界利益および平均利益と産出量との間の関係が図示される．ここでは，マンスフィールドの説明をみてみよう[12]．産出量と利益との間の関係は図表3－5，図表3－6で同様に示される．なお，記号として，産出量水準に対しては Q_0 および Q_1 が使われ，利益水準に対しては π_0 が使われる．

　最初に図表3－5が2つの枠を含んでいることに注目してみる．上の A 枠の総利益と産出量との間の枠組みを示し，他方，下の B 枠は平均利益および限界利益と産出量との間の関係を示している． A 枠の水平の規模は B の水平の規模と同じである．したがって Q_0 のように与えられた産出量は B 枠の産出量と原点からは同じ距離にある．

　Q_0 の産出量をとってみる．この産出量においては，平均利益は原点から総利益の点は産出量 Q_0 に符合する E 点までの直線の傾きに等しい．

　この産出量における平均利益が π_0 / Q_0 に等しく，一方 π_0 は産業量が Q_0 のときの総利益の水準である．どの直線の傾きが2点間の垂直的距離に等しく，原点から E 点までの線の傾きは π_0 / Q_0 に等しい．線 OE の傾きはこの産出量における平均利益に等しい．すなわち B 枠の K_0 は線 OE の傾きに等しい．総利益と産出量との間の関係から平均利益と産出量との間の関係を決定するために，われわれは Q_0 のみではなく，それぞれの産出量の水準に対しこういった手続きを繰り返すのである．その結果の平均利益曲線が B 枠で示される．

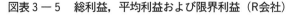

図表3－5　総利益，平均利益および限界利益（R会社）

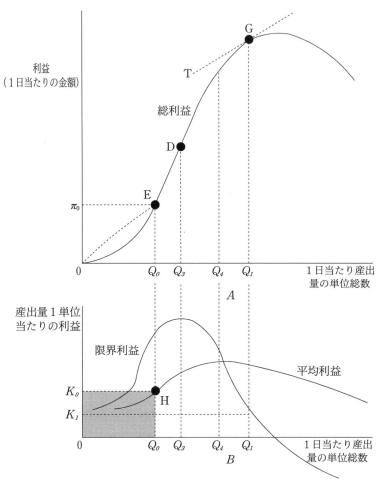

（B枠における平均利益と限界利益曲線はA枠の総利益曲線から幾何
　学的に引き出される．）
出所）Mansfield, E., *op. cit.,* p. 38

　B枠における限界利益と産出量との間の関係にもどると，A枠における総

利益と産出量との間の関係から，こういった関係を多く引き出すことは比較的

図表3－6　限界利益は総利益曲線の正接（タンジェント）の傾きに等しい

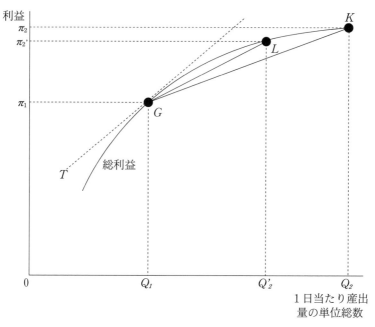

（Q_1とQ_2との間の距離が極端に小さくなる場合，線Tの傾きは，
（$\pi_2 - \pi_1$）／（$Q_2 - Q_1$）の見積り評価となる．）
出所）Mansfield, E., *op. cit.*, p. 39

簡単である．たとえばQ_1という産出量をもってみる．この産出量では，産出量がQ_1である点において，A枠における総利益曲線に対する正接（タンジェント）の傾きに等しい．すなわち，限界利益は図表3－5における線Tの傾きに等しい．その傾きは点Gにおける総利益曲線に対する正接（タンジェント）である．

図表3－6は点Gの隣における総利益曲線の拡大図を表わしたものである．限界利益が産出量おいて非常にわずかの増大から生ずる余分の利益として定義されることを思い起してみる．もし産出量がQ_1からQ_2へ増大するならば，総利益はπ_1からπ_2まで増大することになる．このようにして産出量の1単位当りの余分の利益は（$\pi_2 - \pi_1$）／（$Q_2 - Q_1$）となり，線GKの傾きである．

しかしこの産出量の増大はむしろ大きくない.

　次に,われわれは Q_2 を減少させ,その結果 Q_1 により近づくと仮定してみる.とくに Q_2 の新しい価値を Q'_2 にさせてみる.もし産出量が Q_1 から Q'_2 に増大するならば,産出量の単位当り余剰利益は,$(\pi_{2'}-\pi_1)$ ／(Q'_2-Q_1) に等しく,線 GL の傾きとなる.もしわれわれが Q_1 と Q_2 の間の距離が極端に小さくなるまでさらに減少させると,G 点における線 T の正接（タンジェント）の傾きは,$(\pi_2-\pi_1)$ ／(Q_2-Q_1) の見積りとなる.その限界値において,正接（タンジェント）の傾きが「限界利益」である.この傾きは図表3－5の B 枠における K_1 に等しい.

　総利益と産出量との間の関係から限界利益と産出量との間の関係を決定するために,われわれは,Q_1 単独ではなく産出量の各水準に対してこの手続きを繰り返す.その結果生ずる限界利益曲線は図表3－5の B 枠に示されるのである.

　一度,総利益曲線ではなく,B 枠におけるように平均利益曲線が与えられる.平均利益曲線から総利益曲線を引き出すためには,総利益が平均利益と産出量をかけたものであることに注目してみる.もし産出量が Q_0 に等しいならば,総利益は K_0 に Q_0 をかけたものに等しい.それは B 枠における OK_0 HQ_0 の長方形の領域に等しい.換言すれば A 枠における π_0 は B 枠における OK_0HQ_0 の長方形の領域に等しい.平均利益と産出量との間の関係から総利益と産出量との間の関係を引き出すために,われわれは産出量の各水準に対するこの手続きを繰り返す.すなわち,われわれは Q_0 単独ではなく,各産出量に符合するこの種の適切な長方形の領域を求めることになる.この結果生ずる総利益曲線は A 枠で示される.

　マンスフィールドによると,図表3－5で示される総利益,平均利益および限界利益曲線に関して,2つの点がなされるべきであるとする.第1には,限界利益は産出量がゼロから Q_3 まで上昇するに従って増大し,しかも産出量がさらに上昇するに従って減少することを,A 枠で一見して説明することがで

きなければならない．そのことが A 枠から非常に明確にされるのはなぜか．
総利益曲線の傾きは，それが原点から点 D まで移動するにつれて増大するか
らである．このようにして限界利益はこの正接（タンジェント）の傾きに等し
いので，産出量がゼロから Q_3 まで上昇するに従って増大されなければならな
い．点 D の右側まで，総利益曲線の傾きは産出量が増大するにつれて減少し
つつある．即ち，総利益曲線への正接（タンジェント）で引かれた線は点 D
の右側へ移動するにつれて急勾配ではなくなる．結果的には，限界利益がこう
いった正接の傾きに等しいので，産出量が Q_3 を超えて上昇するとき限界利益
は急激に減少することになる．

　第 2 に，図 3 － 5 の B 枠は次のような前提を確証している．すなわち，平
均利益曲線が限界利益曲線を下回るならば，平均利益曲線は産出量の増大とと
もに上昇することになる．また平均利益曲線が限界利益曲線を上回るならば平
均利益曲線は下落することになる．産出量の水準が Q_4 を下回るにつれて，平
均利益曲線は限界利益曲線を下回る．より高い限界利益が平均利益を引っぱる
ことになるために，平均利益曲線が上昇する．産出量が Q_4 以上の水準では，
平均利益曲線は限界利益曲線の上にある．その後，より低い限界利益が平均利
益を下方におしやるために，平均利益曲線は下落することになる．

　以上みてきた限界利益概念は，投資利益率を考えるうえで，またいわゆるフ
ァイナンス理論における資本コスト論との関係のなかで重要なものとなってい
る [13)] ．したがって，マネジリアル・エコノミックスでは多くのテキストのなか
でとりあげられているのである．

4　損益分岐点分析と営業レバレッジおよびリスク分析

4－1．損益分岐点分析と営業レバレッジ

　損益分岐点分析と営業レバレッジの理論は，管理会計，ファイナンス理論に
おいても適用される [14)] ．マネジリアル・エコノミックスでのこれらの取り扱い

は，ほとんどそれらの技法論にとどまっているといえる．

　ここでは，総費用と総利益とが産出量とともにどのように変化するかを分析することができる方法を示すことにしよう[15]．損益分岐点分析では，まず工場が比較的高い固定費をもつが，比較的低い変動費をもつものを考えてみる．企業Ⅰ，企業Ⅱおよび企業Ⅲはそれぞれの工場が固定費と変動費が相対的に異なるものをとりあげ検討している．これらの工場を比較する場合には，考慮すべき重要な問題の１つは「営業レバレッジの程度」である．営業レバレッジは，製品売上高の単位総数における１％の変化から生ずる利益の変化率として次のように定義される．

$$営業レバレッジの程度＝\frac{利益の変化率}{販売数量の変化率}$$

$$＝\frac{\Delta \pi ／ \pi}{\Delta Q ／ Q}$$

$$＝\frac{\Delta \pi}{\Delta Q} \cdot \frac{Q}{\pi} または \frac{d\pi}{dQ} \cdot \frac{Q}{\pi}$$

ただし

　　　　$\pi＝$企業利益

　　　　$Q＝$販売数量

　総収益曲線と総費用関数が線形であるとすると，図表３－７におけるように，産出量が Q に等しいとき，営業レバレッジの程度を計算する単純な方法は次のような公式を利用できる．

　営業レバレッジの程度

$$＝\frac{Q (P－AVC)}{Q (P－AVC)－TFC}$$

ただし，

　　　　$P＝$販売価格

　　　　$AVC＝$平均変動費

　　　　$TFC＝$総固定費

図表3－7　損益分岐点分析と営業レバレッジ

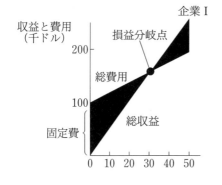

企業Ⅰ

総固定費＝＄100,000
平均変動費＝＄2
販売価格＝＄5

販売数量	総収益	総費用	総利益
10,000	＄50,000	＄120,000	－70,000
20,000	100,000	140,000	－40,000
30,000	150,000	160,000	－10,000
40,000	200,000	180,000	20,000
50,000	250,000	200,000	50,000

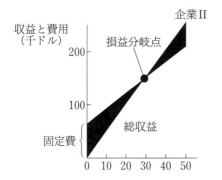

企業Ⅱ

総固定費＝＄60,000
平均変動費＝＄3
販売価格＝＄5

販売数量	総収益	総費用	総利益
10,000	＄50,000	＄90,000	－＄40,000
20,000	100,000	120,000	－20,000
30,000	150,000	150,000	0
40,000	200,000	180,000	20,000
50,000	250,000	210,000	40,000

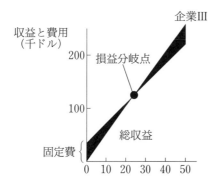

企業Ⅲ

総固定費＝＄25,000
平均変動費＝＄4
販売価格＝＄5

販売数量	総収益	総費用	総利益
10,000	＄50,000	＄65,000	－＄15,000
20,000	100,000	105,000	－5,000
30,000	150,000	145,000	5,000
40,000	200,000	185,000	15,000
50,000	250,000	225,000	25,000

（企業Ⅰは比較的高い固定費および低い変動費，企業Ⅲは比較的低い固定費および高い変動費，および企業Ⅱは企業Ⅰと企業Ⅲの真中にある。）

出所）Mansfield, E., *op. cit.,* p. 342

60

これらの式を使って，営業レバレッジの程度をそれぞれの企業のものを求めると次のようになる．すなわち，販売総量1%の増大が，企業Iでは5%の利益の増加を生じ，企業IIでは，4%，企業IIIでは2.67%の利益の増加をもたらすことになる．

4－2．リスク分析

リスク分析は，新しいファイナンス理論では重要な位置を占める．ここでとりあげられている①デシジョン・トリーによる方法，②シミュレーション技術

図表3－8　デシジョン・トリー（J会社）

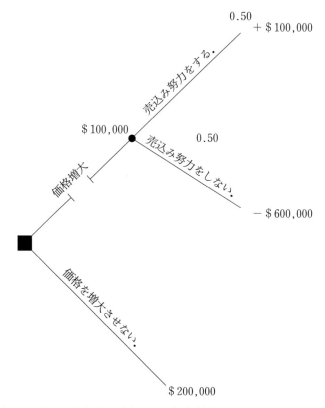

0.50
+ $100,000

売込み努力をする．

$100,000

0.50
売込み努力をしない．

－ $600,000

価格増大

価格を増大させない．

$200,000

（もしJ社が販売価格を増大すると期待利益は10万ドルとなる．もしJ社が販売価格を増大させないのであれば期待利益は20万ドルとなる．）

出所）Mansfield, E., *op. cit.,* p. 516

図表3－9　新工場の投資から利益率を決定する要因の確率分布

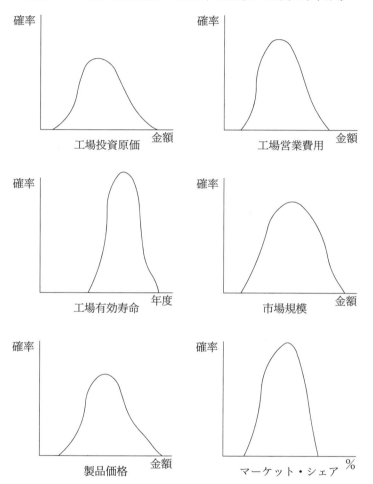

（コンピュータがこれらの確率分布のそれぞれからランダムに一つの価
値をとりあげる．それが何回も繰り返される．）

出所）Mansfield, E., *op. cit.*, p. 539

による方法は，不確実性下の投資決定において使われる技法である．いずれも不確実性およびリスクの評価に関し重要な概念を有しており，経営意思決定用具として優れた役割を果たしているといえる．[16]

　リスク分析では，リスクと確率の概念が使われる．それらについてはここではとりあげないが，図表3―7はデシジョン・トリーの例図を示したものであり，図表3―9は，シュミレーションによるそれぞれの要因の確率分布を表わしたものである．いずれにしても，マネジリアル・エコノミックスにおけるリスク分析においてもファイナンス理論で使用するリスク分析に大きな影響を与えてきたといってよい．

5　企業のマネジリアル・エコノミックスと財務

　以上にわたり，マンスフィールドの見解を中心にしながら現代マネジリアル・エコノミックスの理論的枠組みをファイナンス理論との関連で検討を加えてきた．ここでとりあげた分析概念の2，3のものは，ファイナンス理論において適用されている．マネジリアル・エコノミックスの基礎にある理論は経済学の理論に多く依存している．

　マンスフィールドによるマネジリアル・エコノミックスのなかに，リスク分析や資本予算論が展開される．これらはファイナンスの理論のなかで重要な領域の1つとしてとりあげられているものである．すなわち，マネジリアル・エコノミックスとファイナンス理論との接近が近くなってきているのである．

　ファイナンスの理論が経済学で使用される経済用語の概念を援用することによって明らかにされている部面をもつ．また，マネジリアル・エコノミックスで説明される理論とファイナンス理論は基本的に同じ概念を使った技法がとりいれられている．したがって，それらの経済用語および分析技法の基本は同じ概念的意味をもっている．

　マネジリアル・エコノミックスが企業論との接点を求めることになれば，経

済学の展開のなかで検討されてきた利潤概念を通してその全体的枠組みを明らかにすることもできよう．また，ファイナンスの理論との接点で企業論を考えることになれば，企業の価値（the value of the firm）を明らかにすることによって，企業理論を明確にすることができる[17]．

　企業価値の決定要因をこのマネジリアル・エコノミックスでは，たとえばリスク度，資本市場の状態，需要予測，価格政策，新製品開発，生産技術，費用関数，工程開発等を中心に考えようとしてきた．また，それらの決定要因を全体構造，具体的には「期待未来利益の現在価値の極大化」のもとに統合することになる．

　最近におけるマネジリアル・エコノミックスにおいては，すでに対象とされてきた領域であるが，政府と企業との関係の問題あるいはグローバル的視点をとることによるマネジリアル・エコノミックス問題をとりあげ深化させてきている．このことは，マネジリアル・エコノミックスが企業の経営問題への最適解を求める方向を考えながら，企業および経営のグローバル化にも対応できる理論を考えていることになる[18]．

　マネジリアル・エコノミックスの学問領域は，経営意思決定に適用できる理論・原理の提供することに意義をもっており，経営者のスタッフ機能を支える分析用具を提供することにもつながっている．したがって，今日における日本企業のリストラクチャリングにあって，マネジリアル・エコノミックスで提起される経済理論の分析概念が有効な働きをもっていると考えることができる．

（小椋康宏）

注）
1 ）マネジリアル・エコノミックスにおける体系的文献は次をみよ．
　　Dean, J., *Managerial Economics,* Prentice-Hall, 1951.
2 ）本章で主として取り扱う文献は次のものである．
　　Mansfield, E., *Managerial Economics —— Theory, Applications, and Cases,* 3rd ed., W. W. Norton & Company, Inc., 1996.
3 ）ブリガムとパッパスの文献は次のものである．

64

Brigham E.F., & J. L. Pappas, *Managerial Economics,* The Dryden Press, Inc. 1972.

上記文献の検討については，次の拙稿をみよ．

小椋康宏，「マネジリアル・エコノミックスに関する一素描――ブリガム，パッパスの所論を中心として――」，『情報科学論集』第3号，東洋大学附属電子計算機センター，1974年 83-91ページ．

4) Mansfield, E., *op. cit.,* pp. 4-5.

5) Ibid., p. 9.

6) ファイナンス理論では，「企業の正味現在価値の極大化」のもとに企業価値が定義される．次をみよ．

Peterson, P. P., *Financial Management And Analysis,* McGraw-Hill, 1994, pp. 15-23.

とくに，ファイナンス理論での企業価値は，自己資本の価値と負債の価値の合計として表わされる．次をみよ．

Breley, R. A. and S. C. Myers, *Principles of Corporate Finance,* 5th ed., McGraw-Hill, 1996, pp. 57-79, pp. 641-672.

7) Mansfield, E., *op. cit.,* pp. 12-13.

マンスフィールドのとりあげる経済利潤の存在する3つのもののうち，イノベーションに関し，具体的な理論を提起している次の文献を参照されたい．

Afuah, A., *Innovation Management —— Strategies, Implementation, and Profits,* Oxford University Press, 1998.

8) Mansfield, E., *op. cit.,* p. 13.

9) *Ibid.,* p. 13.

10) *Ibid.,* p. 13.

11) *Ibid.,* p. 35.

12) ここでは主として，マンスフィールドの理論展開を援用する．
Mansfield, E., *op. cit.,* pp. 37-40.

13) たとえば前掲の文献でも限界利益概念が資本コストとの関係のなかで展開される．
Peterson, P. P. *op. cit.,* pp. 657-660.

14) ブリガムとパッパスの前掲書でもすでにとりあげられてきた．
Brigham E. F. and J. L. Pappas, *op. cit.,* pp. 222-231.

15) ここでは，マンスフィールドの説明によるものである．
Mansfield, E., *op. cit.,* pp. 341-343.

16) これらのリスク分析は多くのマネジリアル・エコノミックスの文献でとりあげられている．なお，ここではマンスフィールドの説明をとりあげている．
Mansfield, E., *op. cit.,* pp. 511-546.

17）企業理論を考える場合，マネジリアル・エコノミックスから検討を加えると，企業目的・企業価値の明確化を通じて企業理論が明らかにされる．

18）最近のマネジリアル・エコノミックスの領域においても，経営のグローバル化の視点を考えた新しい課題たとえば為替，競争優位，戦略提携などの経営に関わる問題への接近が行われている．

本研究に関する現状と動向

マネジリアル・エコノミックスの研究は，企業論および財務論との接点において非常に密接なものとなっている．とくに，経営意思決定用具の開発にとって，このマネジリアル・エコノミックスが果たした功績には多大のものがある．

企業論とマネジリアル・エコノミックスの関係のなかでもっとも重要な点は，本章でも少々ふれたように，利潤（profit）の概念をどのように定義し，経営実践に適用するかであろう．また，企業の目標はいかにあるべきか，また企業目標と経営目標をどのようにマネジリアル・エコノミックスの枠組みのなかで定式化するのか，いずれの問題に対しても明確にしておく必要がある．

財務論とマネジリアル・エコノミックスの関係のなかでもっとも重要な点は，「企業価値の極大化」に関する問題設定であろう．財務論は，他方では投資理論とも大きな関連をもっており，投資理論で使われる分析用具の基礎には，マネジリアル・エコノミックスでとりあげ分析されたものも多い．とくにマネジリアル・エコノミックスにおける最適化技法の多くは，財務論および投資理論と密接不可分な関係になっている．

経営学の領域のなかで経営意思決定過程の分析は経営実践にとってとくに重要である．この場合，マネジリアル・エコノミックスに対する経営学的立場からの期待は，経営意思決定のための用具の開発ができるかどうかにかかっているといってもよい．したがって，マネジリアル・エコノミックスにおける研究成果は，経営のスタッフ機関において有効に機能することが必要である．

参考文献でも示したように，最近，新しい文献も提起されてきている．経営の多国籍化，グローバル化および経営環境の変化に対応したマネジリアル・エコノミックスの新しい研究成果が期待されるところである．

第4章 企業形態と経営構造

法律形態　　株式会社

取締役会

資本と経営の分離　　証券形態

1　企業形態の意義

　企業は，営利を目的として財貨やサービスを生産する組織体である．財貨や
サービスの生産には，資本（capital, Kapital）が必要である．ここに，資本と
は，生産に必要な生産諸資源の購入に必要な資金ということになるのである．
したがって，企業という経済組織体の活動は，資本の調達を不可欠なものとす
るのである．

　まず，財貨やサービスを生産するために資本が投下されるのである．そして，
この投下された資本によって，生産に必要な生産諸資源（たとえば，生産設備，
原材料および労働など）を調達し，製品をつくって，これを市場で販売して代
価を受け取るのである．これが，投下された資本の運用である．この資本の運
用は，費用（資本の費消）と収益（資本の回収）によって示され，費用以上に
収益を獲得することによって資本の増殖，つまり利潤の追求が行われるのであ
る．そして，企業は，このような資本の増殖を目的として資本を運用する資本
体として理解されるのである[1]．

　企業は市場経済体制のもとで他の企業と競争しながら，より大きな利潤，資
本の価値増殖をめざして活動するのである．そして，企業はより一層の利潤の
獲得をめざして，さらに資本の投下をはかることになるのである．この意味で，
資本の調達と運用は，企業成長の問題としても理解されることになるのである．
また，この追加される資本は，創業者の私有財産や余剰としての利潤からなる
だけでなく，その他の財産所有者による資本投下が考えられるのである．この
場合，財産の所有者は利用処分の自由と果実の帰属権利をもつという私有財産
制度が問題となるのである．したがって，私有財産制度の枠組みのなかで複数
の財産所有者の財産を同一の目的のために結合する何らかの紐帯が必要となる
のである．この紐帯が企業者の信用であり，発展してくる信用機構，資本市場
である[2]．さらに，そこには一定の秩序，つまり利害調整が必要となるのであ

る．そして，このような秩序の法律的な構造が企業の法律形態（Legal forms, Rechtsformen）を生み出すことにもなるのである．

　さて，企業という経済組織体の活動は，資本の調達と運用という2つの側面からとらえられるのである．財産の所有者は利用処分の自由と果実の帰属権利をもつという私有財産制度にもとづいて資本を拠出するのであり，資本調達の基本的な要件を形成するのである．ただし，企業の生産活動，つまり資本の運用は，市場経済体制のもとで他の企業と競争しながら行われるのである．したがって，企業の生産活動は，利潤獲得に繋がる生産的機会を的確にとらえ，そのために必要な生産諸資源を適切に開発ないし調達して結合し，市場で製品を販売することが重要である．つまり，資本の運用は，複雑な生産活動を担当しうる能力が重要であり，機能的な性格をもつことになるのである．そして，資本の調達では企業の所有という意味での資本拠出，つまり出資（Contribution, Kapitalbeteiligung）の問題が重要であり，資本の運用では利潤獲得の機会を的確にとらえ，生産活動の合理的な形成という意味での経営（Administration, Management, Leitung, Führung）機能が重要となるのである．なお，こうした資本の運用（経営）に自己の意思を反映させることのできる権利を支配権というのである．そして，経営機能の担当者である経営者を任免するなどによって，経営者ないしその行う資本運用を支配統御することを支配（Control, Herrschaft）というのである．[3)]

　さらに，企業は市場経済体制のもとで他の企業と競争しながら，より大きな利潤，資本の価値増殖をめざして，さらに資本の投下をはかることになるのである．同時に，投下資本の増大は，生産諸資源における利用の拡大と多様化を必要とし，経営機能の量的拡大と質的高度化に伴い専門的な能力をもとめることになるのである．資本の調達なしには生産活動は行われないし，生産活動なしには資本の調達は意味をもたないのである．したがって，資本の調達と運用の関係は，市場経済体制における営利的な生産組織体としての企業の成長要求に応じて，変化がもとめられることになるのである．そして，この資本の調達

と運用の制度的な相互関係，つまり「出資，経営および支配（したがってまた，損益の負担，債務にたいする責任の負担）の関係を効果的に秩序づけることからみた企業の種類様式」[4] が企業形態（Forms of business organization, Unternehmungsformen）の課題である．さらに，企業形態の経営学的視点は，単なる企業の諸法律形態をとりあげるのではなく，企業の存在つまり企業の行動原理にしたがって検討されなければならないのである．そこでは企業が資本の統一的な活動体であるとすれば，より適切な企業形態，つまり資本の調達と運用の制度的な相互関係を形成することが，企業の存在と発展における制度的な基盤という意味で重要な課題として位置づけられるであろう．

2　企業形態の基本的要件

企業形態は，一般的に出資，経営および支配の関係がどのようになっているかという視点よりみた企業の様式ないし種類と理解されるのである．まず，企業は，生産諸要素の購入のために資本を調達しなければならないのである．この所要資本の調達は，企業を設立しようとする発起人が資金を投じることからはじまることになるのである．つまり，発起人は出資者として生産活動の元手，つまり資本金を形成するのである．さらに，この資本金に基づく信用によって新たに外部から資金を借り入れることが可能になるのである．この新たに外部から借り入れた資金を負債，ないし他人資本とよぶのである．そして，調達された資金が運用されて，利潤が発生した場合，一般的にその一部が資本として再投資されることになるのである．この留保利潤，つまり内部調達された資本と資本金が自己資本を形成するのである．

また，「自己資本とは，企業の所有権を意味するものであるから，原則として(1)返済期限がなく，(2)企業の運用にあたる権限，または運用に関与する権限を有し，また(3)企業の成果（損益）を享有ないし負担する．これに対して，他人資本（借入資本，債権者資本などともいう）は，企業にたいする債権（貸

付）を意味するものであるから，原則として(1)返済期限があり，(2)企業の運用にたいする権限がなく，また(3)約定利率による利子を支払われる[5]」のである．

　企業活動は，市場経済体制のなかで自由競争を前提として行われるのであるから，その活動が不適切な場合には損失を生じるという危険がある．したがって，企業活動に伴う危険を負担するという意味で自己資本は企業の存立基盤をなすものといえるのである．ただし，企業の資本需要が高まり，資本調達の必要性が増大し，自己資本調達の限界や他人資本調達の方が調達費用という点で有利である場合などには，他人資本の比重が増大し，企業活動に伴う危険を負担するという性格を強くもつようになるのである．同時に，他人資本の提供である債権者の資本運用に対する影響力が強まることが考えられるのである．しかし，企業活動に伴う危険を第一次的に負担する資本は自己資本であり，さらに資本体としての企業における経済的な行動原理が自己資本のより高い利用効率を指向することに注意しなければならないであろう．また，自己資本は，他人資本を調達する信用基礎でもある．自己資本と他人資本の区分は，一般に法律的で形式的な性格をもつが，現象面でなく，企業の経済的な行動原理という視点から理解されるべきであろう[6]．

　さて，経営とは，調達された資本の統一的で機動的な運用を意味するのである．財産の所有者は利用処分の自由と果実の帰属権利をもつという私有財産制度にもとづくならば，資本の出資者，ことに企業の所有権を意味する自己資本の醸出者が資本の運用を行うことになるのである．ただし，企業の生産活動，つまり資本の運用は，市場経済体制のもとで他の企業と競争しながら行われるのである．したがって，企業の生産活動は，利潤獲得に繫がる生産的機会を的確にとらえ，そのために必要な生産諸資源を適切に購入し，結合し，市場で製品を販売することが重要である．つまり，資本の運用は，複雑な生産活動を担当しうる能力が重要であり，機能的な性格をもつことになるのである．

　出資と経営との関係は，私有財産制度を基盤としながらも，資本の所有的な性格と機能的な性格をもつものである．したがって，出資と経営との関係は，

支配という点で均衡がはかられることになるのである．ここに，支配とは，経営者の任免権によりその活動に影響を与えることである．つまり，支配は，出資者が経営者を任免する実質的な権力によって，会社の最高政策を指揮し，資本の運用に間接的に参加することを意味しているのである．さらに，広義には資本の運用から生じた果実の配分に参加する受益権を含めて支配権とよぶことがある．この受益権としての支配権は，出資者に本来的に付着している性質のものである[7]．

　そして，企業の出資，経営および支配という規準に基づく諸形態が企業形態とよばれるのである．しかし，企業論としては，企業を単に分類するのではなく，その企業の活動を究明して，企業の性質ないし性格を明らかにするための形態論が求められるのである．

3　企業の諸形態

　企業形態は，法律形態と経済形態に分けられるのが一般的である．企業の経済形態とは，「企業と出資者（自己資本の拠出者）との関係を基準として，ことに出資者の職能および数を基準として，企業を形態別に分類し，各形態の特質を明らかにすることを使命とする[8]」のである．たとえば，個人企業，人的集団企業，混合的集団企業，資本的集団企業，協同組合がこれである[9]．いうまでもなく，企業の法律形態は，法律の規則によって分類された企業形態である．企業の法律形態は，便宜的な性格をもち，原理からいちじるしくかけ離れた一面を有している．しかし，法律は法律であり，すべての企業が，法律の規則によって，法制上の企業形態のもとに分類されている．

　企業の法律形態については，「会社法」という新しい会社の基本法が 2005 年 7 月に公布され，2006 年 5 月に施行された．この会社法の制定によって，(1) 1899（明治 32）年に制定された「商法」という法律に含まれていた（第 2 編会社編）会社についてのルールを取り出し，「有限会社法」（1938 年制定），「株式

会社の監査等に関する商法の特例に関する法律」(1974年制定) といった特別法をすべてまとめて,「会社法」というひとつの法律に統一し, (2)片仮名文語体であった法律の条文を平仮名口語体としたのである.[10]

　この会社法の下では, 株式会社の設立規定を大幅に緩和するとともに, 有限会社法の廃止により有限会社を新規に設立することができなくなった. そして, 新たに持分会社という総称で, 合名会社, 合資会社とともに, 新たに合同会社が制定された. さらに,「有限責任事業組合契約に関する法律」(2005年制定) によって, 合同会社と類似の有限責任事業組合が新たに制定された. ここでは, 企業の法律形態として, 個人企業, 株式会社, 持分会社 (合名会社, 合資会社, 合同会社), その他の企業形態として有限責任事業組合と保険業法によって認められた特殊な会社形態である相互会社をとりあげることにする.

3－1. 個人企業ないし個人商人

　個人企業 (individual enterprise, Einzelunternehmung) ないし個人商人 (individual proprietorship, Einzelkaufman) については, 出資者が一個人の企業である. したがって, その出資規模は, 個人の財産規模によって限界づけられる. また, 他からの借入れも, 個人の人的な信用を基礎として責任を負担することになる. そして, 債務に対する責任は, 個人の人的な信用を基礎とするものであるから, 債務履行に対しても無限責任を負うことになる. このような個人企業の経営は, 出資者が1人であるから, 当然に出資者自らが担当することが常である. それは, 債務履行に対する無限責任からの必然的帰結である. このように, 経営が出資者1人によって行われざるを得ないことは, 個人企業が経営能力的にも限界を有していることを意味する. 出資者が1人であることから生じる限界を克服する方法は, 出資者の複数化をはかることである. 出資者が複数化した企業を, 個人企業に対比して集団企業という. しかし, 会社法では, 個人企業については消極的な規定にとどまっている. つまり, 会社法で規定されていないその他の企業という位置づけである. 株式会社の設立については,「最低資本金制度」の規制がなくなった. この意味では, 個人企業の特質

として，事業主である個人が債務履行に対して無限責任を負うことが看過され
てはならないであろう．

3－2．株式会社

株式会社は，事業活動に必要な出資資本を株式の発行によって調達する会社
形態である．会社法では，株式会社は「株式の内容についての特別の定め」と
して，「譲渡による当該株式の取得について当該株式会社の承認を要すること」
（会社法第107条第1項第1号）を定めることができるとしている．このように
会社法でも，従来からの株式の譲渡の自由を原則としながら，一定の方法で譲
渡制限を認める立場を採用している．ここに，譲渡制限株式とは，株式の内容
として，「譲渡による株式の取得について株式会社の承認を要する旨が定款に
定められている株式のことをいう（会社法第2条17号）」とされる．そして，
株式会社の新しい形態としてその発行するすべての株式について，その譲渡に
つき当該会社の承認を必要とする株式会社，いわゆる譲渡制限会社を導入した．
さらに，取締役の人数制限や取締役会の設置を義務づけない従来の有限会社の
機関設計を認めるなど，株式会社における定款自治の範囲を拡大している．[11] つ
まり，会社法では，従来の株式会社と有限会社をひとつの会社形態，つまり株
式会社に統合した．そして，株式会社の設立に際して規定されていた「最低資
本金制度」の規制が撤廃された．

具体的には，会社法における公開会社とは，「その発行する全部または一部
の株式の内容として譲渡による当該株式の取得について株式会社の承認を要す
る旨の定款の定めを設けていない株式会社をいう（会社法第2条5号）」とされ
ている．つまり，発行するすべての株式について，また発行する一部種類の株
式について，その内容を譲渡制限株式とする定款の定めを設けていない会社が
「公開会社」となる．したがって，会社法における公開会社は，「株式が上場さ
れている」ことを意味していない点に注意が必要であろう．

3－3．持分会社

持分会社とは，会社法に規定された会社のうち，合名会社，合資会社，合同

会社の総称（会社法第575条）である．この持分会社では，出資者としての社員が経営者であり，業務執行は原則として各社員が行う（会社法第590条）．監査役などの監督機関はなく，意思決定は原則として社員の過半数で決める（会社法第591条1項）．持分会社の内部関係は，民法上の組合に類似している．

⑴ 合 名 会 社（partnership, ordinary partnership, general partnership, offene Handelsgesellschaft）

合名会社とは，出資者は社員と呼ばれ，個人企業と同様に債務履行に対して無限責任を負う社員から構成される会社である．したがって，出資者全員が経営を共同で直接担当する．そこでは，経営が人的な信頼関係を基盤とする合議制によって行われるとともに，出資関係も人的なつながりを基盤とする閉鎖的な性格をもつことになるのである．合名会社は，出資者が複数であるが，その範囲は人的な信頼関係に限定されるため，基本的には個人企業と同様の限界をもっている．

⑵ 合資会社（limited partnership, Kommanditgesellschaft）

合資会社は，無限責任社員である出資者と有限責任社員である出資者によって設立されている会社である．有限責任社員は定款に記載されている一定の限度額まで出資する義務を負い，会社の債務の弁済についてもその限度まで責任を負うものである．そして，旧商法では，会社の業務執行と会社の代表に当たるのは，原則として無限責任社員であった．しかし，会社法では，原則として全社員が業務執行と会社の代表に当たるとし，定款でその制限を認めると規定している（会社法第590条）．したがって，従来の合資会社の場合，定款で有限責任社員は会社の業務執行と会社の代表に当たらない旨の定めがなされているとみなされることになる．

合資会社は，有限責任社員による資本結合が導入されているものの，原則として持分資本の譲渡にはその他の社員の全員の合意を必要とする（会社法第585条1項）ために，資本の交換性に乏しいとされる．さらに，無限責任社員へ資本危険が集中するため，資本結合の拡大は限定されたものになるのである．

(3) 合同会社 (LLC: Limited Lability Company)

　新会社法で，新しい会社形態として合同会社が導入された．合同会社は，株式会社と同じく，社員全員が出資の範囲で責任を取る有限責任の会社である（会社法第576条4号）．しかし，株式会社よりも出資者による内部自治が高い，いわゆる定款自治を原則としている．

　合同会社の特質は，合名会社，合資会社の形態に共通する定款自治は，もともとは組合に由来する制度であり，一方，全出資者の有限責任制度はもともと株式会社に由来する特質であることから，組合と株式会社の利点を合わせもつハイブリット型の企業形態であると表現されることもある。[12] しかし，合同会社では，社員の有限責任制度のもと，各自の出資割合とは独立に議決権の割合や利益配分の割合を定款に自由に定めることができる（会社法第621条）．つまり，合同会社では，株式会社と異なり，組合と同様に会社の内部関係，たとえば社員の権利内容，機関設計等について強制規定がほとんどなく，定款の自由にゆだねられている．さらに，持分の譲渡には，他の社員の全員一致が要求される（会社法第585条）などの違いがある．このような特質から，合同会社に対しては，ベンチャー活動の活性化，共同開発や産学連携の促進などの期待が寄せられることになる．ただし，税制度からは，合同会社は法人格をもつものであり，法人税が課せられることになった．この結果，アメリカの合同会社が法人税を課せられないことに比較すれば，ベンチャー活動の活性化などの点からみるとその効果は限定されざるを得ないであろう．

3―4．その他の形態

(1) 有限責任事業組合 (LLP: Lability Partnership)

　有限事業組合は，会社ではなく，組合として位置づけられる．経済産業省は，創業を促進するために，民法組合の特例として有限会社事業組合を創設した（有限責任事業組合契約に関する法律（2005年施行））．その特徴は，まず，組合員（出資者）全員が有限責任である．ついで，組合員（出資者）自身で経営を行い，出資額に拘束されない損益の配分ができるといった内部自治を徹底しているこ

とである．そして，何よりも，法人格をもたないために法人税がかからず，構成員課税の適用がなされる点に特徴があり，合同会社との大きな違いとなっている[13]．この意味でも，ベンチャー活動の活性化への期待も認められることになるのである．これによって，専門的な能力を持つ人と出資者の信用や個性を重視し，企業同士の共同事業をこれまでより振興することが期待されている．

(2) 相互会社

相互会社は，保険業法によって，保険事業を営む企業だけに認められた特殊な会社形態である．相互会社では，保険事業の顧客である保険加入者自身が，同時に保険料を限度とする有限責任社員として会社を構成する．そして，相互会社は法律上の最高議決機関として社員総会を有し，そこでの議決権は支払い保険料の代償にかかわらず，一人一票と決められている．ただし，実際には，すべての相互会社が，社員総会に代えて，代表者からなる社員総代会を設置している．

(3) 特例有限会社

従来の有限会社法が廃止されて，新たな会社法にまとめられたため，有限会社を新設することができなくなった．旧有限会社法における有限会社（private company, Gesellschaft mit beschrankter Haftung, G.m.b.H）は，株式会社の設立組織などを簡素化して，中小企業に適するようにしたものである．したがって，有限会社は，比較的少人数（総数50人以下）の有限責任社員のみから成る会社である．資本金は，均一の割合的単位額で口数化されるが，それを証券化することは認められていない．

有限会社においても，社員の意思決定ならびに事業の経営は会社の機関を通じて行われるが，法律的に必要とされる機関は社員総会と取締役会の2つである．そして，社員の持分譲渡については，原則として，社員総会の特別決議が必要である．ただし，新たな会社法施行前にあった有限会社はそのまま残ることができる．さらに，旧有限会社法のルールの実質が維持されるような株式会社，つまり株式譲渡制限会社を認めている．

ところで，株式会社の特質は，社会経済的に大規模な資本調達ができること

である．したがって，旧商法での株式会社の法律的な趣旨は，多数の株主から成る大企業の経営に適した会社形態として準備されたものである．しかし，わが国の実態は，本来，個人企業であるような零細企業でも形式的に会社形態，とりわけ株式会社という会社形態をまとう事業組織が多く存在していた．この意味では，実際には企業の法律形態と経済実態の乖離がみられたのである．だが，新たな会社法では，株式会社の設立規定が大幅に緩和され，事業規模に関わりなく選択できるようになっている．そうした背景には起業の促進などの政策的な配慮があり，理論的・原理的な視点に即した展開とはいえないという課題も残されている点が看過されてはならない．

4 株式会社の特質と経営構造

　株式会社は，広く多数の人たちから資本を集め，この集められた資本を統一的，機動的に運用するための企業形態である．したがって，株式会社の特質は，一般公衆から大規模な資本調達ができることにより，私的出資を前提とする企業規模の拡大が資本調達の制約なしに可能となった点に求められるのである．

4―1．株式会社の特質

　ここでは，株式会社の特質を有限責任制度，証券制度そして重役制度という制度的な側面から捉えて，その企業活動に対する意義について検討することにしたいのである．

(1) 有限責任制度

　株式会社では会社の資本危険（債務）に対して株主は，株式の引き受け額を限度とする出資義務を負うだけで，それ以外の責任は負わないという有限責任（limited liability of stockholders, beschränkte Heftung des Aktonärs）の制度が採られているのである．そして，有限責任制度は，企業者個人の財産から会社の財産を分離することによって，確定的な，明瞭な会社の財産それ自体を企業の信用基礎とするのである．もとより，有限責任制度は，株式会社以外の有限会

社にも認められているのである．しかし，株式会社では，有限会社と異なり資本結合の範囲自体が限定されないため，資本結合に対する無限の欲求を満たすことができるのである．[14] これらの有限責任制度の経済的機能によって，資本調達の面で企業規模の制約をはずすことができるのである．このことは，企業の大規模化にともなう大型設備の導入や大量生産，大量販売による費用の節約といった「規模の経済性」をもつ技術の採用が可能になる用件の一つといえるのである．さらに，企業の大規模化は信用能力の増大をもたらし，より一層の資本を調達したり，借り入れたりすることが容易になるのである．

株式会社における有限責任制度は，資本結合の範囲自体が限定されないというだけでなく，証券制度や重役制度といった制度的な特質と結びつけることによって経済的な特質を形成している点に注意しなければならないのである．

(2) 証券制度

証券制度ないし資本の証券化 (securitization of capital) は，(1)所要資本を多数の少額均一の部分に分ち，その部分を証券に現わし，(2)その売買譲渡を容易にし，それによって公衆から多額の資本を集めようとするものである．[15] 資本の証券化は，企業者個人の財産から会社の財産を分離することである．株式は確定的な，明瞭な会社の財産それ自体を企業の信用基礎とする有限責任制度に支えられて，流通証券として証券市場に流通することができるのである．もとより，資本の証券化は，自己資本（元入資本）の証券化としての株式だけでなく，他人資本の証券化としての社債をも含んでいるのである．ただし，企業活動に伴う危険を負担するという意味で，自己資本の証券化としての株式は株式会社の存立基盤をなすものといえるのである．

株式会社の自己資本を多数の小口の均一単位に分割し，証券に現した株式は，1つの有価証券として，市場において，売買され，それ自体で，市場交換性をもつものである．したがって，株主は容易に証券を売却して，投資した資金を回収することができるのである．こうした証券の譲渡制は，投資家にとって，適時により有利な利殖の機会を追求することが可能となり，魅力となるのであ

る．他方，株式によって調達された株式資本は自己資本であり，企業活動に投入される現実資本として企業内に固定化することができるのである．

株式会社が一般公衆から広く多額の資本を集めることができるのは，発行した株式を公開する（going public）からにほかならないのである．[16] 株式の公開は，原則として，制度化された証券市場（証券取引所）で株式を発行し，市場から資本の調達を行うことを意味しているのである．そして，株式が証券市場で売買取引されることによって，株価という企業資本の市場価格が成立し，企業資本の客観的な市場価値が決定されてくるのである．証券取引所は多くの投資物件を毎日のように再評価し，その再評価は個人に対して彼の契約を変更する機会を頻繁に与えているのである．株価は投資家が企業の資本の利用効率を評価したものであり，企業はより魅力的な高い資本の利用効率を目指さなければならないのである．

株式会社は，有限責任制度に支えられた証券制度によって一般公衆から大規模な資本調達ができることにより，私的出資による企業規模の拡大を資本調達の制約なしに可能にするのである．しかし，同時に大規模な資本調達にもとづく企業活動の大規模化や複雑化と株式の公開による資本の利用効率への圧力の高まりは，株式会社における統一的で機動的な資本運用を強く求めることになるのである．株式会社では，資本の統一的で機動的な資本の運用に対して，重役制度によって対処することになるのである．

(3) 重役制度

株式会社では，有限責任制度や証券制度によって広く多数の人びとから資本を集めることが可能であるため，出資者である株主の数も多数となり，大規模になると株主の全員が資本の運用に参加することが困難となるのである．したがって，株式会社では，出資者である株主の意思を表示して決議を行う機関である株主総会のほかに，全株主が資本の運用，つまり経営を取締役会に委任し，会社の業務上ならびに会計上の監査を監査役に委任するという法的規定が設けられているのである．また，法律上の会社機関としての取締役会と監査役は，

一般に株式会社の重役とよばれ，株主資本の統一的で機動的な運用を行うことになるのである．そして，重役制度によって，会社経営の高度化や複雑化にかかわらず，企業が統一的で機動的に運営される基礎が与えられるのである．同時に，株主は会社の経営に直接的にかかわることなしに，株式を単に売買可能な投資物件としてみなすことができるのである．

さらに，株式会社における大規模な資本調達にもとづく企業活動の大規模化や複雑化と株式の公開による資本利用効率への圧力の高まりは，企業活動の適切な経営のために専門家を必要とし，重役制度にもとづく専門的な経営者層を形成するようになったのである．このような専門的な経営者層の形成と経営機構の分権化や分散化は内部組織上の発展とともに可能になってくるのである．個人企業形態では，それ相応の資本をすでに手にしている者以外は企業を興すことは困難である．株式による外部資金の獲得に道が開かれてくれば，それ相応の資本をすでに手にしていないが，企業の経営に関する専門的な能力をもっている人びとに対してきわめて大きな機会が提供されることになるのである．株式会社形態は，事業規模の面においても，創業機会の面においても，経営の合理化という面においても，その他の会社形態に比べてより有利な形態であるとされるのである．さらに，株式会社形態では，有限責任制度，証券制度そして重役制度を背景に，資金調達の面においても，管理機構の面においても，企業規模の拡張はより一層容易になるのである．

4―2．株式会社と証券形態

株式会社は効率的に資本を調達する制度である．このことは，資本提供者に対する報酬率を意味する資本コストを最小化する制度でもあるのである．生産規模の拡大は，出資者の事業危険負担を増加させ，資本コストを高めることになるのである．したがって，生産規模を拡大するためには，出資者の危険負担を軽減することが必要になるのである．この意味でも株式会社における有限責任にもとづく資本の証券化は効果的な役割を演じるのである．出資者の危険負担の軽減は資本コストの引き下げをもたらすのである．[17]

　株式会社は，株式および社債の形で自己資本および他人資本の両者について証券化を行い，しかも各種の証券形態の種別化を行う能力をもつ点に，顕著な特徴があるとされるのである[18]．株式は，自己資本の証券化の形態であり，社債は他人資本の証券化の形態である．しかし，株式のなかにも自己資本形態の普通株（common stock, Stammaktien）のほかに，自己資本の他人資本化の形態といった特徴をもつ優先株（preferred stock, Vorzugsaktien）がある．優先株は株主が利益配当を受ける順序において最優先的にそれを受け取る権利を有する株式であるが，議決権をもたない場合が多いという点で社債的な性格が強いのである．普通株や優先株は利益配当の順位による種類であり，後配株（deferred stock, deferred share, Nachrechtsaktien, Nachzugsaktien）は，普通株に所定率の配当をしたのちに配当を受ける株式である．

　他人資本の調達のために，社債（bond, Schuldverschreibung）の発行が認められているのは株式会社の特徴である．社債は企業にとって返済期間の長い債務であって，その総額が比較的定額の多数の社債に分割され，しかも社債を表彰する社債券が有価証券として取引の対象とされる点で，他の長期借入金と異なるのである．社債には，社債権者に，あらかじめ定められた期間に，あらかじめ定められた交換比率で，社債を発行した企業の株式と交換する権利を認めている転換社債（convertible bond, Wandelschludverschreibung）がある．

　株式会社の資本金は，株式の発行を通じて調達される．わが国の株式会社では，定款には，資本金額は記載されずに，発行する株式の総数のみが記載され，会社の設立の際にはその株式総数の4分の1以上を発行すればよいことになっているのである．そして，会社の設立後にその総数の範囲内で新たに株式を発行することの決定は，定款に別様のさだめがない限り，取締役会に委ねられるのである．これが授権資本（authorized capital）の制度である．

　株式会社における資本の証券化が多様化するにしたがって，自己資本と他人資本の法律的で形式的な区分が，企業の経済行動を理解するうえで適切さをかいてきているとの指摘がなされているのである[19]．すなわち，株式会社の証券形

態は，自己資本の証券化としての株式（普通株式）と他人資本の証券化としての社債を基本としながらも，両者の間に形態上は自己資本でありながら，機能的には優先的に一定率の利益配当を受けるといった優先株式やあらかじめ定められた期間に，あらかじめ定められた交換比率で，社債を発行した企業の株式と交換する権利を認めている転換社債といった他人資本でありながら実質的には資本参加に等しいなどの過渡的な形態が存在しているのである．しかし，企業活動に伴う危険を第一次的に負担する資本は自己資本であり，さらに資本体としての企業における経済的な行動原理が自己資本のより高い利用効率を指向することに注意しなければならないであろう．そして，株式会社は，資本の証券化によってさまざまな資本参加の形態を形成してきたという事実についても企業の経済的な行動原理を看過しないことが重要であろう．株式会社における資本の証券化は，資本の調達可能性と資本コストの最小化という視点とともに，経営への参加程度の多様性に対応するものとして発展してきたと理解することができるのである．

4―3．株式会社の経営者組織の諸形態

　株式会社では，出資者ないし所有者（株主）が多数となり，この出資者の全部が資本の運用にあたることはできないから，取締役会が出資者に代わって，資本の運用を行うことになるのである．ただし，法律上は「株主の全体」（株主総会）が依然，取締役の任免，最重要事項の決定など，会社の経営を支配することになっているのである．つまり，株式会社の経営機関は，株主総会と取締役会を基本とするのであるが，株主総会の権限をごく基本的なものに限定して，多くの権限を取締役会のもとにおいているのである．要するに，株式会社の最高意思を決定する機関としての株主総会の性格は，薄らいでいるのである[20]．したがって，株式会社の経営者組織については，取締役会の機能と編成および位置づけを中心に検討されることになるのである．しかし，取締役会の機能，編成および位置づけは，時代により，また国によって異なる点がみられるのである．ここでは，図表4―1のようなわが国，アメリカそしてドイツにおける

図表 4 − 1 アメリカ，ドイツ，日本のトップ・マネジメント組織

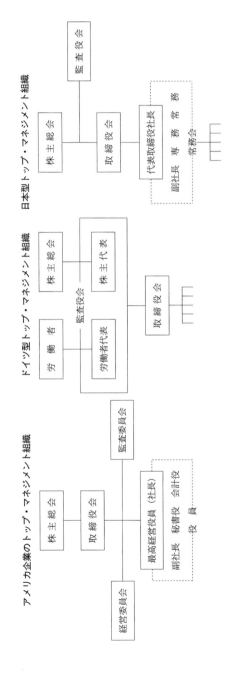

出所）菊沢研宗「第 12 章．エージェンシー理論分析」高橋俊夫編著
『コーポレート・ガバナンス』中央経済社 1995 年 139-154 ページより作成．

株式会社の経営者組織をとりあげて検討することにしたいのである.

　わが国の株式会社の経営機関は, 取締役会, 代表取締役そして監査役の設置が法律的に定められている. しかし, 実際には, 取締役会は無機能化し, 代表取締役と法律上の規定がない特定の業務を担当する常務会が設置され, 実質的な経営機関として機能しているのが一般的である. さらに, わが国では, 社外取締役の割合が小さく, 社内取締役が高い比率を占めるのが特徴である[21].

　アメリカの株式会社の経営機関は, 州によって異なるが, 一般的には取締役会 (board of directors) と社長 (chief executive office), さらにその他の役員 (officer) の設置が規定されるのである. 取締役会は, 会社経営上の重要事項, たとえば役員の選任, 重要契約の承認, 予算, 財務および拡張計画の承認, 配当その他利潤の処分を決定するのである. また, 中小の会社では, 取締役のうち1人または数名の者が代表取締役 (managing director) となることもあり, さらに大会社では, 執行委員会 (executive committee) のような少数の取締役からなる常任委員会 (standing committee) が置かれているのである. 役員は, 取締役会の決定を執行し, また「日常業務」を決定, 執行する機関として設置されるのである. 役員は, 取締役会によって任免され, 法律や定款に異なった定めがないかぎり, 役員は, その活動について取締役会に対して責任を負い, 取締役会によって監督を受けるのである. ただし, 社外取締役の比率は, 取締役の3分の2程度を占めており, この点に特色がある. しかし, 取締役会は無機能化しており, 実際には社長と最高職員に経営機能が集中する傾向があるとされるのである[22].

　わが国の株式会社の経営機関は, アメリカ型に近いのであるが, ドイツの株式会社の経営機関は, 特異な編成を採っているのである. ドイツの株式会社の経営機関は, 監査役会 (Aufsichtsrat) と取締役会 (Vorstand) からなっており, 両機関を同一の人物が兼ねることはできないのである. さらに, 監査役会や取締役会には, 被雇用者の参加が法律によって規定されるといった極めて特徴的な編成となっているのである. このようなドイツの経営機関は, 時代によって

異なるものであり，ドイツ的な経済社会に対する考え方の違いにもとづくものである．

　労働者の経営参加を特徴とするドイツ企業の経営者組織の構造とその運営はいくつかの法律によって規定されているのである[23]．まず，1951年に制定されたモンタン共同決定法は，石炭産業，鉄鋼産業の経営者組織に対して，株主側代表，労働者側代表，中立者（1名）の三者から構成されることを規定しているのである．さらに，株主側代表と労働側代表は同数である．また，モンタン法が適用されない従業員2,000人以上の株式会社，株式合資会社，有限会社等には，1976年に施行された新共同決定法が適用されるのである．企業の最高機関である監査役会は労資同数の代表によって構成されるが，監査役会議長が資本側の代表の監査役のなかから選ばれ，しかも監査役会での議決に関して議長に2票の投票権を認めるなど，実質的には株主側の権限が優越する仕組みになっているのである．ついで，経営組織法（1952年制定，1972年改正）は，従業員が500人以上で2,000人未満の株式会社，株式合資会社，有限会社などの監査役会の設置とその構成に関する規定で，監査役会の1／3が従業員代表によって構成されなければならないことを定めているのである．

　監査役会には，取締役の選任・解任権と取締役会の業務執行を監督する権限が法律上与えられているのである．このようにドイツの株式会社の経営者組織では，監督するものと監督されるものが法律によって明確に規定されているのである．さらに，監査役会では取締役会を監査役会全体が監督するのであり，個々の監査役が監督することが認められていないのである．取締役会は企業の日常的な業務執行を担当するのである．監査役は通常，他企業の監査役や取締役を兼ねる場合が多いが，取締役はその企業の日常業務を担当する部門管理者であるのが普通である．取締役は同一企業の監査役を兼務することが禁止されているため，企業の監督機関である監査役と業務執行機関である取締役会とは組織的に完全に切り離された存在である．監査役会は，重要事項に関する取締役会の決定を承認し，取締役会に助言を与える権限をもつのである．

　さて，株式会社の機関については，取締役会の構成員が株主総会において選任されるという形式はすべての国に残されているのである．しかし，取締役会の構成がアメリカ，ドイツの場合にはきわめて多様である点に注目しなければならないのである．そこでは，大体，社外取締役と社内の執行部門を担当しあるいは兼務する取締役としての社内取締役から構成されるのである．ドイツの監査役会は，監査という側面を重視し，業務執行機関である取締役会と組織的に完全に分離しているのである．これに対して，アメリカの取締役会は，形式的には取締役会が意思決定機関（業務執行の監督機関）であり，社長（CEO）を中心とする役員が業務執行を担当するのである．しかし，現実は取締役会の会長が社長を兼務し，1人の人物に集中し，取締役会の議長として最高意思決定の任にあたるとともに業務執行の最高責任者となっているのである[24]．この意味では，決定と執行の重複がみられるのである．また，わが国の取締役会は，社内取締役（社長以下の業務執行担当者）で構成員を占めているのである．したがって，取締役会は決定と監査の機能を発揮できない現状にあるのである．もとより，決定と執行の重複は，業務執行者との十分な相互理解によって実情に合った決定と決定の趣旨に沿った迅速な執行がなされるという利点がある．しかし，監査機能という視点からは，決定と執行の重複は意味をもたないだけでなく，弊害をもたらすことになるであろう．さらに，アメリカやドイツにみられる取締役会の社外性は，企業の最高意思決定という機能が広い視野と洞察を必要とする時代には，社外に広く有能な人材の参加をもとめるという点で注目されるのである．

　新しい会社法が2006年5月（2005年7月公布）に施行され，従来の有限会社における法律上の枠組みが株式会社の基本的な形態とされることになったため，取締役会の設置も任意となった．そして，会社の機関設計は，取締役会設置会社，監査役設置会社，監査役会設置会社，会計監査人設置会社，委員会設置会社によって規定される．

　取締役会設置会社は，取締役会を置く株式会社および会社法の規定により取

締役会を設置しなければならない株式会社（公開会社—株式の一部でも株主総会の決議なく自由に譲渡できる会社，監査役会設置会社，委員会設置会社）をいう（会社法第2条7号）．

　監査役設置会社は，業務監査を行う監査役を置く株式会社または会社法の規定により監査役を置かなければならない株式会社をいう（会社法第2条9号）．会社法の規定により監査役を置かなければならない株式会社とは，取締役会設置会社で委員会設置会社を除く株式会社である．監査役会設置会社は，監査役会を置く株式会社および会社法の規定により監査役会を置かなければならない株式会社をいう（会社法第2条10号）．会社法の規定により監査役会を置かなければならない株式会社とは，公開会社かつ大会社であり，委員会設置会社を除く株式会社である．監査役会は，大企業である公開会社で，委員会設置会社を除き，設置しなければならない（会社法第326条2項）とされている．ここに大会社とは，改正前商法と同じ定義であり，貸借対照表上の数字で資本金5億円以上または負債の総額が200億円以上の株式会社をいう（会社法第2条6項）．さらに，「公開会社」の定義は，通常は上場会社等を意味することが多い．しかし，会社法には，定款に株式譲渡制限の定めがある株式会社かどうかを基準として，すべての種類の株式について譲渡制限がある株式会社以外の株式会社を公開会社と定義している．すべての種類の譲渡制限がない会社はもちろん，一部の種類の株式についてだけ譲渡制限がある会社も公開会社である．したがって，「非公開会社」は，正確には「全部株式譲渡制限会社」である．さらに，監査役会設置会社では，3人以上の監査役が必要で，そのうち半数以上は社外監査役でなければならない（会社法第335条3項）のである．会計監査人設置会社は，会計監査人を置く株式会社および会社法の規定により会計監査人を置かなければならない株式会社をいう（会社法第2条10号）．ここに，会計監査人は計算書類等の監査（会計監査）をする者である．大会社および委員会設置会社は会計監査人を置かなければならないが，それ以外の会社では，その設置は会社の任意である．

　委員会設置会社制度は，2002年4月1日施行の改正商法で新しく導入され，会社法で名称をそれまでの「委員会等設置会社」から「委員会設置会社」と改めた．この委員会設置会社は，アメリカ型の株式会社の機関設計を参考にして，社外取締役を置き，監査役を置かないタイプである．取締役会と会計監査人を置く会社は，その定款により委員会設置会社を選択することができる．

　さて，委員会設置会社では，「(1)取締役会の役割は，基本事項の決定と委員会メンバーおよび執行役の選任の監督機能が中心となり，取締役会で選ばれた委員をメンバーとする指名委員会・監査委員会・報酬委員会の3つの委員会が監査・監督というガバナンスの重要な位置を占める．監査役は存在せず監査委員会がその役割を果たす．これらの各委員会では，『社外取締役』がメンバーの過半数でなければならない．社外取締役とは，現在も過去も，その会社・子会社の業務執行取締役や執行役，使用人となったことがない取締役のことである．(2)監督と執行が制度的に分離され，業務執行は執行役が担当し（取締役は原則として業務執行はできない），会社を代表する者も代表執行役となるほか，業務の意思決定も大幅に執行役にゆだねられる．ただし，取締役が執行役を兼ねることはできる．なお，取締役の任期はつねに1年となり，執行役の任期も1年である．このような委員会設置会社を選択するかどうかは，会社の任意である．[25]」委員会設置会社は，経営（意思決定）と執行が明確に分離され，業務執行に対する監督・監査の実効性が重視されている．

　各委員会の役割は会社法（第404条）に基づいて，次のように規定される．まず，指名委員会は，株主総会に提出する取締役の選任および解任に関する議案の内容を決定する．監査委員会は，(1)執行役および取締役の職務の執行の監査および監査報告の作成と，(2)株主総会に提出する会計監査人の選任および解任等に関する議案の内容の決定を行う．そして，報酬委員会は，執行役および取締役の個人別の報酬等の内容を決定する．執行役とは，業務執行を行う役員である．委員会設置会社では，この指名委員会，監査委員会そして報酬委員会を必ず設置しなければならない．ただし，新たな委員会を加えることもできる

ようになっている.

　このように，委員会設置会社では，取締役はもっぱら取締役会に参加する意思決定者として位置づけられ，意思決定の執行は執行役に委ねられる．経営業務の執行を担当する執行役は，取締役会で選任される．その際，取締役会は，執行役の中から代表執行役を選定しなければならない．執行役は取締役を兼ねることが認められるため，通常，代表執行役は取締役を兼務して取締役会の意思決定に参加するとともに，社長，副社長といった慣用上の役職を名乗って経営業務の執行に当たっている[26]．しかし，「委員会設置会社における取締役と執行役の兼職が大多数で，社外取締役が少ない会社が多いという日本型の委員会設置会社という現実には，取締役会による監督の実効性を確保するために，執行役との分離を徹底させる改善が検討されるべきであろう[27]」と指摘されている点は看過されてはならない．ここでも，わが国の株式会社における原理からいちじるしくかけ離れた一面を知ることができるのである．また，取締役と執行役の兼職という現実の機能について独自で，一定の意義を認め，その経営的な検討を行うことが不可欠である．こうした検討を介して，株式会社の機関設計と企業活動の合理性との関連が明らかにされるものと考える．

5　資本と経営の分離

　株式会社の経営については，資本と経営の分離，ないし所有と経営の分離という特異な課題がその生成当初から検討されてきているのである．いうまでもなく，株式会社の特色である重役制度によって，出資機能と経営機能は法律的にも分離されているのである．これまで，資本と経営の分離は，株式の分散という現象から検討されるものと，経営機能の複雑化という現象から検討されるものに分けられてきたのである．いずれの視点も重要であり，また両視点を合わせて理解することが重要である．ただし，ここでは経営機能の視点から資本と経営の分離をとりあげ，経営者行動や企業目的に関連づけながら検討するこ

とにしたいのである．基本的には，出資者による資本合理性の追求と経営の機能性という視点から，「資本と経営の分離」という課題を理解することである．

　資本と経営の分離は，用語自体が示すように，資本と経営の両方が検討され，さらに支配の問題に展開し，これらが統一されて企業の性格を究明しなければならないのである．企業は，資本所有者を主体として設立されるのである．しかし，この資本所有者は，むしろ経営から機能的に分離して，外部化することで自己財産の増殖が合理化されたとさえいえるのである．このような資本出資者と経営との関係は「分離」であるといっても，完全な無関係を意味するものではなく，むしろ旧来とは性格を異にする新しい支配関係にたつのである．資本出資者の経営からの分離は，経営の機能的理解と専門的な機能遂行の制度的な確立をともなっているのであり，分離が経営の自主化を助長したのである．したがって，資本と経営の分離は，まさに企業の合理化を踏まえて理解されねばならないのである[28]．

　人的な性格の強い企業で，資本出資者がその企業をもっと成長させるためには，どうしてもそのために必要な資本を広く一般から調達し，そのためにはどうしても有限責任の証券制度をとりながら，株式会社のような方式を不可欠とするのである．このような企業の成長によって，実は人的な性格の強い企業ではなくなって，資本的な性格の強い企業そのものになるのである．同様にして，資本的な性格の強い企業がさらに自己を充実させ成長をはかるためには，より一層の広範な資本調達とともに資本運用の機能性が求められるのである．経営機能は，企業の規模が大きくなり，事業内容が複雑になればなるほど高度化し，その重要性を増してくるのである．そして，企業の成否は，経営機能を機動的に有効に遂行することにかかってくるのである．したがって，経営機能の担当機関についても，機能的で合理的な思考が強く現れることになるのである．さらに，ある出資者の持ち株比率が仮に過半数を握っていたとしても，必ずしもよい経営判断が下せると決めつけることはできないのである[29]．要するに，企業の経営機能という視点からみれば，よりよく経営機能を遂行できる能力をもっ

た担当者が経営者とよばれるのである．このことは，資本の機能的な要求とも合致するものであり，資本と経営の分離とは機能的な思考の現れと考えられるのである．企業の運営についての深い知識と経験をもつ，専門的な有能者のみが企業をうまく運営できるのである．しかも，資本をもつ者が同時に有能な経営的才能の持ち主であることも少なくないのである．この場合は，形式的には資本支配であるが，実質的にはもはや資本と経営の分離である．経営者は資本所有者であってもよいのである．企業のもっとも良い運営のあり方は，経営を機能的に理解し，資本所有による支配ではないことである．そして，「資本と経営の分離」はまさに，このような経営の機能的な理解と資本の合理的な増殖という視点が統一的に展開される点に求められるであろう．それは，企業目的の合理的な追求をめざすことからも，至極当然の筋道というべきであろう．

　企業形態の視点からは，経営者は株式会社においてその機能的な役割を展開しうるのであり，他の企業形態においては不完全にとりあげられるにすぎないといえるであろう．株式会社は，出資者の有限責任制度，持ち分の証券化と譲渡可能性そして重役制度によって資本調達の拡大と資本運用の規模拡大と経営活動の複雑化を生み出すことになるのである．その結果，一般の株主は経営には関心をもたず，会社の支配にも関与しないのである．出資者は，資本市場で経営者を評価するのである．この意味で，資本から経営が自由になったことを意味しないのである．株主の関心は，資本提供に対する報酬，すなわち利潤の配分に向けられるのである．株主の選択は，利潤を目的として，特定企業の経営に資本を提供するか否かということが中心となる．株式会社における株主の経営支配は，制度的には株主総会での議決とともに，証券市場における取引関係によって行使されるのである．株価の低下は，企業価値を下げることになり，資本市場からの新たな資本調達に重大な制約を課すことになるのである．したがって，そこでは経営機能の改善がはかられることになるのである．経営改善が不十分であり，企業価値の低迷が続く場合には，企業買収の対象となることも考えられるのである．証券市場が発達するほど，このような市場評価が経営

者にとって重要性を増すことになるのである．同時に，株主はこれまで以上に投資家としての性格を強め，資本合理性を追求する性格を強くすることになるであろう．

(柿崎洋一)

注)

1) 国弘員人『三訂　企業形態論』泉文堂　1987年　6-8 ページ
2) 不二葦淳孝「第 2 章，企業の法律形態と経済形態」増地昭男・佐々木弘編著『現代企業論』八千代出版　1994年　26 ページ
3) 国弘員人　前掲書　15-16 ページ
4) 国弘員人　同上書　23-24 ページ
5) 国弘員人　同上書　11-12 ページ
6) 市村昭三『資本構造計画論』同文館　1967年　19-21 ページ
7) 占部都美『株式会社』森山書店　1977年　103-104 ページ
8) 増地昭男『企業形態研究』千倉書房　2000年　56 ページ
9) 国弘員人『三訂　企業形態論』泉文堂版　1991年　34-42 ページ．そこでは，個人企業とは，原則として，個人が全額を出資して，経営にあたるもの，その個人が出資者であるとともに，経営者であるものである．人的集団企業とは，少人数の人たちが協同して全額を出資し，かつ，協同して事業を経営するものである．混合的集団企業とは，少数の人たちが出資し，一部の出資者は同時に事業の経営にあたるが，一部の出資者は経営にあたらないものであり，一部の出資者については，出資と経営が分離するものである．資本的集団企業とは，数千，数万という多数の人が出資し，出資された資本が出資者から離れて，『独立』に運営されるものであり，出資と経営が『完全』に分離したものである（国弘員人，同上書，32-33 ページ）．
10) 神田秀樹『会社法入門』岩波書店　2006年　iv ページ
11) 小松章『企業形態論（第 3 版）』新世社　2006年　67-70 ページ．なお，株式会社の定款には，①目的，②商号，③本店の所在地，④設立に際して出資される財産の価額又はその最低額，⑤発起人の氏名又は名称及び住所（会社法第 27 条）⑥発行可能株式総数（会社法第 37 条）を必ず記載し，記録しなければならないとされる．
12) 小松章　同上書　79 ページ
13) 小松章　同上書　81 ページ
14) 占部都美　前掲書　4-6 ページ
15) 国弘員人　前掲書　73 ページ
16) 小野崎恒夫「第 6 章，公開株式会社と資本市場」増地昭男・佐々木弘編著

94

『現代企業論』八千代出版　1994 年　125-146 ページ．そこでは，株式を公開する条件をつぎの 3 点に総括している．つまり，1）企業の内部留保では足りない多額の資金需要があること，2）市場への上場基準を満足する株式会社であること，3）調達の資金ミックス上，株式の発行が必要であることが条件となっているのである（小野崎恒夫，同上書，131-132 ページ）．ただし，公開株式会社の有利性については，財務戦略や経営戦略などとの関連にも配慮して検討されるべき課題である．

17）亀川雅人『企業資本と利潤』中央経済社　1991 年　111-118 ページ

18）国弘員人　前掲書　84-94 ページ．占部都美　前掲書　43-77 ページ

19）田村茂『企業金融の経済学』有斐閣　1970 年　109-114 ページ

20）山城章『経営学原理』白桃書房　1991 年　148-161 ページ

21）古川栄一『新版経営学入門』経林書房　1980 年　137-140 ページ．森本三男『経営学の原理』中央経済社　1978 年　143-1494 ページ．奥村昭博『日本のトップ・マネジメント』ダイヤモンド社　1982 年　21-52 ページ

22）佐久間信夫「株式会社のトップ・マネジメントの制度と実態」増地昭男・佐々木弘編著『現代企業論』八千代出版　1994 年　147-154 ページ

23）佐久間信夫　同上書　156-160 ページ．大橋昭一編著『現代のドイツ経営学』税務経理協会　1991 年．高橋弘幸「第 3 章，トップ・マネジメントの構造」高橋俊夫編著『コーポレート・ガバナンス』中央経済社　1995 年　39-54 ページ

24）山城章『現代の企業』森山書店　1960 年　262-272 ページ．佐久間信夫　前掲書　154-156 ページ

25）神田秀樹　前掲書　82-83 ページ

26）小松章　前掲書　74-76 ページ

27）永井和之「規制緩和の視点から読む新『会社法』」『ビジネス法務 6』Vol.5, No.6　2005 年　19 ページ

28）山城章『経営学原理』白桃書房　1991 年　73-79 ページ．なお，資本と経営の分離では，支配は株式会社において出資者である株主が経営者を任免したり，最高組成（会社の設立や解散）などの企業の根本的事項の決定による経営者ないしその活動の統御支配として理解されるのが一般的である．また，銀行や保険会社などの機関によって，債権資本による支配形態としての金融支配を含めて規定する理解もある．さらに，経営者の意思決定に対する利害者集団（労働組合，消費者，そして株主を含む）による抑止力の行使として支配問題を捉える理解もみられるのである．

29）Bleeke J. and D. Earnst, "The Way to Win in Cross-Border Alliances", in: *Harvard Business Review*, Nov.-Dec., pp.11-12. 1991.（本田桂子訳「クロスボーダー買収・提携・成功の智恵」『ダイヤモンド・ハーバート・ビジネス』Feb.-Mar. 1992, 95 ページ）

本研究に関する現状と動向

　従来の企業論では，企業形態論として企業の法律形態を中心として研究されたのである．その後，法律形態論にとどまっていた企業形態論に対する反省から，企業の経済的性格論としての経済形態論が展開されたのである．しかし，企業形態論の中軸は，株式会社形態であり，今日では企業の成長理論を踏まえた企業形態論の展開が重要な課題として提起されているのである．つまり，企業の成長を株式会社制度と結びつけて研究することである．こうした視点からは，すでに多国籍企業論や企業グループ論などが積極的にとりあげられるようになったのである．

　そして，企業成長論との結びつきが深まるにつれて，企業形態論の内実は，次第に法律形態という枠組みを超えて，拡大し，多様化しつつあるとみることができるのである．とりわけ，企業における経営活動（経営的な意思決定）の高度化と複雑化は，企業の物的で量的な変化を中心とする経済的な性格論から質的な変化へと企業論の焦点を移行させているとも考えられるのである．より具体的には，専門的な経営陣を基盤とする経営構造の確立と市場競争の激化による絶えざる革新が企業成長論に組み込まれるに至っているのである．

　企業の成長は，経済社会における企業の役割をますます拡大し，経営者の社会的な役割を重視するようになっているのである．この課題は，これまで資本と経営の分離をめぐる議論でもとりあげられてきたのであるが，今日では企業統治（コーポレート・ガバナンス）という視点から，トップ・マネジメント制度（とくに株式会社の取締役会制度）のあり方をめぐって展開されているのである．会社法の一部改正（2015 年 5 月 1 日）が施行されたことにより，これまでの「委員会設置会社」は「指名委員会等設置会社」となった．さらに，「監査等委員会設置会社」が新設された．それは，委員会設置会社であるが指名委員会及び報酬委員会を設置する必要のない機関構成である．

　なお，企業と会社の違いは法律上の人格である「法人性」にある．そこでの論理は，「ヒトがモノを所有する」という論理である．株式会社制度では企業という生産組織をモノとして株主から所有されるともにに，ヒト（法人）として生産諸要素としての資産を所有するという「二重の所有関係」が生まれる．この二重の所有関係こそは，株式会社の基本であり，会社と企業の違いとなる（岩井克人（2009）『会社はこれからどうなるのか』平凡社）．

第5章　企業成長の行動原理

企業規模　　企業目的

多角化　　生産的資源

経営組織

1　企業成長の意義

　人間生活の量的な，そして質的な成長は，より多くの，そして新しい財貨・サービスの提供を必要とするのである．このような財貨・サービスへの要求の拡大や新しい要求は，市場での需要拡大や新規需要を生み出すことになるのである．市場経済体制の下では，このような市場での需要変化は主に企業によって充足されることになるのである．つまり，企業は市場競争のもとで営利を目的として人間生活に必要な財貨・サービスを提供する生産組織体と理解されるからである．そして，企業は，市場の需要拡大や新規需要の発生という変化に対して，生産技術の開発による大量生産体制の整備や新たな財貨・サービスの開発などによって適応してゆかなければならないのである．

　しかし，企業は市場での需要拡大や新規需要に対して受動的に適応するだけではないのである．企業は企業間競争のなかで営利目的を追求するために，他企業に先駆けて積極的に新しい生産技術の開発，新製品の開発，新市場の開拓などによる生産拡大や新規需要の創造という行動をとるのである．したがって，企業は市場競争のなかで営利目的を追求するために，受動的であれ，積極的であれ量的，質的な変化をとげることになるのである．さらに，技術進歩による生産技術や生産方法の高度化，市場規模の拡大や構造的な変化および株式会社制度の発達などの諸要因によって，企業活動は長期的で動態的な性格を強くしているのである．つまり，企業は継続的な生産組織体として経済社会的に長期間存在する価値がなければならないのである．そして，企業が市場競争のなかで経済社会的に存在価値を獲得し続けるためには，企業そのものの量的な変化，とくに規模の拡大とそれに伴う質的な変化，とくに企業活動の合理化が要求されるのである．

　このような企業の量的な変化，とくに規模の拡大とそれに伴う質的な変化は，企業の成長問題として理解されるのである．ただし，企業の成長は，企業規模

の物的・量的な拡大と理解されるのが一般的である．しかし，企業規模をその
ように理解するのは一義的ではないのである．たとえば，生産規模を企業規模
と理解すれば，その生産組織を最大限に利用した場合の一定時間における生産
能力とされるのである．しかし，企業の成長は，生産規模の拡大だけでなく，
販売や購買についての能力，さらに財務的な要素を加味した総合的な潜在的能
力としての企業規模の拡大を理解する場合がある．

　また，企業の成長つまり企業規模の拡大が求められる動因は，さまざまであ
る．たとえば，市場の需要拡大によって財貨・サービスの生産拡大が求められ
る場合，技術革新による大量生産技術や大型生産技術が大資本を必要とする場
合などが考えられるのである．さらに，市場の需要拡大がない場合には，他企
業との競争上の優位性を規模の経済性によって形成することが考えられるので
ある．ここに，規模の経済性とは，一般に生産費用（平均費用）が最小となる
規模（最適規模）になるまで規模を拡大することによって獲得される生産費用
の逓減ということである．そして，より具体的な規模の経済性には，量産方式
による生産費用の逓減，共通費用の節約，原材料の大量購入による利益，専門
化の利益，有能な経営者の人材を吸収できる利益，会社の名声（暖簾）が高ま
る利益，生産技術の大規模化，より安い資本コストで資金調達ができるなどが
あげられるのである．

　ここでは，企業の成長が経済社会の発展に伴う需要拡大の充足，新規需要の
創造また規模の経済性による生産活動の効率化や合理化などによる経済社会へ
の貢献という意義をもつものであることを踏まえ，企業成長の基本的な性格と
多様性に着目しながら基本的な経営課題をとりあげて検討することにしたいの
である．

2　企業目的と企業成長

　企業成長には，2つの視点が考えられるのである．1つは，物的，量的な視

点から企業規模の変化（拡大と縮小）に関連して企業の経済的な成長機構を明らかにすることである．いま1つは，質的な変化を伴う企業規模の拡大という視点から，企業の成長過程を経営者，経営戦略および経営組織に関連して明らかにすることである[1]．

　ここでは，まず，物的・量的な視点から企業の成長，つまり企業規模の拡大についての経済的な側面をとりあげて検討する．企業の特質は，市場経済体制の下で営利を目的として財貨・サービスを提供する生産組織体であることにもとめられるのである．したがって，企業成長の問題を検討するためには，まず企業目的，つまり営利目的と企業成長との関係を明らかにすることが必要である．ここに企業の営利目的とは利潤の追求を意味するのである．

　企業の営利目的は，短期的局面では，経済（残余・超過）利潤にあるとされるのが一般的である．このような利潤計算は次式のように示されるのである[2]．

　（収益−税込営業費）−（負債利子 K_f＋自己資本利子 K_e）

　　＝投資利益 G−総資本費用 K＝残余利潤 P_r　　　　　……………………①

さらに，①式を自己資本 E で割って，E を掛ける形態で示せば，自己資本利益率 r_e と残余利潤 P_r との関係が示されるのである．

$$P_r = (G-K_f)-K_e = \pi - K_e = \left(\frac{\pi}{E} - \frac{K_e}{E} \right) E = (r_e - k_e) E \qquad ……②$$

②式における，小文字の k_e は自己資本コスト，すなわち株主の要求された期待利益率であり，利潤 P_r は r_e，k_e，E の変数の関数として示されるのである．この②式は企業全体の業績評価システムの分析に適しているとされるのである．つまり，自己資本利益率 r_e は，後述の⑥式のように総資産の投資効率（資本運用の側面）だけでなく，資本構造（資本調達の側面）を含む企業の全体的で総合した指標の性格をもっているのである．なお，自己資本コストは負債利子と異なり客観的な証拠に欠ける機会費用によって理解されるのであるが，企業の経済的評価においては自己資本利益率と自己資本コストとを対照して評価することになるのである．

　さて，企業が自己資本利益率を高めることに成功し，経済利潤が増加すれば，株主への配当を支払った残りである社内留保利益も増加するのである．留保利益の増加は自己資本の蓄積（増殖）となり，さらにこれを信用基礎として外部から必要な他人資本（借入資金，社債など）を調達し，資産の増加をもたらすことになるのである．資産規模の増加，つまり新たな利潤獲得の機会への再投資によって，次期以降の売上高の増加，そして利潤の増加に備えることができるのである．もし，企業が大規模な能率向上に成功し，終極的には自己資本利益率の増加をもたらせば，新たな留保利益の増加や増資への誘因を得て，さらに，新技術や規模拡張の投資機会による物的生産性の向上等のプロセスを経て企業は成長するのである．このようにして，新たな循環過程へと展開されることになるのである．つまり，企業は留保利益の増大によって企業規模の物的・量的な拡大や技術革新のために再投資し，雇用の増大，製品の品質やサービスの改善による消費者の利益を増大することも可能になるのである．したがって，「企業の究極的な行動原理としての成長の追求と利潤の追求は代替的なものではなく，ましてや対立するものではなく，また，一方が他方の制約条件のもとで極大化されるという性質のものでもない．むしろ，利潤なき成長も成長なき利潤も無意味であり，実現不可能なのであり，成長と利潤は経済的には同一の意味を有するものとして捉えられなければならない」[3]のである．

　さて，企業の成長と利潤追求の理論的な枠組は，つぎのように定式化されるのである．いま，企業の成長率 g と自己資本利益率 r_e との関係は，税率を T とすれば，税引自己資本利益率は $(1-T) r_e$ である．また，留保率を b（利益留保／税引利益）とすると，

$$g = (1-T) b r_e \quad \cdots\cdots\cdots\cdots\cdots\cdots\cdots\cdots\cdots\cdots\cdots\cdots\cdots\cdots④$$

となる．なお，総資本（産）利益率を r，負債利子率を i，資産を A，負債を L，自己資本を E，税引利益を π とすれば，

$$\pi = Ar - Li = (E+L)\, r - Li \quad \cdots\cdots\cdots\cdots\cdots\cdots\cdots\cdots\cdots ⑤$$

すなわち，

$$r_e = \frac{\pi}{E} = r + (r-i)\,\frac{L}{E} \quad \cdots\cdots\cdots\cdots\cdots\cdots\cdots ⑥$$

となる．⑥を④に代入すると，

$$g = (1-T)\, b\, \{r + (r-i)\,\frac{L}{E}\} \quad \cdots\cdots\cdots\cdots\cdots ⑦$$

となって，純財産成長率が導かれる．したがって，企業が純財産 E を増加すれば，L / E が改良される．そこで，成長前と同じ L / E を維持するように，L を増加すると，

$$g = \frac{\Delta E}{E} = \frac{\Delta L}{L} = \frac{\Delta A}{A} \;(\Delta \text{ は増分}) \quad \cdots\cdots\cdots\cdots\cdots ⑧$$

となる．この⑧式により，A，L，E の成長率を総合的に把握できるし，さらに，A に関連して，売上や費用の成長率をも同時にとらえ，時系列分析を行うことが有効となるとされるのである[4]．もとより，企業成長におけるこれらの諸指標の成長率（増加率）が等しいという均衡成長の世界は現実にはありえないのである．しかし，企業成長の基本概念や企業目的との関係を明確にするという意味では，有益であるといえるであろう．

　⑧式は，企業資産の拡大のための資金調達にあたって適用される条件を明らかにするのである．つまり，企業が資金を借り入れることによってその資産を拡張しようとすれば，借入金の比率が増加するに従って利子率は高くなるのである．そのような意味で，この状況は企業活動に対する資金面での制約として作用するのである．しかしながら，企業活動が直面するのはこの財務的制約だけではないのである．拡張の資金の出所とは無関係に，企業の成長につれて，その製品の価格は下落し，要素費用は上昇するのである．したがって，企業の成長は，2つの制約に直面し，製品市場と要素市場の状況と金融市場の状況の

もとで株価を最大化することになるのである[5].

　企業は，内部留保かまたは新株発行によって自己資本を調達することができる．しかし新株発行には通常，多くの取引費用がかかるのである．つまり，全額引受済の株式の公募を行う費用には次のものが含まれるのである．投資銀行の手数料または売出差額（買手が支払う価格と発行会社が受け取る金額との差額）と，印紙税，信託報酬，弁護士・会計士報酬，券面印刷費登録料からなる発行会社の支出費用である．これらの費用は，総払込代金の10パーセントほどにも達する．多くの企業は，たまにしか新株発行を行わないのである．これらの企業にとっては，内部留保が自己資本を増やすための主な源泉である[6].

　企業の成長は，企業目的である営利目的に関係づけて理解することにより，企業の統一的な経済的組織体としての特質を明らかにしてくれるのである．つまり，企業成長の問題は，生産規模の量的な理解にとどまらず，販売活動さらに財務構造の問題を含む企業活動の全体的な視点を提供するものである．

3　企業成長と企業戦略

　企業規模の物的・量的な変化としての企業成長と企業目的との関係は，自己資本利益率と内部留保利益によって成長率を定式化し，均衡成長の概念によって企業の成長機構が提示されたのである．しかし，企業成長の物的・量的な理解は，企業の事業戦略，経営組織といった企業の質的な変化を伴う企業規模の拡大問題については何も示してくれないのである．

　当該事業の市場需要の成長率が投資による供給増加率を下回る場合には，限界企業が淘汰されて市場の集中が生まれることになるのである．さらに，技術進歩，市場構造の世界的な規模による動態的な変革などの相乗効果の結果として，いかなる企業も，製品の陳腐化と需要の飽和という脅威から免れられると考えることはできないのである．したがって，企業はどんな製品―市場を探究して進べきかという企業成長の進路を決定して，利潤獲得の機会を明らかにし

なければならないのである．

　したがって，企業の主体的な，つまり経営的な視点からは，企業成長に関する基礎的な概念や成長機構とともに，企業の質的な変化を伴う成長過程を明らかにすることが必要になるのである．より具体的には，企業成長の方向性とそれを実現するための方法について決定することが求められるのである．

　企業成長の方向性は，図表5−1のように多角化と拡大化の二面からなっているのである．また，拡大化は，市場浸透力，市場開発，および製品開発から成り立っているのである．多くの企業では，その製品と工程上の技術改善をはじめ販売地域の拡大，市場占有率の拡大に努力しているのである．ただ，ほとんどの場合，これらは研究開発部門における動向分析や，顧客の需要変化，新材料の利用可能性といったものから考え出された，現製品の市場の地位についての自然な，きまりきった拡大にすぎないのである．企業成長における物的・量的な企業規模の拡大では，現製品の生産量拡大による規模の経済が主にとりあげられるとともに，最適規模の決定や成長の限界が議論されてきたのである．しかし，企業目的との関連では，多角化の機会を検討することによって，企業の成長における方向性が明らかになるのである．企業が多角化する理由は，主につぎの通りである[7]．

図表5−1　成長ベクトルの構成要素

使命＼製品	現　　在	新　　規
現　　在	市　場　浸　透	製　品　開　発
新　　規	市　場　開　発	多　角　化

出所）Ansoff. H. I., *Corporate Strategy,* McGraw-Hill, 1965. p. 109（広田寿亮訳『企業戦略論』産業能率短期大学出版部　1969 年　175 ページ）

①．企業は，拡大化によって限定されている製品―市場分野の範囲内では，その目標を達成できそうにないときに多角化を行う．近接期間および長期の収益性目標についていえば，このような事態が起こる原因は，市場の飽和状態，需要の一般的な下降，競争上の圧力，製品ラインの老朽化といったことであろう．典型的な兆候としては，現在の事業活動に再投資してもその資本利益率が急速に下降するといったことであり，また別の兆候としては，新しいいろいろな機会の流れが枯渇してしまうということである．また，柔軟性目標についていえば，達成できない事態の基盤とか技術上の基盤とかが狭小であるとか，その企業の製品―市場分野に新しい工学技術が流入してくるとかいったようなことである．

②．たとえ魅力的な拡大化の機会がまだ利用でき，過去の目標も達成されているとしても，留保現金が拡大化に必要な全額を上回っていれば，企業は多角化を行うかもしれないのである．

③．たとえ現在の目標が達成できるとしても，多角化の機会の方が，拡大化の機会よりもいっそう大きな収益性を約束してくれるときには，企業は多角化を行うかもしれないのである．

④．利用できる情報が，拡大化と多角化との決定的な対比ができるほど信頼性がないときには，企業は多角化を探求しつづけるかもしれないのである．これらの多角化の理由は，有利な投資機会に対して敏捷に行動する程度によって選択されるのである．たとえば，保守的な経営者は第1の理由のときにかぎって多角化を行うことで満足するかもしれないのである．企業家精神に富んだ経営者は，4つの理由すべてを多角化活動に適したものとみなすかもしれないのである．確かに，企業成長，つまり利潤獲得のための有利な投資機会に対する経営者の行動には受動的か積極的かという程度の違いが存在することは疑う余地がないのである．このように「企業意欲」はけっして同質のものではないけれども，企業における企業意欲の欠如が成長を妨げ，あるいは実質的におくらせるものであるといえるであろう．

　企業成長の問題は，まず企業規模の物的・量的な変化，とくに一定の固定的要素を前提とした生産数量の変化による生産規模の経済的な限界ないし最適規模の問題として展開されたのである．さらに，企業成長の物的・量的な視点は，一定の固定的要素を含むすべての成長要因が時間とともに一定率で変化する均衡成長の概念によって拡張され，統一的な基礎概念へと進展したのである．これに対して，多角化の問題は，経営陣の創造力や企業意欲，さらに生産的資源の性格などの視点を含みながら，事業戦略を中心としながら固定的要素を一定としない質的変化をともなう規模の拡大という企業成長の概念を形成することになったのである．要するに，多角化の問題は企業成長のより現実的な見方を提示しているのである．

4　企業成長と生産的資源

　企業は，市場―製品の視点から成長の方向性を探究し，決定するとともに，それらを実現するために必要な生産的資源について明らかにし，開発するか獲得しなければならないのである．企業は営利を目的として財貨・サービスを提供するために計画（戦略）を立案し，実行に即して生産的資源を使用するのである．企業の活動は，計画（戦略）によって相互に関連づけられ，組織的に調整されるのである．同時に，企業は計画（戦略）に関する意思決定によって生産的資源を各種の用途と時期に配分することになるのである．さらに，「生産工程に投入されるのはけっして資源そのものではなくて，それらが提供できる「用役」のみである．資源のもたらす用役とは，資源の使用方法の函数である．すなわち，まったく同じ資源が別の目的または別の用途に用いられる場合や，あるいは別のものと一緒に用いる場合には，異なった用役，または用役の集合を提供する[8]」のである．要するに，資源は潜在的な用役の集合からなり，用役それ自体は機能や活動を意味するのである．さて，企業が選択した成長の方向性（計画）は，一般に，企業内部の生産的資源を開発して成長するか，また

既存の他企業における一部の事業ないし全部を買収したり，合併したりして成長するかという手段選択に関する決定を経て実行されるのである[9]．

4－1　内部資源による成長方式

さて，内部資源による成長方式，つまり内部成長（internal growth）とは，企業内部の生産的資源（既存の資源と市場で今後獲得する資源を含めて）を開発し，活用することによって成長機会の獲得と実現を試みることである．

　企業内部の生産的資源を活用した成長方式には，資源の不可分性，資源の専門的な利用，知識と経験といった生産的資源の使用に関する理解が不可欠である[10]．まず，資源の不可分性は，いわゆる公倍数の原理とよばれ，能力の異なる機械を能力の公倍数で均衡する規模まで生産規模を増大させて，利益を追求することである．しかし，一部の未利用資源を公倍数の原理にしたがって増大させるために新たな資源の導入をはかると，他の新しい未利用資源が生ずることになり生産工程バランスは達成されることがないのである．したがって，資源の不可分性による公倍数の原理は，未利用資源をもっと有利に使用するという試みによって，恒常的な成長への動機となるのである．

　また，資源の専門的な利用によっても未利用資源が生じて，成長への動機を形成しているのである．小規模の企業では，化学者としてその人の用役が1日のうち，2時間程度しか必要でなくとも，製品を検査するために雇用しなければならないのである．そして，残りの時間は，在庫品のチェックや仕切書の発送のために利用されるのである．もし，この化学者がその化学者としてだけ使用されるためには，新たに他の人が在庫品のチェックや仕切書の発送のために雇用されなければならないのである．そして，このような人員の採用は，専門化しても十分に引き合う程度に生産の規模が拡大されてはじめて可能となるのである．しかも，こうした資源の専門的な利用は，機械や原材料などの専門的な利用についてもいえるのである．

　さらに，資源はさまざまな異なった用役を提供できるという不等質性は，物的な資源から得られるのであるが，もしその物的資源を使っている人びとが，

その使用方法について別の考えを得たならば，同じ資源を異なる方法と異なる目的に使用できるようになることである．つまり，資源のもたらす用役とは資源の使用方法の函数であり，知識の進歩や経験の蓄積が，すべての資源の用役範囲と量とを，常に増大させるとみることができるのである．そして，新たな生産機会は，市場条件のみならず，企業内で発達した生産的用役や知識にも関係すると理解されるのである．とくに，新技術の発展が競争上で重大な意味をもつ場合，企業が継続して利潤を獲得するためには技術革新の可能性との関連が深まるのである．したがって，個々の企業は，企業内の生産的用役と知識の創造を前進させるために研究所を設置したり，その他の組織的な工夫をはかることになるのである．新製品の生産機会は，企業の技術研究を含んだ生産活動からだけでなく，販売活動からも生まれるのである．つまり，需要創造の過程である．販売活動の努力は，現在の製品のみならず，その他の製品に対する需要にも影響を与えるからである．また，市場だけでなく，資源の技術的な潜在能力についての企業の知識が増えることになり，企業は成長することになるのである．

　さて，「企業意欲を有する会社にとって未利用生産的用役は，同時に技術革新への挑戦となり，拡張への刺激となり，競争利益の源となるものである．それらは社内で資源の新結合の導入——技術革新——を容易にする．新結合はすなわち新製品生産のための用役の結合であり，旧製品生産のための新工程であり，あるいは管理機能の新しい組織化であろう」[11]．このように新しい生産機会は，価格・嗜好・その他の市場条件のみならず，企業内で発達した生産的用役や知識にも関係するのである．とくに，経営者用役には現在の事業を運営し，拡張計画を立案実行するのに必要な用役を含み，企業者用役には技術革新の提案を生み出したり，採用したり，また拡張の提案を発議したりするのに必要な用役が含まれているのである．したがって，企業の内部資源の効率的利用を改善し，拡張するために企業者用役が捧げられるのである．つまり，企業の企業者用役と経営者用役が既存の生産的資源を最も有効に使用しようとするとき，

企業の成長を促進するのである．しかし，同時に企業の成長は，自己の生産的資源を利用する機会をみつけて，実現する能力とともに市場といった外部的な機会そのものによっても規制されるといった動態的な相互作用の過程でもある．

　内部資源による成長方式は，未利用生産的資源の利用という視点から展開されるのであるが，公倍数の原理および専門化にもとづく生産規模の拡張だけでなく，資源の不等質性と知識や経験による新たな生産機会の獲得と実現が含まれる点が留意されなければならないのである．とくに，知識や経験は，内部資源の利用による成長では重要な役割を果たすといえるであろう．つまり，新製品を生産し，新市場を獲得する可能性は，企業が保有する既存の生産的資源による規制を解消するものではないが，既存の製品需要による成長の規制を避けることができるのである．

4－2　外部資源を利用した成長方式

　外部資源を利用した成長方式は，外部成長（external growth）とよばれ，他企業の生産設備，生産技術などの生産資源，販売経路などの販売資源，研究所や研究施設などの研究資源，経営能力の資源，人的資源や資金源などを，吸収や結合などにより獲得して，拡張や多角化をはかる成長方式である．

　さて，多角化といった「大胆な冒険的事業は企業家的想像力を必要とし，大きな冒険的事業には経営的才腕がいり，高度に専門化した分野への進出にはなにか専門的な能力が必要であり，吸収には，現金あるいは少なくとも他会社が株式交換を有利なものとして受け入れるくらいの資本市場における十分な地位，または一般的な名声を必要とする」[12]のである．内部成長の方式では，企業内部の生産的資源が提供する生産的な用役と新しい成長の方向性が相乗効果を発揮することが期待されるのである．もとより，新たな分野へ進出して，成果を実現する場合，もし企業者能力および経営者能力に加えて，他の有利性を利用できれば，いっそう容易となるのである．このような他の有利性を利用する手段として他の企業を買収ないし合併して，規模拡大と多角化をはかる方法が選択されるのである．そして，他の企業を買収ないし合併して成長する方法に課

せられる制約は，適当な企業を発見し，吸収を交渉する企業者能力と，必要な統合を行うのに要する経営者資源である．吸収されるべき会社の選択は，吸収する会社内で用いうる他の生産的用役にはほとんど関係なく，むしろ新製品が市場関係その他の方面で，企業の現在の生産活動を季節的，景気循環的に，地理的にどのようにして補うかについて行われる．しかしながら，真の複合的多角化は，比較的まれである．なぜならば，企業が他に利点，とくに新製品との技術上および販売上のつながりをもっている場合のほうが，その競争的地位は強化されるからである．[13]

　企業にとって新たに探究され，決定された成長の方向性が有利であるとすれば，買収ないし合併が内部成長よりも安価である場合にのみ，企業は外部資源を利用した成長を選ぶであろう．「企業は吸収によって一挙に，現存の工場や設備（これは，おそらく拡張に要する支出のうちでも最小の費用項目であろう）のみでなく，顧客，のれん，販売経路，仕入先との関係，ときには，名の売れた商標名や，特別な資格と経験を積んだ人員を入手することができるのである．こうしたものを最初から開発していく費用は，かなりの額になるのみならず，この過程は時間がかかり，この事業の不確実性を増加することになる．需要が異常に高い環境のもとでは，拡張の速度が何よりも重要であって，遅延すればするほど高いものにつく．ある事業分野では，大規模生産によって真の節約が得られるので，新事業は発足時から大規模でなくてはならない．しかし，まず，市場を築き上げなければならないとなると，会社は長期間損失を重ねることを計算に入れておかなければならない．したがって，必要な特性をそなえた現存の会社があれば，進んで気まえよく対価を支払う気になるであろう」．[14]

　ただし，他の企業を買収ないし合併して成長する方式の選択については，そのために必要な情報，人的資源の特性および資本市場などにより制約されることも考慮しなければならないのである．さらに，外部資源を利用した成長方式には，買収ないし合併だけでなく，ジョイントベンチャーや企業間協調（提携）などの結びつきの限定された緩やかな方式もあり，多様化しているのであ

る．このような外部資源を利用した成長方式の多様化は，企業が保有する既存の生産的資源による規制を変化させ，生産的資源の有効利用をより促進することになるであろう．

5　企業成長と経営組織

　企業における企業者用役と経営者用役は，一般にチームとしての経営陣によって担当されるのである．しかし，企業の成長とともに企業者用役と経営者用役は，企業の組織（organization）を介して展開されることになるのである．つまり，企業は市場の変化（技術や所得などの経済社会的な変化を含む）のなかで，生産的資源をもっと有効に利用するために，新しい企業者用役と経営者用役の再編成を必要とする場合が生じるのである．これらの企業者用役と経営者用役の問題は，企業の組織をこの新しい成長戦略に適合させるよう工夫し，また再編成して，解決されるのである．ここでは，企業成長の組織的な側面について検討するのである．

　企業内部で組織化された物的設備と人的スキルの集合体である組織能力は，企業の絶えざる成長の源泉，つまり原動力を提供してきたのである．そして，「むろんそうした組織能力は，まず創造され，ひとたび確立された後は維持されなければならない．組織能力を維持することは，それを創り出すことと同様に大きな挑戦課題だった．なぜなら，時間とともに設備は消耗し，スキルも衰える．さらに技術や市場は常に移り変わり，既存の設備やスキルを陳腐化させる．トップ・マネジメントにとって常に重要な職務の1つが，これらの能力を維持し，全体が部分の総和以上のものとなるように設備やスキルを1つの統一された組織へ統合していくことであった」[15]のである．つまり，企業の成長は，生産的資源の蓄積，その合理化，その拡大，およびその再合理化といった生産的資源の組織化過程として理解することができるのである．そして，このような生産的資源の利用効率は，人員や設備を駆使する経営陣の能力や独創性に従

って左右されるのである．

　さて，これまで企業の成長にともなう組織的な発展ないし変化は，一般に機能別部門組織から事業部制組織への発展を基盤にして，図表5－2のようなさまざまな経営組織の構想が提示されているのである．機能別部門組織は，大量生産という挑戦課題に対応する形で発生したものであり，生産・営業・人事・研究開発といった機能別に部門化して，生産能率の向上をめざしたものである．ついで，事業部制組織は，製品別・地域別などの包括基準によって部門化，競争と市場の需要に対して，より迅速により効果的に対応することをめざしたものである．そして，「プロジェクト式は，目標ないし課題を達成するための限時的組織であり，課題解決に必要な数と内容の専門家を構成員とし，時には課題の進行状況により構成員を変更するのである．現実には研究開発，企画などの分野にこの方式を採用し，機械的システムの組織と組み合わせて用いるのが普通である．[16]」ここでは，このような企業の組織的変化を経営陣の相互補完的な2つの活動に関連づけてみることにしたいのである．まず，補完的な活動の1つは，生産的機会，つまり企業家が見出し，利用しうるあらゆる生産的可能

図表5－2　組織形態の発展的関連

モデルと原理			機械的システム			有機的システム
形態分類			秩序化 ←————————→ 専門化			流動化
列形態	集権的形態	基本形態	純粋直系式 ⟹	機能部門別直系式 ⟹	機能式	プロジェクト式
		混合基本形態		⟱	⟱ 直系機能式	
		スタッフ等による補強形態		スタッフ制機能部門別直系式 ⟹		⎫ プロジェクト式
	分権的形態			スタッフ制事業部門別直系式 ⟹		⎭ の併用
行　列　形　態					行列式 ⟹	プロジェクト式を1軸にした行列式

注(1) ⟹ 歴史的・理論的な組織形態発展動向
　(2)　補強形態には，スタッフのほか委員会制度がある．

出所）　森本三男『経営学の原理』中央経済社　1978年　173ページ

性を捉える活動であり，いま1つは企業家的着想と提案の執行および現在の運営という経営者用役（日常的業務）の活動である．さらに，成長が進み，また環境が変化するにつれて，企業は両者の行動を同時に調整する必要性が増大したのである．しかし，それぞれの活動が求める能力は，それぞれ独自で異なっているのである．したがって，企業は，両者を調整できる複雑な組織化の設計図を開発する必要がある．つまり，企業は二重の組織機構をもつのである．この二重の組織機構は，革新的な仕事に捧げられる能力を提供して，複数機能に及ぶタイムリーかつ効果的な協調を保証するような方法で，その能力を組織化する必要が生じるのである．企業がこれまで開発してきた一般的な解決策は，プロジェクト型経営システムである．全社担当経営陣は，一方では戦略（企業家的な活動）と日常業務の両面で事業を運営する積極的な役割を保有するのである．他方では，そのグループ，事業部，利益センターに対して個々のニーズに最も反応のよい組織形態を選択する自由を与えているのである[17]．

　企業の成長は，企業が管理機構であると同時に資源集合体であることを踏まえた理解が重要である．とくに，企業家的な用役と経営的な用役の区分と生産的な資源の関連は，企業成長の量的，質的な変化を明らかにしてくれるものである．この場合には，未利用資源の特質が重要である．とくに，公倍数の原理および専門化の原理による資源利用の追求は，生産規模の拡大によって，また多角化などによって効率性を高めることを意味するのである．これに対して，知識や経験を生み出す資源利用という視点は，企業家的な用役との関連でとくに新しい生産機会を捉えるという点で重要である．もとより，日常的業務活動でも資源は知識と経験を蓄積し生み出すのである．そこでは，新しい日常業務活動における工夫や変化を生み出すことになり，生産過程の革新を追求するものといえるであろう．企業家的な活動での資源は，新技術や製品，市場を創造する知識や経験を蓄積し，創造するのである．日常業務の機能は内向的であり，内部の作業と能率に焦点を当てているのである．企業家的な機能とマーケティングの機能は，組織に属する個人によって遂行されるという意味で，組織の

「内部で」遂行されているとはいえ，外向的である．

　企業の経営組織は，企業の成長にともなって対応するだけでなく，新たな成長の機会を生み出すように発展してきたのである．このような管理機構の発展は，企業の生産規模における変化として機能別部門組織から事業部制組織へと発展し，より合理的な日常業務活動の遂行へと向かってきたのである．しかし，企業は同時に新たな生産機会を生み出すという企業家的な用役をより組織的に提供するためのプロジェクト・チームやタスクフォースなどの知識の創造をめざした工夫をも発展させてきたのである．このように企業の成長は，単なる生産規模の拡大にとどまらず，企業の経営戦略や管理機構，さらに経営組織における工夫によって質的な変化を伴いながら行われているのである．とくに，企業は他の企業や諸機関との外部的な結びつきを形成して，より多様な形態をもって成長問題に取り組んでいるのである．

　企業の成長は，経済的には内部留保によって資産の増加，つまり生産的資源の増加をはかり，その有効利用によって経済利潤を獲得するという成長機構によって理解されるのである．この成長機構が企業の主体的な活動によって行われるとすれば，成長は単なる拡大ではなく，企業の質的な変化をともなう成長として理解されることになるのである．このような企業の質的な変化は，企業を管理機構とともに生産的な資源集合体としてみる視点によって捉えることができるのである．さらに，企業の質的な変化は，主体的な性格をもち，生産的な資源，とくに企業家的な用役と経営的な用役によってもたらされるのである．しかも，企業の成長は，企業家的な用役と経営的な用役を企業の経営陣というチームに限定して質的な変化を理解するだけでなく，企業の組織的な構造における変化でも示されるように組織的な思考を介して創造的で革新的な変化となって現れるのである．しかし，企業家的な用役と経営的な用役が経営陣から組織へ転換したのではなく，組織的なものへと拡張されるとともに経営陣の役割がチーム的な視点から企業全体の視点へと変化していることに留意しなければならないのである．つまり，企業の全体的な視点から経営陣における企業家的

な用役と経営的な用役をとりあげ，そのあり方を展開することが企業成長の経営的な理解を深めるために不可欠となっているのである．

（柿崎洋一）

注）

1) Waldecker, P., *Strategische Alternativen in der Unternehmensentwicklung,* Gabler, 1995, S. 5-15.

2) 亀川俊雄『体系　経営分析論』白桃書房　1991 年　57-59 ページ

3) 万仲脩一『現代の企業理論』文眞堂　1991 年　72 ページ

4) 亀川俊雄　前掲書　72-76 ページ

5) Lerner E. M. and Carlton, W. T., *A Theory of Financial Analysis,* Brace & World, Inc. 1966. p. 179.（石黒隆司，宮川公男訳『財務分析の理論』東洋経済新報社　1972 年　204-206 ページ）

6) 占部都美『改訂　企業形態論』白桃書房　1985 年　126 ページ

7) Ansoff, H. I., *Corporate Strategy,* McGraw-Hill, 1965, pp. 129-132.（広田寿亮訳『企業戦略論』産業能率短期大学出版部　1977 年　175-176 ページ）

8) Penrose, E. T., *The Theory of The Growth of The Firm,* Oxford, 1980, p. 25.（末松玄六訳）『会社成長の理論（第二版）』ダイヤモンド社　1981 年（1962 年）33 ページ．なお，万仲脩一　前掲書　205-227 ページも参照した．

9) Ansoff, H. I., *The New Corporate Strategy,* Wiley, 1988, pp. 133-136.（中村元一，黒田哲彦訳『最新戦略経営』産業能率大学出版部　1990 年　231-234 ページ）

10) Penrose, E. T., *op, cit.,* pp. 67-80.（末松玄六訳　前掲書　87-103 ページ）とくに，「公倍数の原理」については，藻利重隆責任編集『経営学辞典』東洋経済新報社，1986 年 8 月（1967 年），142-144 ページおよび占部都美『改訂　企業形態論』白桃書房，1985 年 5 月（1977 年），255-263 ページも参照した．

11) Penrose, E. T., *op, cit.,* p. 85.（末松玄六訳　前掲書　111 ページ）

12) Penrose, E. T., *ibid.,* p. 142.（末松玄六訳　前掲書　182 ページ）

13) Penrose, E. T., *ibid.,* pp. 142-143.（末松玄六訳　前掲書　182-183 ページ）

14) Penrose, E. T., *ibid.,* pp. 165-166.（末松玄六訳　前掲書　210 ページ）社内開発か買収かについては，表 5 － 3 のような選択方法が提示されているのである．Ansoff, H. I., *op, cit.,* p. 134.（中村元一・黒田哲彦訳　前掲書　230 ページ）

　　なお，シナジー（synergy）とは，「自社と自社の新しい製品・市場への参入とのあいだの適合関係の望ましい特徴を対象としている．経営関係の文献では，シナジーは，「2 ＋ 2 ＝ 5」の効果として説明されることが多い Ansoff, H. I. *ibid.,* p. 55.（中村元一・黒田哲彦訳　前掲書　100 ページ）」のである．

15) Chandler, Jr., A. D., *Scale and Scope*, Harvard University Press, 1990, pp. 594-605. (阿部悦生，川辺信雄，工藤章，西牟田祐二，日高千景，山口一臣『スケール　アンド　スコープ』有斐閣 1993年 514-524ページ)

16) 森本三男『経営学の原理』中央経済社　1978年 172-176ページ．なお，機能（職能）別部門組織および事業部制組織については，一般に図5－4のように表されるのである．

17) Ansoff, H. I. *op, cit.,* pp. 159-162. (中村元一・黒田哲彦訳　前掲書　272-277ページ)

図表5－3　社内開発か買いか

シナジー 創業開始時	シナジー 操業時	選好される方法	適用可能な成長ベクトル	以下の場合は除く
強	強	内部開発	市場開発，製品開発，技術関連型の水平型・垂直型多角化	1. タイミングが非常に重要 2. すぐれた経営の買収 3. 必要な容量の買収
強 弱	強 弱	内部開発 買収と内部開発の組合せ	非関連型の水平型・垂直型多角化	4. 低原価製品の買収 5. 安定的な市場占有率；新規参入の余地なし
弱	弱	買　収		
			集中型多角化	1. タイミングは重要でない 2. 初期の需要 3. 有望企業なし 4. 高価格・高収益
なし	なし	買　収	コングロマリット型多角化	

出所) Ansoff, H. I., "The New Corporate Strategy", Wiley, 1988, p. 134.(中村元一・黒田哲彦訳『最新　戦略経営』産業能率大学出版部 1990年　230ページ)

図表5－4　代表的組織形態

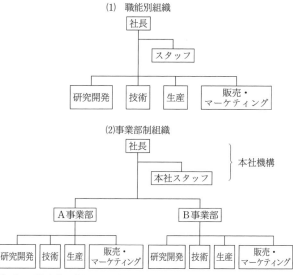

(1)　職能別組織

出所) 石井淳蔵・奥村昭博・加護野忠男・野中郁次郎『経営戦略論』有斐閣　1985年　187ページ

本研究に関する現状と動向

　企業の成長問題は，企業の物的，量的な規模拡大に焦点を当てる立場と質的な変化をともなう規模の拡大に焦点を当てる立場という2つの視点から検討されるのが一般的である．もとより，両者は立場が異なるから混同してはならないのである．しかし，企業の主体的な視点，つまり経営者にとっては，企業の行動目的との関連で企業成長に関する異なる立場を整理することによって有力な経営的判断の道具を得ることができると考えられるのである．

　まず，企業の物的，量的な規模の拡大という立場は，これまでもっぱら生産規模の拡大をめぐって展開されてきたのである．そこでは，ある特定の規模を持つことの有利性を生産量の増大に関連づけて議論したのである．しかし，その後，企業規模を製造，購買，販売を含む潜在的な能力として，さらに財務的な要素を加味して総合的に理解するようになってきているのである．そして，企業の行動目的と企業成長の関連に着目して，企業成長の指標として純資産をとり，企業の行動目的として経済利潤の極大をとり，企業の統合的な理論を構築することが企業経済学や経営財務論などの分野で提示されているのである．このような企業成長と企業の行動目的に関する体系化は，経営者の意思決定に経済的な視点から有意義な知識を提供するものと考えられるのである．しかし，企業成長をどのように概念づけるのか，どのような尺度で測定するのかなど必ずしも明らかであるとはいいがたいのである．

　さらに，企業成長が企業の質的変化をともなうという立場は，経営者の役割を重視するとともに，経営戦略や経営組織に関する議論とも関連しながら深められてきたのである．そこでは，企業の成長を確保するためにはどのような政策（成長の方向性と手段など）を必要とするかが議論されていると考えることができるのである．とりわけ，経営戦略と経営組織に関する議論は緊密度を高めているのである．しかし，企業成長と企業の行動目的に関する経済的な議論の成果を取り入れているとはいいがたいのである．したがって，企業における経営者の役割や行動という視点から，企業成長に関する物的，量的な側面と質的な側面の関連性を研究することが課題であるといえるであろう．

第6章　企業間関係の経営原理

企業間関係

投入―産出システム

階層システム　関係の構造

ネットワーク経営

1　企業間関係の意義

　企業間における意図的で継続的な結合関係（Verbund, Zusammenfassung）に関する研究は，経営学の分野では企業形態論（Unternehmungsformen）における企業集中（Unternehmungskonzentration）の問題として展開された[1]．

　このような企業集中の諸形態は，まず経済学や法学の視点から自由市場経済体制を脅かす経済現象として理解され，私的独占の禁止という立場から監視と規制の対象としてとりあげられた．とくに，市場や産業組織に関する研究は，市場における企業の相関的な地位と，さらにそれを獲得するための競争市場への制限的な影響に焦点を当てた内容が多いと考えられる．

　これに対して，企業集中の経営経済的な研究では，企業集中を資本集中の一形態として理解し，企業成長の資本的な考察が主題であったと考えられる．このような経営経済的な研究では，企業成長の資本的な研究に加えて，企業活動の合理化（生産合理化，金融合理化など）を目的とする企業集中に関心が向けられる[2]．しかし，企業集中の経営経済的な研究では，資本集中にもとづく支配と結合が中心であり，企業の経営活動（management）に焦点がおかれているとはいいがたい．

　企業の規模と多様性の拡大にともなって経営の複雑性も高まり，経営機能とその機能担当者である経営者の役割が重要性を増している．同時に，企業間の結合関係の性格や役割も多様化し，資本の論理にもとづく企業集中という枠組みだけでは不十分となってきた．

　企業間の結合関係は，国家政策などの外圧による特異な状況を除けば，基本的に個別企業の経営的な意思決定にもとづいて形成される．そこでは，資本的な思考だけでなく，経営の機能的な思考が基本となる．ここに，資本的な思考とは資本の所有と支配を基礎とする思考であり，経営的な思考とは経営の機能と制度を基礎とする思考と規定しておくことにする[3]．そして，経営の機能的な

思考にもとづく専門的な経営者（professional management）は，企業を取り巻く環境変化が常態となり，環境変化の複雑性が高まる時代には不可欠となる．このような環境変化へ適応，即応して企業全体の方策を決定するという経営活動が企業の盛衰を決める時代となっているのである．

1－1．投入―産出システムとしての企業

　企業は，総収入から総費用を引いた経済的な利潤を目的として，何かの価値ある財貨やサービスを生産する組織体である．財貨やサービスの生産は，生産要素市場から生産に必要な経営資源を調達し，経営資源の結合によって製品を産出し，商品市場へと供給するという一連の生産過程によって理解される．この生産過程は，投入―産出システム（input―output system）とよばれるのが一般的である．しかし，この生産過程への投入物は，他の生産過程の産出物としての財貨やサービスとも理解されるのであるから，投入―産出システムという用語は特定の生産活動との関係からそういわれるだけである．

　さて，企業の生産過程を費用という視点からみると，生産要素市場から企業内部の生産過程に投入された経営資源が要素価格によって評価されたとき，費用として把握されるのである．これらの投入された経営資源は生産費用（Productionskosten＝PK）であるとともに，生産活動に投入したフローとしての資本にほかならない．しかし，投入された資本が直ちに製品に転化するわけではない．一定の生産時間を経て，はじめて製品として商品市場へ供給される．つまり，生産期間中の費用は，ストックとして企業内部に残ることになる．この生産期間によってストックとしての資本という概念が登場する．そして，継続的な生産組織体としての企業には，一定量のストックとしての資本という概念にもとづいて時間的な適応をしている．このストックとしての資本は時間的な適応生産費用（Anpassungskosten＝APK）として理解される[4]．

　さらに，企業内部の従業員は生産要素市場と商品市場において適用される価格について完全な情報をもっているわけではない．したがって，企業の情報システムは，要求される的確性や精緻度にしたがって，情報費用（Informationskosten＝IK）の上昇を伴うことになる．また，情報システムが不完全であるならば，不十分な決定によって情報費用と同じ費用を生じさせることになる．たとえば，生産部門と調達部門ないし販売部門との間の不十分な照会は，在庫ないし取引銀行からの追加融資への利子を上昇させる．企業の生産過程に投入される生産要素は，生産要素市場を通して調達されるのであるが，具体的には供給者と企業との関係，つまり取引（Transaction）によって獲得される．同様のことは，商品市場でもみられるのであり，顧客と企業との関係がこれである．取引には，供給者や顧客を探し，交渉するための費用が発生する．この取引にかかわる費用は，取引費用（Transactionskosten＝TAK）とよばれる．この取引費用は，企業が市場を利用する費用ということができる[5]．

　さらに，企業の生産過程は，環境資源の使用という視点から，地球環境への負荷という問題に直面し，環境負荷費用（Verschmutzungskosten＝VK）を発生させる．この環境負荷費用は，生産過程の投入―産出過程のいずれでも発生するし，企業内部の生産過程そのものからも発生する企業活動そのものに起因する費用である．この意味で，直線型産出―投入システムとしての企業が環境調和型ないし循環型投入―産出システムとしての企業へと拡張されるのである[6]．

1－2．階層システムとしての企業

　企業の生産過程は，さまざまな活動を通して遂行される．生産要素は，時間の経過によって自動的に製品へと転化するわけではない．生産要素は，経営者の意思決定によって意図的に製品へと転化する．つまり，生産要素の結合は，経営者の意思決定にもとづく組織的，時間的な過程として理解できる．企業の生産過程は，生産要素の結合過程として理解されるのであるが，具体的には生産組織にもとづき，これら個々の生産要素給付の協働によって，生産が行われる．そして，生産過程は経営者の意思決定にもとづく組織的な費用（動機づけ費用，Motivationskosten＝MK）を必要とする．企業の生産過程は，このような組織費用の観点から階層的な組織が選択されてきた．しかし，企業の生産過程が多様化し，複数の異なる市場をもつ製品群によって特徴づけられる段階で

は，製品別の事業部制組織が採用され，組織費用の合理化が試みられた．した
がって，生産組織体としての企業では，生産費用と組織費用は経済的な利潤を
追求するという視点から，その合理化が図られることになる．そして，市場と
の関係では，市場を利用する費用としての取引費用の合理化が図られることに
なる．さらに，このような取引費用の合理化にかかわって，供給者や顧客との
統合化による合理化が図られる（Logistikskosten＝ＬＫ）．この統合化によって
供給者や顧客との合理的な結合関係を組み入れた生産過程の形成と市場の組織
化が試みられることになる[7]．このような問題指向的，生産指向的な企業像は，
図表6－1のように示される．

1－3．企業間関係の動機

　企業間関係が形成される動機は，企業の行動目標としての経済的利潤を獲得
することである．そして，企業が経済的利潤をあげるために作られた組織であ
って，経済的利潤は企業の成否の第1のめやすとすれば，企業間関係の形成は

図表6－1　企業の生産指向的問題領域

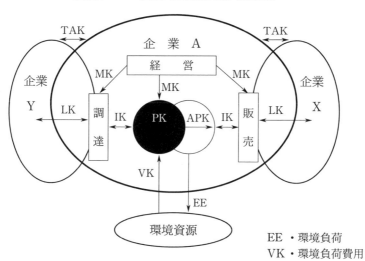

EE・環境負荷
VK・環境負荷費用

出所）Albach, Horst "Ein allgemeine Theorie der Unternehmung" in *Zeitschrift für Betriebswirtschaft,* 69. Jg, H. 4, 1999, S. 422.

少なくとも総収入の増加ないし総費用の削減に貢献することが基本となるのである．

　まず，総収入の増加への貢献としては，企業間関係の形成によって，競争相手の減少ないし共通の競争相手に対する競争力の強化などが考えられる．企業は，企業間関係によって補足的な資源や能力を獲得し，この方法によって製品開発，有力な市場への参入ないし市場への速やかな参入の観点から，商品市場における競争力を強化し，総収入の増加を図ることができるのである．ついで，企業間関係の形成により規模の経済や連結の経済が実現され，その結果として総費用の削減が図られることが考えられるのである．もとより，図表6－1にもとづくならば，企業間関係は生産費用だけでなく，調達費用，販売費用，情報費用など企業システムを構成する部分的な課題の解決を目的として形成され，部分的な費用削減を実現することも考えられるのである．さらに，企業の組織的な課題の解決（組織的な合理化など）を意図する企業間関係の形成は，動機づけ費用，さまざまな活動の調整費用そして統治費用をも削減する場合がありうるのである．最後に，企業間関係の形成は，単独の場合よりも，生産活動に伴う財務的およびその他のリスクを軽減することができるのである．[8]

　企業間関係は，経済的利潤を目的とする企業にとって，総収入の増加，総費用の削減そしてリスクの軽減などの点で貢献することが可能である．しかし，このような企業間関係の貢献は，相対的なものであり，企業の行動目標にもとづいて主体的に決定されるのである．企業間関係の形成に対する代替案は，企業（組織）と市場である．そして，経済社会における資源配分を統治する経済制度としての市場，企業そして企業間関係（ネットワークを含む）の基本的な違いは，図表6－2のように示されるのである．

　経済社会の活動は，市場での取引による資源配分と企業の主体的な支配と管理による資源配分において，適切な社会的生産資源の配分が決定されていると考えられるのである．しかし，現実的には，市場と企業という調整制度の間には，きわめて特異な意味をもつ調整が行われていると考えられるのである．こ

図表6－2　活動主体の間における諸資源の配分を統治する経済制度の理念的な性格

性格	市場	企業間ネットワーク	企業
諸資源に対する所有権の配分	一方的な決定と統制，取引相手によって負担されている残余リスク	一方的な統制，そして取引相手による限定された共同決定とともに負担されている残余リスク	決定，統制および取引相手との間で負担されている残余リスクの分離
活動主体間の諸資源の流れ	諸資源のまれで，不連続な交換活動	諸資源の反復的な特定の仲間との交換	特定化され，共有された資源の蓄積
関係する活動主体間の相互期待	狭く，契約の範囲に限定	広範囲で，契約によって特定化された互恵的な義務と相互期待を含む	広範囲で，契約によって特定化された互恵的な義務と相互期待を含む
	短期の経済的な交換関係	長期的な社会関係	長期的な社会関係
	有限の関係の継続期間	（目的達成までの）有限の関係の継続期間ないし不明確な継続期間	不明確な関係の継続期間
活動主体間の情報の流れ	交換に限定される（価格，数量，品質，配達）	広範囲にわたる情報で，情報共有度も高い	広範囲にわたる情報で，情報共有度も高い
主な調整機構	交渉と競争	折衝と一致	権限と一体性

出所) Ebers, Hark "Explaining Inter-Organizational Network Formation" in Ebers, Hark (Edited) *"The Formation of Inter-Organizational Networks"* Oxford University press, 1997, p. 23.

れが企業間関係の形成による資源配分ということになる．この企業間関係の形成によって，市場や企業という調整制度ではなしえない，新たな合理性が求められることになる．つまり，企業間関係の形成が規模，範囲そして連結の経済性を生み出す有力な手段となっているのである．

2　企業間関係の経営的視点

2－1．関係論から関係活動論へ

　企業間関係を経営的な視点から考察する場合，企業の経営的な自主性が基本となる．ここでの経営的な自主性とは，機能としての経営を理解することを意味しているのである．機能としての経営を理解することは，研究開発，生産そして販売などと同様に，仕事として理解することである．したがって，機能としての経営は，仕事をより良く遂行するという視点から考えられるのである．この意味で，経営は仕事の原理にしたがって遂行されるのであり，その他の論理（資本の論理，所有の論理，さらに人的な論理など）によって遂行されるものではない[9]．

　企業間関係は独立した企業間の関係である．ここに独立した企業には，法律的な独立性，経済的な（資本所有の意味での）自立性そして経営的な自主性によって特徴づけられるのである．そして，企業間関係は，この独立した企業が他企業との間で形成される関係からどのような影響を受けるかによって特徴づけられるのである．一般には，法律的な独立性のみをもつ企業間の関係，たとえばコンツェルンやジョイント・ベンチャー（joint venture）から法律的，経済的な自立性をもつカルテルや提携（alliance）などまで企業間関係は多様である．しかし，いずれの企業間関係でも個別企業は自己の目的を達成するために経営的な自主性にもとづくより合理的な関係の形成と運営を追及することになる．したがって，経済的な従属性が関係の基本となるコンツェルンでも構成企業の経営的な自主性への配慮がその成否に影響を与えると考えられるのである．また，企業間提携では，むしろ参加企業の経営的な自主性が前提とされるのである．このように経営的な自主性は，企業間関係の基本的な要因となっていると考えられるのである[10]．

　企業間関係は，基本的に2つの視点から考察されるのである．まず，第1の

視点は，第三者的な視点から企業間関係を考察する立場である．このような視点は，第三者の観察，考察の意図によって性格づけられるのである．たとえば，産業組織論という視点や市場論という視点が考えられるのである．これらは，いずれも対象となっている関係に注目し，その産業組織論的，市場論的な意義を明らかにするものであると考えられる．ついで，第2の視点は，結合関係の当事者である企業主体の視点から考察することである．そこでは，結合関係は他企業への対外的な関係活動として理解されるのである．したがって，主体の意思に照らして，結合関係の形成，発展そして解消が検討される．そして，当該企業は，企業主体つまり経営の自主性という視点から企業間関係を考察し，その経営的な合理性を追求することである．同時に，他企業への結合関係は，企業の経営活動における対外的な関係活動の一環として展開されることが特質となるのである．

　企業の経営活動における対外的な関係活動としての企業間関係の形成は，結合関係の経営的な意義から形成，発展そして解消にいたる活動として考察されることになる．このような考察は，企業間関係の形成過程を適切に遂行する活動として理解されるのである．ただし，この場合に，企業間関係の経営的な役割についての考察と形成過程の合理的な遂行についての考察とは機能的な性格を異にしている点が理解されなければならないのである．つまり，前者は形成目的に関する考察であり，後者は目的の合理的な遂行に関する考察ということになるのである．たとえば，戦略的な提携と提携戦略は区別して考えなければならない．戦略的な提携とは，提携そのものの経営的な重要性を意味し，提携戦略とはいかに効果的にかつ効率的に提携を形成し，監督するのかを意味すると考えることができる．そして，対外的な関係活動としての企業間関係の形成，発展そして解消は，形成目的と目的遂行における合理性によって評価されることになるのである．

2－2．関係の自主性

　企業間関係の経営的な視点には，対外的な活動という経営的な視点だけでな

く，結合関係そのものの経営的な自主性という視点が存在するのである．[11] 関係そのものの経営的な自主性とは，企業間関係そのものの充実と発展という固有の視点から登場する視点である．たとえば，合弁事業は，出資企業間の共同事業として展開されるのである．しかし，合弁事業の経営が合理的に行われるためには，経営の機能的な理解が不可欠である．出資企業が資本の論理によって合弁事業の経営を行うのではなく，合弁事業の経営を経営的な自主性にもとづいて機能的に理解しなければならないのである．

企業間関係そのものの経営的な自主性は，結合関係そのものの経営的な独自の意義によって必要とされるのである．つまり，当該企業にとって形成目的の合理的な達成のためには結合関係の合理的な運営が不可欠であるとの基本的な認識によるものである．他方，結合関係そのものも，経営的な自主性をもつことによって合理的な展開が可能となるのである．このように企業間関係の経営的な視点には，当該企業の経営的な自主性とともに，結合関係そのものの経営的な自主性が独自の意味をもって存在しているのである．

結合関係そのものの経営的な自主性は，第三者的で関係論的な考察に対して，当該企業の主体性とその派生的な主体性という意味で異なる性格をもっている点に留意しなければならないのである．この結合関係そのものの経営的な自主性は，当該企業の形成目的やその合理的な達成に連動して考察されなければならない．つまり，当該企業にとって結合関係の合理的な運営が重要であるとすれば，結合関係そのものの経営活動の成否が決定的なものとなるのである．したがって，結合関係そのものの経営を機能的に遂行するという意味で，結合関係そのものの経営的な自主性が不可欠となるのである．

もとより，企業間関係の性格や形態は多様である．市場での取引に近い形態から出資関係をともなう緊密度の高い形態まで考えられるのである．そして，企業間関係そのものの経営的な自主性は，このような結合関係の性格と形態によって異なるのである．たとえば，市場での取引に近い形態である継続的な取引契約では，共同出資事業を展開する合弁事業に比べて，結合関係そのものの

経営的な自主性への要求も低くなるのである．このように企業間関係そのものの経営的な自主性は，企業間関係そのものの経営機能の存在が前提となるのである．

3　企業間関係の構造

　企業間関係の経済的な成果を評価する際に考慮すべき要因は多いが，ホーカンソン＆スネーホータ（Hakansson, Hakan and Snehota, Ivan）によれば，基本的には図表6―3のようなつぎの2つの次元に整理されるのである．まず，企業間関係の内容（content）という次元であり，今ひとつは関係の主体（subject）の機能（function）という次元である．そして，企業間関係の基本的な構造は，関係の内容と機能という2つの次元によって明らかにされるとするのである．

図表6―3　企業間関係の局面

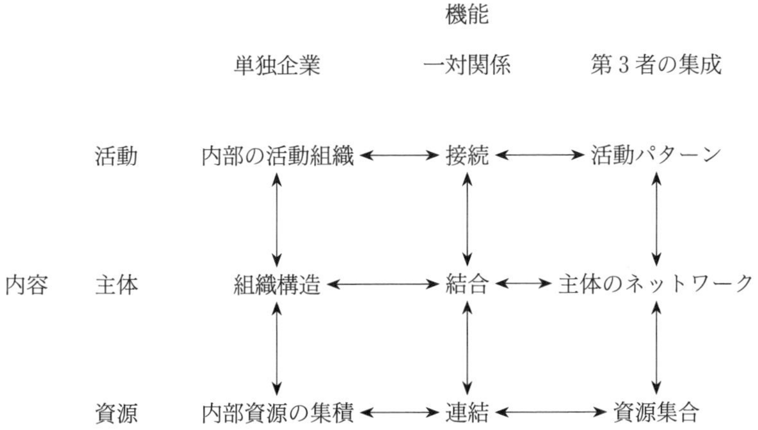

機能

	単独企業	一対関係	第3者の集成
活動	内部の活動組織	接続	活動パターン
主体	組織構造	結合	主体のネットワーク
資源	内部資源の集積	連結	資源集合

内容

出所）Hakansson, H. and Snehota, I., *"Developing Relationships in Business Networks"* London : Routledge., 1995. ここでは，Dubois, A. and Hakansson, H., "Relationships as Activity Links" in Ebers, Hark（Edited）*"The Formation of Inter-Organizational Networks"* Oxford University press, 1997, p. 47. から引用した．

　まず，第1の企業間関係の内容という次元は，活動（activity），活動主体（actor）そして資源（resource）という3つの異なる種類ないし局面によって理解されるのである．

　さて，企業間関係の経済的成果は，どのように諸活動を接続する（links）か，に依存しているのである．さらに，さまざまな活動主体の諸活動の接続は，広範囲に及ぶ接続の連鎖（activity chains），同時に活動パターン（activity pattern）の形成をもたらすことにもなるのである．その結果として個別企業の特定な活動の経済的成果は，その他の内部諸活動と同時にその最も重要な関連をもつ相手企業の活動とどのように接続するかに大いに依存することになるのである．[12)]

　また，企業間関係の経済的な影響は，技術的ないしその他の協力関係では，その内容に依存する．そのような協力関係は，当該企業の双方の資源に影響を与えることになるのである．つまり，そのような協力関係は，資源の間の連結（ties）に帰結するのである．資源の観点から，協力関係は体系的に関連づけることとして見なされうるのである．この体系的な関連づけとは，発見，補足，類似点，そして結合の可能性を意味し，さらに資源の適合を生み出すと見なされるのである．そのような適合は，異なる活動主体の資源が一緒に結合するのである．[13)]

　そして，企業間関係の経済的な影響は，諸活動主体（会社）の間における結合（bonds）の内容に依存するのである．結合はさまざまな理由から重要である．1つの理由は保証を作り出すことである．活動を接続すること，ないし資源を連結することは不確実な事業である．同時にその成果は部分的には相手の意思およびすべての主体の義務遂行能力に依存しているのである．つまり，その成功は主体が相互に信頼（trust）することを要求するのである．企業間の信頼は時間とともに構築され，企業間の結合に帰着するとされる．その他の要素としては各活動主体の一体感（identity）であり，それは活動主体に特定の態度（attributes）をとらせるのである．一体感は，諸活動の接続ないし諸資源の

連結しようとする活動主体に影響を及ぼす要素であり，構築された企業間の結合に，常に含まれているのである[14]．

　ついで，第 2 の次元では，3 つの異なる活動主体に対して企業間関係がもっている機能の視点から，関係の経済的な影響が指摘されるのである．ここでは，2 つの企業間の結合関係と多数の企業間の結合関係を区分する．そして，2 つの企業間の関係は，一対関係（dyad）とよばれ，他方の多数の企業間における関係は第三者（third' parties）との集成，つまり自主性を保持した組織体間のネットワーク（networks）とよばれるのである．

　さて，一対関係（一対の企業間関係）の現実的な関係は，それ自体が準組織（quasi-organization）として理解されることになる．このような一対関係が形成されるためには，活動主体が単独では行うことができない活動に対して，活動主体の影響力や能力を効率的に利用し，開発し，そして実施するための機会となる利点がなければならないのである．さらに，一対関係のこのような機能は，企業間関係が単一の事業単位や第 3 の新たな企業と見なされる場合に存在するのである．企業間関係は，関係する活動主体にとって，活動組織の生産性を改善するため，資源集積における新規性を形成するため，また組織構造の部分的役割を果たすために活動主体の双方で利用され，そして開発されなければならないのである．また，活動主体が維持する一連の企業間関係は，その活動の成果に対する基礎を提供するのである．ついで，ネットワーク関係は，新たに第三者のための機能をもっているのである．ネットワーク関係は，一対関係がその他の関係開発のための要素として利用されうる場合ということになるのである．しかし，ネットワーク関係は，一対関係の単純な集まりによって形成されているわけではないのである．第三者は特定の企業間関係における活動の接続，資源の連結そして活動主体の結合を必要度に応じて選択できるのである．このような企業間関係の経済的な成果は，それが生じる必要性の程度に依存するのである[15]．

　企業間関係の基本的な構造と性格については，つぎのような 2 つの理論的な

帰結が指摘されるのである．まず，1つは企業の境界（boundary）は理論が想定するほど明確ではないのである．活動の接続，資源の連結そして活動主体の結合は，企業内部の活動や資源に対する想定された統制力，またその他の企業内部の相応した活動や資源に対する想定された独立性という両者の境界を不明確にするのである．いま1つは，活動の接続，資源の連結そして活動主体の結合における関連は，一義的ではないのである．たとえば，何ら活動の接続や資源の連結もない企業間の結合がありうるのである．また，2つの企業間に活動の緊密な接続がありうるとしても，資源の連結がない場合がありうるのである．逆に，資源の連結がありうるとしても，活動の接続がない場合がありうるのである．[16]

　このように企業間関係の形成は，少なくとも企業間の法律的，経済的そして経営的な自主性に影響を及ぼすことになるのである．同時に，当該企業の法律的，経済的な独立性と経営的な自主性への影響は，企業間関係の緊密度によって異なるし，また結合関係の経営的な重要性によって基礎づけられることになると考えられるのである．そして，企業間関係の経営的な視点としては，企業境界の不明確化にかかわる経営的な自主性の新たな展開を図ることになるのである．この意味でも，企業間関係の基本的な構造には，企業境界の不明確化，さらに結合関係の内容を示す活動，資源そして活動主体の相互関係が一義的でない点からみて，企業間関係のより弾力的で多様な特質が含まれていることも看過されてはならないであろう．

4　企業間関係の経営活動

　企業間関係は，基本的には，つぎのようなネットワークの理解によって，概念的な分析がなされるのである．[17]

　　　ネットワーク＝活動主体（Aktoren）＋関係（Beziehungen）

＝システム要素（Systemelemente)＋結合（Verbindungen)＝システム

このようなネットワークの理解によれば，企業間関係は活動主体の関係によって規定されることになるのである．つまり，一対関係とネットワーク関係が企業間関係の基本的な枠組みを決定すると考えられるのである．と同時に，一対関係やネットワーク関係の性格や緊密度は活動主体，活動そして資源という企業間関係の内容の視点から検討されることになるのである．

ここでは，まず，企業という活動主体の経営的な自主性を踏まえた，企業間関係の基本的な構造にもとづく経営類型を検討するのである．この意味では，図表6－4のようなリンツ（Renz, Timo）によるネットワーク経営（Netwerk-management）が基本的な枠組みを提供してくれると考えられるのである．このネットワーク経営の構想は，関係における経営（Management in Beziehungen），

図表6－4　ネットワークの経営，関係における経営およびネットワークにおける経営としてのネットワーク経営

考　察　の　基　点　と　経　営　目　標		
メ　タ　領　域	マ　ク　ロ　領　域	ミ　ク　ロ　領　域
その他のネットワークに対するネットワークのメタ地位を創造すること	ネットワーク全体における焦点組織のマクロ地位を創造すること	ネットワークにおける個別組織に対する焦点組織のミクロ地位を創造すること
"ネットワークの経営" 集成的企業組織の特別な形態としてのネットワーク，たとえば戦略的なネットワーク	"ネットワークにおける経営" ネットワークとしての市場	"関係における経営"
ネットワーク経営		

出所) Renz, Timo, "Management in internationalen Unternehmungsnetzwerken" Gabler, 1997, S. 27.

ネットワークにおける経営（Management in Netwerken）およびネットワークの経営（Management von Netweerken）から構成されている[18].

リンツのネットワーク経営は，観察の基点と経営目標にみられるように，メタ領域，マクロ領域そしてミクロ領域から焦点主体の地位やネットワークの地位の創造（経営目標）を明らかにしようとする試みである．そこでは，メタ領域，マクロ領域，そしてミクロ領域という分析的な視点からネットワーク経営が取り上げられているのである．また，マクロ領域を市場領域と理解しているように市場における企業の地位という相関的な視点の展開からネットワーク経営が構想されているように考えられるのである．

しかし，企業の経営的な自主性という視点からは，リンツのネットワーク経営に「関係それ自体の経営」（Management von Beziehungen）をさらに加えることになるのである．したがって，ここでは，リンツのネットワーク経営の構想に対して，つぎのような企業間関係の経営構想を提示したいのである．

　　　① 一対関係における焦点組織の経営
　　　② 一対関係それ自体の経営
　　　③ ネットワークにおける焦点組織の経営
　　　④ ネットワークそれ自体の経営

第1の「一対関係における焦点組織の経営」とは，当該企業（焦点組織）が他企業との関係を形成し，監視し，そして発展ないし解消するという一対関係の合理的な運営と統制という対外活動を行うことである．たとえば，A社とB社が合弁事業を形成している場合，A社の合弁事業に対する対外活動ということである．このことは，B社の場合でも同様である．これを要するに，企業間関係における活動主体の経営的な自主性を問題とするのが一対関係における経営問題ということになるのである．

ついで，第2の「一対関係それ自体の経営」とは，A社やB社の合弁事業に対する一方的な関係（対外活動）ではなく，合弁事業それ自体の経営的な自主性という問題を取り上げることである．したがって，それは一対関係それ自体

の経営的な自主性という経営問題になるのである．

　さらに，第 3 の「ネットワークにおける焦点組織の経営」とは，企業間のネットワークに参加している当該企業（焦点組織）の経営的な自主性という問題である．それは，まさに企業間のネットワーク全体における当該企業の地位や役割を創造する問題である．

　そして，第 4 の「ネットワークそれ自体の経営」とは，ネットワークそれ自体の経営的な自主性をとりあげることである．たとえば，企業グループにおけるグループ経営という問題がこれである．企業グループにおいて当該企業（焦点組織）が持ち株会社の位置にあるとしても，当該企業の利害とは別に企業グループそれ自体が独自の意味をもち，利害をもちうる場合である．したがって，「ネットワークにおける焦点組織の経営」とは別の視点から「ネットワークそれ自体の利害や自主性にもとづく経営」が存在し，グループ経営やネットワーク経営という独自の経営問題を特徴づけると考えるのである．

　このようなネットワーク経営の構想は，企業間の結合関係そのもの（機能の次元），つまり一対関係やネットワーク関係に焦点をあてて検討されたものである．したがって，ネットワーク経営の構想をより実践的に展開するためには，内容の次元つまり活動，活動主体そして資源という局面に焦点をあてて検討することが求められることになる．ただし，活動の接続，資源の連結そして活動主体の結合は，企業内部の活動や資源に対する想定された統制力，またその他の企業内部の相応した活動や資源に対する想定された独立性という両者の境界を不明確にするのである．したがって，関係の内容を意味する活動の接続，資源の連結そして活動主体の結合は，参加企業の経営的な自主性を制約することが考えられるのである．このことは，参加企業間の相互依存関係が形成されるとともに，参加企業の経営的な自主性が制約されることを意味しているのである．この意味でも，企業間関係は個別企業が自らの能力開発によって目的を達成することが基本となっている点を看過してはならないのである．つまり，参加企業の経営的な自主性が喪失することは，一対関係であれ，ネットワーク関

係であれ，もはや単一の組織体であって企業間関係が消滅していると考えられるからである．このように企業間関係では，関係の内容として活動の接続，資源の連結そして活動主体の結合がなされると同時に，経営的な自主性の存在がなければならないのである．

　企業間関係の経営類型については，経営の自主性という視点から，当該企業（焦点組織）の経営的な自主性のほかに，一対関係やネットワーク関係それ自体の経営的な自主性が存在しうる点が指摘されたのである．さらに，企業間関係の内容を意味する活動の接続，諸資源の連結，そして活動主体の結合は，このような経営的な自主性を制約することも看過されてはならないのである．もとより，企業間関係の経済的な成果は，活動の接続，諸資源の連結そして活動主体の結合よって影響されるのである．しかし，企業間関係の経済的な成果を高めるために活動，諸資源そして活動主体という局面での安易な範囲の拡大と緊密度の深化は，参加企業それ自体の経営的な自主性，つまり経営的な存在性を失うことになるとも考えられるのである．そして，企業間関係における経営活動の特質とは，企業間関係の経営類型で明らかにされた焦点企業，関係それ自体そしてネットワークそれ自体の経営的な自主性という視点から，活動，諸資源そして活動主体の適切な関係を構築することであるといえるであろう．

注）
1) 国弘員人『三訂　企業形態論』泉文堂　1987 年　145-212 ページ
2) 高宮晋『企業集中論』有斐閣　1942 年
3) 山城章『経営学原理』白桃書房　1966 年　23-32 ページ
4) Vgl. Albach, Horst, "Ein allgemeine Theorie der Unternehmung" in *Zeitschrift für Betriebswirtschaft,* 69. Jg, H. 4, 1999, S. 412-415.
5) Vgl. Albach, Horst, 1999, S. 415-419.
6) Vgl. Albach, Horst, 1999, S. 421-422.
7) Vgl. Albach, Horst, 1999, S. 416-421.
8) Ebers, Hark, "Explaining Inter-Organizational Network Formation" in Ebers, Hark (Edited) *"The Formation of Inter-Organizational Networks"* Oxford University press, 1997, pp. 6-8.

9) 山城章　前掲書　1966 年　23-32 ページ

10) 柿崎洋一「企業発展と企業間関係の形成―経営的視点から―」菅野康雄『企業発展と現代経営』中央経済社　1990 年　45-47 ページ

11) 山城章「集団経営の総合政策と個別政策」山城章編著『関連会社の経営』中央経済社　1977 年　69-72 ページ

12) Dubois, Anna and Hakansson Hakan, "Relationships as Activity Links" in Ebers, Hark (Edited) *"The Formation of Inter-Organizational Networks"* Oxford University press, 1997, p. 46.

13) Dubois, A. and Hakansson, H., 1997, pp. 46-47.

14) Dubois, A. and Hakansson, H., 1997, p. 47.

15) Dubois, A. and Hakansson, H., 1997, pp. 47-48.

16) Dubois, A. and Hakansson, H., 1997, p. 48.

17) Renz, Timo, *"Management in Internationalen Unternehmungsnetzwerken"* Gabler, 1997, S. 48.

18) Renz, T., 1997, S. 24-28.

本研究に関する現状と動向

　企業間関係に関する経営学的研究は，経営の自主性という課題を基本として展開されてきたといえる．そして，経営の自主性は経営の主体性ともいわれ，経営の機能的な理解によってのみ獲得し得るものであると考えるのである．

　わが国における企業間の関係は，これまでの親会社と子会社，関係会社という表現にも示されてきたように，上下関係による階層的な関係理解が主であった．しかし，厳しい市場競争，研究開発競争，そしてグローバル化などにより，閉ざされた企業間関係から開かれた企業間関係へと移行しつつあるといえるのである．このような開かれた企業間関係は，経営の自主性を尊重し，上下関係に限定するのではなく，機能的（仕事的）関係として理解することから展開されるものである．

　さて，企業間関係の経営学的研究では，企業間の関係を「関係論」としてではなく，経営の自主性を尊重した「関係活動論」としてとりあげる点に特色がある．したがって，このような経営学的な研究では，第三者的な視点から関係を客観的に説明するという立場ではなく，関係そのものの経営活動（経営の自主性）が存在するという立場から主体的に企業間関係を理解し，その機能性を問うことになるのである．ここでは，企業間関係の基本的な経営構想として「ネットワーク経営」に着目した．このネットワーク経営は，焦点企業の経営，一対関係それ自体の経営，そしてネットワークそれ自体の経営という企業間関係の経営における重層性を示していると考えられるのである．さらに，ネットワーク経営は，活動主体の関係をシステム要素の結合と理解し，システム経営としても展開される可能性を示唆しているのである．

　このように企業間関係の経営的な研究は，ネットワーク論やシステム論に関する研究成果を取り入れながら，現実の企業関係の多様性とともに操作性や説明性を高めていると考えることができる．しかし，経営的研究では，ネットワーク経営も「経営の自主性」に基づいて展開されることを看過してはならないであろう．

第7章 コンツェルンの経営

キーワード

コンツェルン　　持株会社

経営会社　　資本参加

企業グループ　　多数会社企業

1 コンツェルンの意義

企業結合には，法律的には独立しながらも経済的に統合して，統一的な指揮のもとで調整が行われる支配的な結合関係がある．このような企業間の支配的な結合関係は，コンツェルン（Konzern）において典型的に具現化されるのである．ここでは，いわゆる企業グループ（Unternehmensgruppe, enterprise groups）も企業間の支配的な結合関係という意味で，コンツェルンとほぼ同意義に理解しているのである．しかし，経営学の領域では，これまでコンツェルンの計算制度に関する研究に焦点があてられていたといえるのである．ここでは，コンツェルンを企業の経営主体という立場からとりあげて，コンツェルンにおける経営の基本的な性格について検討することにしたいのである．

コンツェルンの概念は，ドイツ株式法（Aktiengesetz, 1965）によれば，（1）2つ以上の法律的に独立した企業の統括（Zusammenfassung），（2）統一的な指揮を基本的な概念的要素として構成されるのである[1]．つまり，コンツェルンでは，法律上の独立性を有する企業の存在が前提となっているのである．そして，法律上の独立性を有する企業が統一的な指揮によって統括されている場合に，コンツェルンとよばれるのである．コンツェルンを構成する各企業は，コンツェルン企業（Konzernunternehmen）とよばれるのである．なお，一般にみられる「支配的企業と，一個または数個の従属企業とが，支配的企業の統一的な指揮の下に統括されている」場合には，上下コンツェルン（Unterordnungskonzern）とよばれているのである．また，「一つの企業が他の企業に従属的であることなしに，法律上独立の数個の企業が統一的な指揮の下に統括されている」場合には，対等コンツェルン（Gleichordnungskonzern）とよばれているのである．ここでは，ことわりのない限り，上下コンツェルンをとりあげることにする．

さらに，統一的な指揮は，個々のコンツェルン企業の業務執行全体に対し，

あるいはそれの重要な部分に対して決定的な影響が計画的に行使される場合に，存在することを意味するのである[2]．この場合に，統一的な指揮が他企業への資本参加（Kapitalbeteiligung）にもとづくものか，契約さらに金融機関の貸付信用にもとづくものかは問わないのである．しかし，株式法では，指揮形式の多様性から，統一的な指揮の程度や方式について規定を設けていないのである．

さて，コンツェルンの経済的な性格は，財務的な方法，とくに資本参加による企業結合にもとづいて形成される経済組織であることに求められるのである．ここでの資本参加とは，他企業の支配を目的としてその持分，とくに株式を継続的に保有することである．また，資本参加にもとづく支配は，一般的で無内容であり，特定の目的や領域に限定されない弾力的で発展的な性格を持つものである．たとえば，金融的，生産的そして商業的な目的など，さらにさまざまな事業領域（同業種，異業種など）でも資本参加による支配が利用されうるのである．したがって，コンツェルンは，弾力的で発展的な経済組織としての性格を備えているといえるのである．

コンツェルンは，他企業への資本参加（他企業活動の内部化（Internalisierung））とともに企業の分割（Spaltung, Ausgliederung）および新たに別会社を設立すること（die Gründung von Tochtergesellschaft）によっても形成されるのである．たとえば，企業の個別事業単位を別会社として分離独立させること，また新規事業を別会社の設立によって行うことなど（企業活動の外部化（Externalisierung））である．したがって，企業活動の視点からみると，企業活動の外部化と他企業活動の内部化というコンツェルン形成の特質が明らかになるのである[3]．しかし，いずれの方向にもとづくにしても，形成されたコンツェルンは，基本的に支配を目的として他企業へ資本参加をすることであり，法律的に独立した企業を前提として統一的な指揮の下に統括されるという特質をもつのである．

コンツェルンの形成は，企業発展の一形態であり，事業の規模拡大，多様化および国際化の進展にともなう企業活動の多様化と複雑化に対応して，企業目

的を達成するために内部活動を合理化し，対外的な諸条件を整備するために行われるものである．コンツェルンを形成する企業の経営上の利点としては，個別企業に比較して，つぎのように指摘されているのである[4]．

① 企業構造のより高い弾力性（Flexibilität）

② 個別の事業領域における利点の強化

③ 分権的な自律性（Autonomiegrad）の拡大

④ 部分的に自律的な事業領域を形成することによる危険の限定（Risikobegrenzung）

⑤ 分権化と経営者の負担軽減

⑥ 経営成果に対する責任と統制の強化

コンツェルンは，企業活動の多様な展開（多角化，国際化など）に対して，個別企業に比較して，より弾力的で簡素化した組織的な構造を特質としているのである．このより高い弾力性と簡素化というコンツェルンの特質は，他企業への資本参加という財務的な方法の一般性と無内容性によるものである．また，コンツェルン企業の法律的な独立性は，事業領域活動の自律性の強化を徹底すると考えられるのである．とくに，コンツェルンは，事業領域活動における企業家精神の発揮による革新可能性や環境変化への即応性を高めるという必要性に対応する組織的な特質をもっているのである．さらに，資本合理性という視点からは，投下資本における危険の分散と限定，企業結合のための支配資本の節約という効果をあげることができるのである．

コンツェルンの統一的な指揮は，個別企業の経営活動という視点からみると，他企業への外部関係活動ということになるのである．この点では，コンツェルンに固有の法人格を付与していない法律的な見解と一致しているといえるのである．しかし，組織論的な視点からみると，コンツェルンを経済的な一体性にもとづいて単一組織体のようにとらえることもできるのである．コンツェルンの経営的な検討は，コンツェルンにおけるコンツェルン企業の内部性（コンツェルンを単一組織体と見る立場）と外部性（他企業への外部関係活動と見る立

場）という二重性によって特質づけられているといえるであろう．このような
二重性は，まさに統一的な指揮の程度と方式に関係するものであり，コンツェ
ルンにおける経営問題の焦点ということができるであろう．

2　コンツェルンの組織的な構造

　コンツェルンは，おもに，株式会社制度にもとづく資本参加という方法で他
企業を支配し，その支配的な影響を発揮することによって形成されるとするの
が一般的である．同時に，他企業の資本的な統一は，他企業の事業活動の統一
をともなうといえるのである．したがって，企業の経営活動から見ると，コン
ツェルンは，単に資本的な統一体にとどまらず，統一的な経営活動体と理解す
ることができるのである．そして，コンツェルンは，組織的な側面から多数会
社企業（Mehr-Firmen-Unternehmung）と理解されるのである．⁵⁾　コンツェルン
の経営的研究は，全体としてのコンツェルン（Konzern als Ganzen）とコンツ
ェルン企業の関係形態という視点から検討されることになるのである．

　コンツェルンの基本的な標識は，コンツェルン企業への統一的な指揮にある
のである．したがって，コンツェルンの組織的な構造は，経済的な統一性とコ
ンツェルン企業の法律的な独立性を踏まえた経営の機能的な視点から検討され
ることになるのである．コンツェルンの組織的な構造は，図表 7 － 1 のように
機能的な視点から頂点単位（Spitzeneinheit），中間単位（Zwischen-einheit）お
よび基礎単位（Grundeinheit）という構成単位によって特質づけられるのであ
る．⁶⁾

　基礎単位とは，コンツェルンの実質的な事業活動の課題，たとえば調達，生
産，販売およびその他の計算制度や人事など補助的な業務を含む作業現場での
課題を実行する単位である．頂点単位とは，コンツェルンの統一的な指揮，つ
まり主要な経営機能を担当する単位である．この頂点単位が法律的な独立性を
持つ場合には持ち株会社（Holding-gesellschaft）の形態をとり，法律的な独立

図表 7 ― 1　コンツェルン組織の構成要素

	法律上の独立性を有する	法律上の独立性を有しない
頂点単位	―頂点持ち株会社 〔純粋持ち株会社／ 　　経営的持ち株会社 　　（geschäftsführend）〕	―親会社の頂点機関 ―コンツェルンの 　管理事務機構 　（Hauptverwaltung）
中間単位	―中間持ち株会社 〔純粋持ち株会社／ 　　経営的持ち株会社〕	―業務領域 ―対象領域 ―地　域
基礎単位	―子会社 〔多数資本参加／ 　　少数資本参加〕	―工　場 　支　店 　販売所

出所）Blicher, K., Gedanken zur Gestaltung der Konzernorganisation bei fortschreitender Diversifizierung in : *Zeitschrift Führung und Organisation,* 1. Teil, 5, 1979, S. 244.

性をもたない場合には，いわゆる本店―支店型コンツェルン（Stammhauskonzern）の形態をとることになるのである．中間単位とは，事業間の調整や連結機能によって，基礎単位の統括を行う単位である．つまり，コンツェルンの事業規模の拡大（多角化や国際化などを含む）や事業活動の複雑化などによって，経営機能を担当する頂点単位と事業・業務の実行機能を担当する基礎単位の間に，各事業間の調整や連結といった執行機能を担当する中間単位が形成されることがあるのである．

　本社―支店型コンツェルンは，頂点単位が法律的な独立性をもたずに，中間単位と基礎単位を直接的に指揮するコンツェルンの組織構造である．したがって，本社―支店型コンツェルンでは，より集権的な経営指揮が行われることになるのである．同時に，中間単位と基礎単位の自律的な意思決定がきわめて限定されることになるのである．

　持ち株会社型コンツェルンは，頂点単位が法律的に独立して，中間単位と基礎単位に各事業別意思決定の権限が委譲される組織的構造である．したがって，持ち株会社型コンツェルンは分権的な経営ないし指揮が行われることになるの

である．

　さらに，コンツェルン企業の自律的な意思決定の範囲は，コンツェルンの組織的構造を構成する機能内容によって規定されるといえるのである．たとえば，中間単位の機能内容にもとづくならば，事業領域ないし地域内の自律的な意思決定が中間単位としてのコンツェルン企業の自律的な意思決定の範囲として規定されることになるのである．しかし，コンツェルンの組織的な構造における分権化は，個別企業と異なり，構成単位である企業が法律的に会社組織として固有の経営ないし指揮機能とその担当機関を本来的に備えていることを前提としていることである．コンツェルン企業の法律的な独立性は，コンツェルン企業の事業活動における特異性や複雑性が著しいほど，その組織的な意義が高まるといえるのである．この意味でも，全体としてのコンツェルンとコンツェルン企業の合理的な形成は，頂点単位と中間単位の設定と機能内容が重要な役割をはたしていることを知ることができるのである．

3　持ち株会社の役割

　コンツェルンの経営活動，つまり統一的な指揮は，全体としてのコンツェルンにおける固有の経営的な意思決定を意味するものと考えることができるのである．固有の経営的な意思決定とは，他に委譲することができない意思決定ないし機能ということである．言い換えれば，固有の経営的な意思決定は，全体としてのコンツェルンに固有の機能であり，不可欠な機能ということができるのである[7]．ここでは，持ち株会社の経営的な役割に焦点をあてて，コンツェルン経営の特質を明らかにしたいのである．なぜなら，コンツェルンという企業結合形態の組織的および経営的な特質が典型的に，効果的に発揮されるのが持ち株会社型コンツェルンであり，その中核をなすのが持ち株会社であるからである．

　持ち株会社とは，広義の意味では他の会社の株式を保有している会社であり，

狭義の意味では他の会社の株式保有によって，これを支配している会社をいうのである[8]．しかし，コンツェルンとの関係では，狭義の意味で他の会社の株式保有によって，これを支配している持ち株会社に限定されるのが一般的である．したがって，持ち株会社は，支配会社（Kontrollegesellscaften）ともよばれることになるのである[9]．

　持ち株会社の主要な目的は，他企業への資本参加の管理（Verwaltung von Beteiligungen）である．この持ち株会社の主要な目的には，次の2つの前提がある[10]．

① 資本参加の管理が会社の定款（Gesellschaftsstatuten）で主要な目的として起草されていなければならないのである．

② 事実上，資本参加の管理が会社の主要な活動と認められなければならないのである．

　他企業への資本参加の管理には，支配を目的とした資本参加活動と支配資本の節約活動が含まれるのである．そして，支配を目的とした資本参加活動は，支配資本に本来的に備わっている支配統制の機能を組織化するものである．また，支配資本の節約活動は，コンツェルンの形成と運営に必要な支配資本を証券代位（Effektensubstitution）によって節約することである．証券代位とは，一般にある会社が自己の証券（株式または社債）発行によって得た資金を，他の会社の発行する証券の取得に用いる活動をいうのである[11]．

　持ち株会社の利益は，その株式所有に対する配当や消費貸借または売買から生ずる利子または利益からなるとするのが一般的である．そして，持ち株会社の利益は，持ち株会社の傘下に形成される企業グループとしてのコンツェルンを構成するコンツェルン企業の生産事業活動からもっぱら生み出されるのである．しかし，資本参加の規模や範囲が拡大し，複雑化するにしたがって，持ち株会社にとって全体としてのコンツェルンの合理的な運営問題が重きを増してくることになるのである．同時に，持ち株会社におけるコンツェルンの経営機能（Managementfunktionen）が検討されることになるのである．つまり，資

本参加にもとづく他会社の経営の支配という視点にとどまらず，全体としての
コンツェルンの合理的な運営を課題とする経営活動の視点から持ち株会社の性
格と役割をとりあげることが必要になるのである．このような持ち株会社の検
討は，資本参加の規模や範囲が拡大し，複雑化するコンツェルンの発展を理解
するためにも不可欠なものである．ここでは，株式会社組織を前提として，会
社における経営の支配を株主総会における会社の基本的な事項の議決権および
それにもとづく経営活動への影響力の保持という意味で用いることにする．こ
のような意味での支配の実質的な権利行使者は，従属的な被支配会社の株主で
ある持ち株会社の経営担当者，おもに取締役（Vorstand）にほかならないので
ある．また，ことわりのない限り，コンツェルンの経営機能もコンツェルン指
揮機能もほぼ同じ意味で用いることにする．

　持ち株会社の資本参加の管理は，資本参加により多数多種類の企業を結合す
ることによって消極的には危険の分散を，積極的には限界利潤の均等化をはか
るという意味での資本参加の合理化を内容としているのである．つまり，持ち
株会社は，資本参加の合理化によって，全体としての利潤の極大化を追求する
ことになるのである．このような資本参加の合理化は，企業の利潤率がそれぞ
れ異なり，それが市場環境の変化によって常に安定的でないことに起因してい
るのである．また，持ち株会社における資本参加の合理化は，所有株式の売却
や新たな株式の購入によって，従属的な被支配企業における生産事業の合理化
を直接的な目的とすることなく追求されるのである．さらに，持ち株会社にお
ける資本参加の合理化は，証券代位といった支配資本の節約によって，一層推
進されることになるのである．これまで持ち株会社の基本的な性格は，他の会
社の支配を目的とする資本参加活動と支配資本の節約という資本参加の管理を
中心に議論されてきたのである．そこでは，従属的な被支配企業の事業合理化
が間接的にとりあげられるにとどまることになるのである．

　しかし，持ち株会社の傘下に形成される企業グループとしてのコンツェルン
は，市場経済体制の下で展開するものであり，常に市場競争の圧力によって影

響されるものである．したがって，コンツェルンも常にこれに対抗する競争企業および競争コンツェルンの出現と存在を想定しなければならないのである．このことは，持ち株会社の獲得する利潤が傘下の従属的な被支配企業の事業活動の成果によって左右されることを考慮すれば，市場競争の激化と市場環境の変化のなかで従属的な被支配企業と全体としてのコンツェルンの事業組織的な合理化が次第に重要な意味を持つにいたると考えることができるであろう．つまり，コンツェルンの発展がその内実としての事業合理性によって決定づけられるという視点が持ち株会社の機能や性格にとり込まれることになるのである．持ち株会社の設立と発展は，参加資本の節約および資本参加により多数多種類の企業を結合することによって消極的には危険の分散を，積極的には限界利潤の均等化をはかるという意味での資本参加の合理化だけでなく，コンツェルン企業ならびにコンツェルン全体の事業合理化による企業活動の成果を高めることでなければならないのである．したがって，コンツェルンにおける持ち株会社の機能と役割を検討する場合には，どの様な環境変化に対しても即応できるコンツェルン企業および全体としてのコンツェルンの経営活動が課題としてとりあげられることになるのである．

4　コンツェルン経営と持ち株会社の形態

　コンツェルンの経営活動は，その構造的な特質，つまり全体としてのコンツェルンとその構成単位としてのコンツェルン企業の間の法律的，機能的な諸関係にもとづいて，さまざまな機能分析が行われているのである．さらに，経営学では，意思決定単位および活動単位としての全体としてのコンツェルンが理解されるのである．また，持ち株会社に関しては，制度（Institution）としてだけでなく，機能的な仕組みとして理解することが経営学的な研究にみられるのである．このような機能的な視点から，図表7－2および図表7－3のような多様な持ち株会社の機能的な形態が提示されることになるのである．

図表 7 − 2　理念的なコンツェルン組織形態の特徴

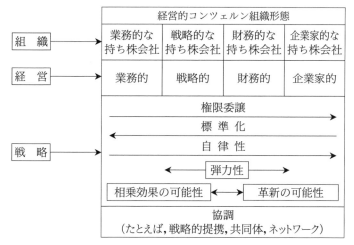

出所）Hoffmann, F., "Der Konzern als Gegenstand betriebswirtschaftlicher Forschung", in：Hoffmann, F. (Herausgeber), *Konzernhandbuch,* Wiesbaden, 1993. S. 18.

① 業務的な持ち株会社（Operative Holding）

② 戦略的な持ち株会社（Strategische Holding）

③ 財務的な持ち株会社（Finanzholding）

④ 企業家的な持ち株会社（Unternehmerische Holding）

　業務的な持ち株会社では，持ち株会社が各コンツェルン企業の財貨，サービスの生産という業務活動まで指揮するものであり，本店—支店型コンツェルンの構造に相応するものといえるのである．したがって，コンツェルン企業（子会社）はコンツェルンの上位企業（親会社）へ高い従属性をもつことになるのである．ついで，戦略的な持ち株会社では，持ち株会社はコンツェルン企業の業務的な指揮機能を担当しないのである．そこでは，コンツェルン指揮の戦略的な機能のみを引き受けて，コンツェルンの戦略的な意思決定を保持するのである．たとえば，コンツェルンにおける資本の調達と配分，子会社の売却と吸収，研究開発の調整，子会社経営陣の配置などである．そして，戦略的な持ち株会社の典型的な機能遂行の手段は，集権的な財務統括権，上位会社（親会

社）と子会社との間における経営者の人事政策と人的な結合，戦略グループないし計画枠組みのような戦略的処置である．財務的な持ち株会社は，基本的に財務機能（支配統制機能を含む）のみを引き受けるのである．したがって，その他のすべての機能およびそれに結び付く意思決定は個別のコンツェルン企業に委譲されるのである．財務的な持ち株会社の極端な場合には，持ち株会社は純粋な支配資本の管理業務会社ないし投資会社とみなされるのである．ついで，企業家的な持ち株会社は，コンツェルン企業の冒険的で革新的な企業家的活動を基礎にして形成するのである．そこでは，全体としてのコンツェルンの基本的で，将来的な課題に対する合意を形成することになるのである．それは，コンツェルンにおいて共通して追求される構想 (Vision)，たとえば，すべてのコンツェルン企業によって受け入れられる倫理的，理念的および文化的な基礎価値と基準，目標，戦略などの形で提示されることになるのである[13]．そして，これらの意思決定の実現は，それぞれのコンツェルン企業の自己責任に任されることになるのである．つまり，企業家的な持ち株会社では，それぞれのコンツェル企業と企業家は自己統制の下で自己責任的に行動することになるのである．

　企業家的な持ち株会社は，法律的な形態として図表7－4のように上下コンツェルンでなく，構成企業が対等コンツェルンの関係に置かれることを基盤としているのである[14]．要するに，持ち株会社が支配統制機能の組織化にもとづいて，構成企業を上部から指揮するというものではないのである．しかし，コンツェルンは，単なる個別企業の集まりではない．そこには，統一的な指揮という秩序原理が存在するのである．したがって，コンツェルンの全体としての秩序基盤がもとめられることになるのである．ここでは，コンツェルンの全体そのものが独自の利害と意思をもつことに注意したいのである．そして，このようなコンツェルンの全体そのもの独自の利害と意思こそは，持ち株会社の性格を明らかにする基本的な問題となるのである．

　さらに，コンツェルンの全体そのものが独自の利害と意思を持つことがコン

図表7－3　持ち株会社の諸形態と基本的な枠組み

持ち株会社の形態	基本的な枠組み	強さ	弱さ
業務的な持ち株会社	●コンツェルンの上位会社は製品やサービスの生産を行うのである。 ●コンツェルンの上位会社が支配的な地位を占めるのである。 ●同質的な事業計画 ●コンツェルンの上位会社と子会社の間における緊密な関係 ●意思決定の集権化傾向 ●複雑な調整処置へ向かう傾向	●相乗効果 ●内部的な調整能力	●弾力性 ●外部的な協調能力 ●革新の可能性 ●動機づけの可能性
戦略的な持ち株会社	●上位会社と子会社が法律的に独立しているのである。 ●コンツェルンの上位会社では，製品やサービスの生産を行わないのである。 ●純粋に経営および業務管理会社としての上位会社 ●分権的な経営思考，子会社の広範な自律性 ●異質な，多くの場合，水平的に多角化した事業計画 ●調整は，事業領域戦略と個別的な機能戦略に限定されるのである。	●構造的な弾力性 ●低い組織的な複雑性 ●動機づけ ●革新能力	●内部的な調整能力 ●遠心力 ●相乗効果の管理 ●長期的な目標と戦略の遂行
財務的な持ち株会社	●財務管理組織としての小規模な上位会社 ●子会社が高い自律性をもつ分権的な経営 ●事業領域での子会社の調整を行わないのである。 ●法律的な構造と組織的な構造は，ほぼ一致しているのである。 ●企業買収による企業発展	●低い組織的な複雑性 ●経営者の高い人的自由度が動機づけを高めるのである。 ●高い革新の可能性 ●高い弾力性	●事業領域の相乗効果はないのである。 ●高い遠心力
企業家的な持ち株会社	●小規模なコンツェルンの経営組織（必ずしも制度化を必要としないのである。） ●広範な意思決定の分権化 ●きわめて低い組織化度 ●コンツェルン企業の広範な自律性 ●コンツェルン企業の間は，基本的に市場関係である。 ●一般的に非公式的な手段による統合 ●合意にもとづくコンツェルン経営 ●コンツェルン全体の合意的な企業行動の理念	●弾力性 ●革新の可能性 ●動機づけの可能性 ●相乗効果の可能性 ●内部的および外部的な協調能力	●不安定性

出所）Hoffman F. (Herausgeber), *Konzernhandbuch,* Gabler, Wiesbaden, 1993, S. 170, S. 241, S. 343, S. 365. を合成して，作成した．

図表 7 − 4　法律的なおよび経営的なコンツェルン概念の統合

株式法のコンツェルン概念			
コンツェルン			
上下コンツェルン		対等コンツェルン	
契約コンツェルン	事実上のコンツェルン	契約コンツェルン	事実上のコンツェルン
業務的な持ち株会社			
戦略的な持ち株会社			
財務的な持ち株会社			
		企業家的な持ち株会社	
コンツェルン			
経営的なコンツェルン概念			

出所) Hoffmann, F., "Der Konzern als Gegenstand betriebswirtschaftlicher Forschung", in : Hoffmann, F. (Herausgeber), *Konzernhandbuch,* Wiesbaden, 1993, S. 20.

　ツェルン経営の特質であり，基本でなければならない．そして，まさに企業家的な持ち株会社は，このようなコンツェルンの全体そのものの独自の利害と意思を機能として思考していると理解できるであろう．

　コンツェルン経営の機能分析では，基本的にコンツェルンを構成するコンツェルン企業の経営的な自律性を最大限に拡大しつつも，何らかの統一的な指揮の発揮が構想されているのである．このような統一的な指揮の発揮は，全体としてのコンツェルンという視点から規定されるのである．しかし，これまでの統一的な指揮の理解は，組織の内部管理的な思考にもとづくものであった．この意味では，全体と部分との関係が上下関係の組織思考にもとづく上位会社の組織的な調整という性格をもっていたのである．しかし，企業家的な持ち株会社のように対等の関係による調整の性格が統一的な指揮の理解に組み込まれてくることになったのである．全体としてのコンツェルンにおける統一的な指揮は，コンツェルン企業の自律性に関連し，対等の関係思考にもとづく全体的で包括的な経営機能として理解することができるのである．このような全体とし

てのコンツェルン指揮に固有の課題は，したがって個々のコンツェルン企業に委譲すべきものではないのである．このことからコンツェルン全体の経営機能は，まさに持ち株会社のコンツェルンにおける固有の役割ということができるのである．

　全体としてのコンツェルンの経営活動は，全体としてのコンツェルンの環境変化への即応とそのための全体としてのコンツェルンにおける内実的な変化をはかることである．それは，コンツェルンを構成するコンツェルン企業の個別的な環境変化への即応活動ではなく，全体としてのコンツェルンという独自の視点から行われるものである[15]．そして，コンツェルンの拡大と複雑化の進展は，このような全体としてのコンツェルンの環境変化への即応活動の重要性を増大させることになるのである．いずれにせよ，コンツェルンにおける持ち株会社の機能は，従来の財務的な機能のみに限定するのでなく，全体としてのコンツェルンの経営機能という視点を加味して検討されるようになってきたということができるであろう．

5　持ち株会社の経営活動と経営会社の役割

5－1．経営会社の意義

　コンツェルンの経営活動については，その担い手として持ち株会社の他に経営会社（Managementgesellschaft）という法律的に独立した会社を設立することが議論されているのである[16]．

　経営会社とは，コンツェルン指揮組織の法律的に独立した部分として理解されるのである．それは，コンツェルン企業に共通する管理業務を集中して引き受ける「管理会社（Verwaltungsgesellschaft）」から機能的に区別される．コンツェルンの統一的な指揮機能は，持ち株会社に固有の機能である．したがって，経営会社がこの機能を引き受ける場合，そこには持ち株会社の経営活動との関係で一定の権限についての制約などの問題をともなうことになるのである．し

かし，全体としてのコンツェルンが経済的，法律的にはともかくも，経営的に固有の意味をもつかぎり，その統一的な指揮を担当する組織はより機能的なものであることが重要と考えるのである．ここでは，全体としてのコンツェルンの独自な意味を認める立場から，経営会社を機能的な視点から検討したい．

　持ち株会社は，多数の会社の支配株主であり，この多数の会社の経営そのものを行うことができないのである．したがって，持ち株会社は自社から従属会社に経営者を派遣するか，有能な経営者に経営にあたらせるほかない[17]．しかし，より重要なことは，持ち株会社の経営者層は，資本参加の管理者という性格にとどまらず，さらに進んで全体としてのコンツェルンの経営機能を担当するコンツェルンの最高経営者層として専門経営者の性格をもつことである．

　経営会社の意義は，コンツェルンの統一的な指揮を遂行するという機能にかかわるものであり，所有や支配といった思考ではないのである．むしろ，コンツェルンの全体的な経営機能にこそ経営会社の独自性があるのであって，持ち株会社の資本参加の管理という利害さえもコンツェルンを構成する企業の一つの利害と考えてコンツェルンの全体的で合理的な形成と運営を目的とするものでなければならないのである．

　持ち株会社は，より合理的なコンツェルンの形成と運営のために，さらにコンツェルンの全体的な経営機能を独自のものとして理解し，その機能にかかわる法律的に独立した専門組織として経営会社を設立することになるのである．こうした持ち株会社の変化は，より機能的な思考の徹底であるといえるであろう．資本の運用は所有という論理でなく，運用そのものの機能性という論理にしたがって理解されるものであるからである．

　経営会社の意義は，まさに持ち株会社の機能的な思考を徹底することにより，また資本の機能的理解を徹底することによって発現するものである．このことは，コンツェルンを単に資本の所有と支配という視点からだけでなく，資本の機能的な視点から規定することでもある．そして，同時にコンツェルンの経営が本来的な経営の原理によって行われることを示すことである．また，こうし

た経営会社の登場こそは，コンツェルンをめぐる環境変化へのより合理的で実践的な対応から求められていることの現われと理解することができるであろう．さらに，経営会社の構想は，コンツェルンにおける資本の論理から経営の論理へという基本的な転換が基盤となっていることが重要である．まさに，経営会社は，コンツェルンの経営の論理を体現化したところに意義がみいだされるといえるのである．

　経営会社の組織形態は，コンツェルンにおけるスタッフ活動の組織形態としての経営会社（Die Managementgesellschaft als Organisationsform der Stabsdienste im Konzern）とコンツェルン指揮ないしその部分的組織形態としての経営会社（Die Managementgesellschaft als Oranisationsform der Konzernleitung oder von Teilen davon）に分けられるのである[18]．スタッフ機能のみを担当する経営会社は，持ち株会社の取締役会がコンツェルンの経営機能を担当し，その支援という役割を担当することになるのである．したがって，持ち株会社は意思決定だけを行うことになるのである．この場合には，持ち株会社の規模は，機能的にはきわめて限定されるとともに，人員や設備等の物的な規模という点できわめて小規模なものになるのである．この意味では，スタッフ機能だけを担当する経営会社は，管理会社の性格に近いものといえるであろう．経営会社は，たとえ管理会社がコンツェルン企業におけるスタッフ機能としての人事採用，法務関係業務および情報処理業務などを集中し，合理化する機能をもつのに対して，持ち株会社の経営スタッフ機能として位置づけられるとしても，経営機能そのものの担当組織ではないのである[19]．したがって，スタッフとしての経営会社は，意思決定の権限をもたない，関連業務の合理化を意図する外部受託組織として性格づけられるであろう．これは，持ち株会社の経営機能に関連する業務が増えることを考えれば，一定の役割を評価しうるものである．

　コンツェルンの規模の拡大と範囲の多様化は，その運営を複雑なものとしているのである．さらに，コンツェルンをとりまく外部変化への即応行動は，コンツェルン企業の個別的な即応行動だけでなく，全体としてのコンツェルンの

即応行動が決定的な意味をもつのである．ここに，独自なものとして，全体としてのコンツェルンそのものの経営活動をとりあげるわけがあるのである．また，全体としてのコンツェルンそのものの経営は，有能な専門経営者層によって担当されるべきであろう．まさに，このような全体としてのコンツェルンそのものの経営活動は，資本参加にもとづく所有や支配という資本の論理とは異なり，経営の機能的な論理によって理解され，実践されるべきものといえるのである．全体としてのコンツェルンそのものの経営活動を機能の論理によって捉え，その制度化された組織として経営会社を位置づけることが経営的な意義をもつと考えられるであろう．

　全体としてのコンツェルンの経営活動は，持ち株会社の統一的な指揮，つまり経営が資本の論理から経営の論理への転換することを基本にしなければならないのである．そして，経営会社の構想は，まさにこのような資本の論理から経営の論理への転換として理解されなければならないのである．このような転換は，コンツェルンの効率化競争の激化とともにその重要性を増すことになるといえるであろう．この場合，持ち株会社の役割が資本参加の管理に限定され，全体としてのコンツェルンの経営活動は経営会社に委任されることも考えられるのである．しかし，経営会社がコンツェルン企業への資本参加を行わないとすれば，コンツェルン企業を含むコンツェルンの統一的な指揮に関する権限は，依然として持ち株会社の経営者層に留保されることになるのである．また，経営会社がコンツェルン企業への資本参加を行うならば，持ち株会社として位置づけられることになるのである．ただし，コンツェルン企業を含むコンツェルンとの契約等によってコンツェルンの統一的な指揮に関する権限が委譲されている場合は，この限りではないとも考えられるのである．

　経営会社は，法律的な意味でコンツェルンの統一的な指揮についての権限をもっていないのである．持ち株会社の経営者層は，法律的にはすべての重要なコンツェルン指揮に関わる意思決定権限を留保することになるのである．そして，持ち株会社の経営者層から経営会社へのコンツェルン指揮の委任は，持ち

株会社の業務規則ないし契約的な紳士協定によって行うことになるのである．ただし，この場合でも，委任した持ち株会社の経営者層は，経営会社とその経営者層の緻密な選択，指導および監視に責任があるのである[20]．

　経営会社という構想は，法律的な議論だけでなく，経営的にもきわめて重要な課題であるといえるであろう．むしろ，経営会社という構想を提示することによって，コンツェルンの経営活動がより明確に性格づけられることが重要である．つまり，少なくとも，コンツェルンにとって，資本参加による他企業の支配と参加資本の節約という資本の論理だけでなく，コンツェルンそのものの経営がきわめて重要な課題であり，それがコンツェルンそのものの盛衰を決定するものになっているという認識の高まりが決定的なのである．

5－2．持ち株会社と経営会社の機能

　全体としてのコンツェルンの経営機能では，コンツェルン全体の視点から，当然，新規に進出すべき分野，重複研究，重複投資を排除することによって危険の分散やリスクの軽減，さまざまな事業分野の異なる構成企業を組み合わせて，その相乗効果をもたらすことなどが課題となる．しかしながら，全体としてのコンツェルンそのものの経営機能と経営機関の問題がコンツェルンの最高経営の問題として登場しているのである．構成企業の個別的な環境対応ではなく，コンツェルンそのものの環境対応がきわめて重要視される時代になったのである．そのためのコンツェルの内部からの変化と外部変化への即応行動を，コンツェルンが一体の活動をもって大転換することがまことに決定的な意味を持つのである．ここに，全体としてのコンツェルンの経営活動の重要性と意義がある[21]．

　全体としてのコンツェルンの経営の重要性を踏まえて，持ち株会社のあり方を検討する場合に，経営会社の構想と実践が発現したと理解するのである．少なくとも，これまでのように持ち株会社の役割を資本参加の管理，支配資本の節約と調達のみに限定して理解することはできないといえるのである．これを持ち株会社そのものの内部からの変化によるか，経営会社によって行うかは一

義的に決定することはできないであろう．この決定は持ち株会社の性格によって方向づけられるものといえるのである．ただし，全体としてのコンツェルンの経営活動が資本所有や支配の論理でなく，経営の論理の浸透によって行われなければならないことに違いはないのである．

コンツェルンにおける経営会社の設立は，コンツェルンにおける経営活動の拡大と複雑化，とくに全体としてのコンツェルンの運営の必要性の増大さらに持ち株会社の経営活動の高度化によってスタッフ組織の重要性が倍加したことによるものと考えることができるのである．それゆえ，経営会社は，持ち株会社の経営者層と同様の態度と精神とをもって，その機能を遂行することが要請されるのである．ただし，経営会社の意見を持ち株会社の経営者層をつうじてコンツェルンの全体に執行するのでは，迅速性に欠くこと，また持ち株会社における経営者層の機能ないし活動が非常に煩雑になるのである．したがって，経営会社に助言以外の一定の機能的権限をもたせる必要性が生まれるのである．この必要性からコンツェルン指揮組織としての経営会社が設立され，コンツェルン指揮に関する一定の権限が与えられるといえるのである．ただし，この場合，経営会社の権限が強化されることにより，コンツェルンの指揮・命令の統一性を欠くおそれの生ずることは，否定できないであろう．さらに，コンツェルン指揮に関する責任が不明確になることも避けられないであろう．[22]

スタッフとしての経営会社は，一定の権限を与えられるにしたがって全体としてのコンツェルンの経営的な自律性を強く主張することになるのである．また，持ち株会社の経営者層の役割が資本参加の管理に限定される場合には，それ以外に全体としてのコンツェルンの経営機能を担当する組織を形成しなければならないのである．この場合には，経営会社は，まさに全体としてのコンツェルンの経営機能担当者として大きな役割とともに，形式的にはともかく，そのための実質的な権限と責任をもつことになるのである．しかし，その権限はあくまで持ち株会社の取締役によって委任されたものである．つまり，持ち株会社の経営者層における全体としてのコンツェルンの経営機能は，法律的には

ともかく，経営的には形骸化することが考えられるのである．したがって，む
しろ持ち株会社の経営者層が全体としてのコンツェルンの経営担当者として機
能することが本来である．そのためには，持ち株会社の経営者層の役割を単な
る資本参加の管理に限定せず，さらに全体としてのコンツェルンの経営機能を
担当するという役割を加えなければならないのである．そして，持ち株会社は，
資本参加による支配統制機能と全体としてのコンツェルンの事業的な合理性を
いかに統合し，変化する環境に対する即応性を高めるかを思考しなければなら
ないといえるであろう．

　もとより，財務的な持ち株会社の場合に，資本所有の側面，つまり株式投資
の側面が強くなると，業績の悪化したコンツェルン企業の再建を行うよりも，
他に所有株式の売却を考え，実行するとも考えられるのである．[23] 全体としての
コンツェルンという視点から，コンツェルン企業の売却や新たな事業可能性を
加えるために他企業の買収や他に所有株式の売却を行うことは，財務的な持ち
株会社でなくとも考えられるのである．しかし，財務的な持ち株会社は，経営
的な視点よりも出資者的な視点から行われる点で，全体としてのコンツェルン
における事業的な合理性が低下し，ひいては収益力の長期的な低下を招くこと
が懸念されるのである．

　さらに，コンツェルン企業に経営的な自律性を与え，それぞれの事業分野で
の経営的意思決定を委譲することは，それぞれの事業環境に即応し，また事業
革新という意味で有効である．しかし，本来的に，持ち株会社以外のコンツェ
ルン企業には，全体としてのコンツェルンを経営する機能が備わっていないの
である．全体としてのコンツェルンの経営活動は，けっしてそれぞれのコンツ
ェルン企業の経営そのものを行うことではないのである．むしろ，全体として
のコンツェルンという独自な意義にもとづいて規定されるものである．持ち株
会社の経営者層は，経営の論理にしたがって専門経営者として全体としてのコ
ンツェルンの経営活動を担当することが重要である．このような持ち株会社の
経営者層における変化を基盤として，はじめてコンツェルンの最高経営活動の

スタッフとして経営会社はその経営的な意義を高めることができるであろう.

　持ち株会社の経営者層は，全体としてのコンツェルンの経営機能の重要性が増大するにしたがって，より強く専門経営者としての性格を持つことになるのである. このような全体としてのコンツェルンの経営活動は，資本参加による所有や支配といった思考ではなく，経営を機能として理解し，その機能担当者としての専門家を経営者とする機能的な思考にもとづいて行われなければならないといえるであろう. そして，経営会社の意義は，持ち株会社の経営者層，つまりコンツェルンの最高経営活動における機能的な変化により本来的に高められることになるであろう. また，持ち株会社の経営者層における機能的な思考の徹底は，まさにコンツェルンをめぐる環境変化に対する即応とそれに対する内発的な変化を促進するためにも必要であるといえるのである.

6　企業結合と経営思考

　企業結合の法律的・経済的な研究では，主に，企業の自由競争を排除した市場の状態，また企業間の相対的な関係地位に関連して論じることに関心が注がれてきたといえるであろう. しかし，そこでは企業結合の主体である結合企業それ自体の経営的な性格をとりあげ，経営主体の立場から検討することが主題ではないといえるのである. 企業結合は，国家政策など外部的な圧力による編成（解体）を別にすれば，原則として，企業の主体的な活動から形成されるものである. したがって，企業の結合関係は，その主体である企業の経営活動に関連づけるならば，単なる「関係」ではなく，むしろ「関係活動」という視点が経営的に重要となるのである. このような関係活動では，企業の経営的な自律性を喪失ないし制限させるような他企業からの影響力とそれに対する対応力が問題とされるのである. つまり，企業の結合関係を関係活動という視点から捉えるならば，企業の対外活動として特質づけることができるのである.

　企業間の結合関係を企業の対外活動としてみるならば，企業間の協調関係に

おいては，参加企業の経営的な自律性がコンツェルン（企業グループ）に比較して強くあらわれるとともに，互いに相手の経営的な自律性を尊重する関係が基本的な性格として理解されることになるのである．また，企業間の結合関係は，参加企業の経営的な自律性が強いほど，利害の対立関係としての側面が強くあらわれるとともに，不安定な関係になるのである．さらに，参加企業は，協調関係をそれぞれ自己の企業活動を合理化し，強化するよう計画的に形成するのである．とくに，企業目的の達成をめざす企業活動に必要な生産諸資源や諸要件の分散化が進んでいる場合には，企業間の協調関係の経営的な必要性が高まることになるといえるのである．企業間の協調関係は，参加企業の法律的，経済的そして経営的な自律性を前提としており，したがってその経営的な意義は，あくまで限定的で部分最適化をめざすものでなければならないといえるであろう．さらに，他への依存性の高まりは，企業の自律性を失うことになり，ひいては企業経営者が主体的な問題解決，困難の克服を断念することにもなると考えられるのである．したがって，企業間の協調関係の本質を誤り，安易な問題解決策となることは，経営者の責任という点からみても避けなければならないのである．

　企業の結合関係における企業の経営的な自律性の問題は，企業間の協調関係にとどまらず，コンツェルン（企業グループ）でも重要な経営課題である．コンツェルンの経営活動は，その基本的な標識を資本所有にもとづく支配機能の組織化を踏まえた統一的な指揮に求める限りにおいて，個別企業と同様に内部統制的で内部組織的な権限による調整，いわゆる内部管理的な思考が強く出てくることになるのである．しかし，他方でコンツェルン企業の経営活動は，法律的な独立性から本来的に派生する固有の機能である．コンツェルン企業の視点から見ると，個別企業の対外的な関係活動としての結合関係が理解されることになるのである．このような内部管理的な思考と対外的な関係活動という思考は，基本的にコンツェルンが多数会社企業であるとする経営的な理解にもとづくものであり，コンツェルンの経営活動の特質ということができるのである．

また，このことは，コンツェルン経営の機能分析が，基本的にコンツェルンを構成するコンツェルン企業の経営的な自律性を最大限に拡大しつつも，何らかの統一的な指揮の発揮が構想されていることからも明らかである．このような統一的な指揮の発揮は，全体としてのコンツェルンという視点から規定されるのである．しかし，これまでの統一的な指揮の理解は，組織の内部管理的な思考にもとづくものであった．この意味では，全体と部分との関係が上下関係の組織思考にもとづく上位会社の組織的な調整という性格をもっていたのである．

　さて，企業間の結合関係に関する経営的な研究は，参加企業がそれぞれ個別的な立場から，その他の参加企業との結合関係を経営問題として検討するだけにとどまらないのである．さらに，企業間の結合関係そのものの経営問題の独自の意味に留意する必要があるのである．

注）

1) Bruno, K. (Zusammengestellt), *Aktiengesetz, Texausgabe des Aktiengesetzes vom 6. 9. 1965 (Bundesgetzbl. IS. 1089) und des Einführungsgesetzes zum Aktiengesetze vom 6. 9. 1965 (Bundesgetzbl. IS. 1185) mit Begrundung des Regierungsentwurfs*, Bericht des Rechtsausschusses des Deutschen Bundestags, Verweisungen und Sachverzeichnies. Dusseldorf 1965. (慶応義塾大学商法研究会訳『西独株式法』慶応通信株式会社　1969年　23, 25ページ)

　　支配企業と従属企業の関係，さらにコンツェルンとの関係については，「コンツェルンにとっては，指揮が事実上行われることが，概念上本質的なものであるのに対して，従属関係については，影響を及ぼす可能性をもって足りるのである」としているのである（慶応義塾大学商法研究会訳　同上書　24-25ページ）．なお，ここでは，zusammenfassen を「統括する」と訳し，「別々になっているものをまとめてくくること」の意味に理解している．

　　なお，コンツェルンの概念は，ドイツの株式法（Aktiengesetz, 1965）によれば，法律上次のように規定されている．

第17条　従属的および支配的企業

（1）法律上独立の企業であって，これに対し他の企業（支配的企業）が直接または間接に支配的影響を行使することができるものは，従属的企業である．

（2）多数参加を受ける企業であることから，その企業が自己に対し多数参加をする企業に従属していると推定される．

政府草案第16号第1項および第2項；1937年株式法第15条第2項

第18条　コンツェルンおよびコンツェルン企業

（1）一個の支配的企業と一個または数個の従属的企業とが支配的企業の統一的
　　指揮の下に統括されているときは，それらの企業は一のコンツェルンを成し，
　　その各企業はコンツェルン企業である．数個の企業の間に支配契約（第291
　　条）が存在しまたはそのうちの一の企業が他の企業の中に編入されていると
　　きは（第319条），それらの企業は統一的指揮の下に統括されたものと認め
　　なければならない．従属的企業であることから，その企業は支配的企業と一
　　のコンツェルンを成するものと推定される．

（2）一の企業が他の企業に従属的であることなしに，法律上独立の数個の企業
　　が統一的指揮の下に統括されているときは，それらもまた一のコンツェルン
　　を成し，その各企業はコンツェルン企業である．

政府草案第17条；1937年株式法第15条第1項

出所）慶応義塾大学商法研究会訳『西独株式法』慶応通信株式会社　1969年
　　23，25ページ

2）ハンス・ヴェルディンガー著，河本一郎編『ドイツと日本の会社法』（社）商
　事法務研究会　1969年　287ページ

3）Theisen, M. R., Vorüberlegungen zu einer Konzernunternehmungslehre, *Die
　Betriebswirtschaft*, 48Jhrg., 1988, S. 281.

4）Holtman, M., Betriebswirtschaftliche Überlegungen um Konzern vor dem
　Hintergrund des EG-Binnen Marktes 1992 in : Albach, Host/Klein, Gunter,
　Harmonisierung der Konzernrechnungslegung in Europa, Wiesbaden, 1990, S.
　17-18. Bleicher, K., *Das Konzept Integriertes Management,* Frankfurt/New
　York, 1991, S. 127-128.

5）Theisen, M. R., *Der Konzern*, 1991, Stuttgart, S. 21.

6）Blicher, K., Gedanken zur Gestaltung der Konzernorganisation bei forts-
　chreitender Diversifizierung, in : *Zeitschrift Führung und Organisation*, 1. Teil,
　5, 1979, S. 244-245.

7）固有の経営的意思決定については，Gutenberg, E., *Unternehmensführung
　—— Organisation und Entscheidung ——*, Wiesbaden, 1962, S. 59-61.　小川
　洌・二神恭一訳『企業の組織と意思決定』ダイヤモンド社　1964年　65-67ペ
　ージを参照した．

8）大隅健一郎『新版　株式会社法変遷論』有斐閣　1987年　174-179ページ

9）高宮晋『企業集中論』有斐閣　1942年　459-465ページ

10）Zweifl, M., *Holdinggesellschaft und Konzern,* Zürich, 1973, S. 61.

162

11）大隅健一郎　前掲書　175ページ

12）同上書　192ページ

13）Hoffmann, F., Der Konzern als Gegenstand betriebswirtschaftlicher Forschung, in : Hoffmann F. (Herausgeber), *Konzernhandbuch*, Wiesbaden, 1993, SS. 13-19.

14）Hoffmann, F., *Ebenda,* S. 20.　そこでは，図表7－4のように提示されているのである．

15）山城章「第4章　集団経営の総合政策と個別政策」，山城章編著『関連会社の経営』　中央経済社　1977年　73-74ページ

16）Ruepp, R. U., *Die Aufteilung der Konzernleitung zwischen Holdiüng-und Managementgesellschaft*, Zürich, 1994. Rühli, E., Zeitgemaße Konzernführung und-gestaltung, in : *Zeitschrift Führung und Organisation*, 59, 1990, S. 310-314. とくに，Rühli E. は，図表7－5のような経営会社の位置づけを提示しているのである．

図表7－5　経営会社の制度化

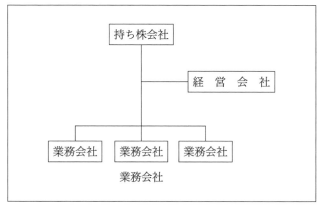

出所）Rühli, E., "Zeitgemäße Konzernführung und-gestaltung", in : *Zeitschrift Führung und Organisation,* 59, 1990, S. 314.

17）大隅健一郎　前掲書　192-195ページ．さらに，松下満雄監修『持ち株会社解禁』
ASAHI NEWS SHOP, 1996年．ダイヤモンド・ハーバード・ビジネス編集部編『持株会社の原理と経営戦略』ダイヤモンド社　1996年を参照した．

18）Ruepp, R. U., *a. a. O.*, S. 4-5.

19）Ruepp, R. U., *Ebenda*, S. 5-6, S. 14-16.

20）Ruepp, R. U., *Ebenda*, S. 153-157.

21）山城章　前掲書　69-80 ページを参照した．

22）スタッフの役割については，古川栄一『新版　経営学入門』経林書房　1980
　　年　133-136 ページを参照した．

23）黒沼悦郎「持株会社の法的諸問題（3）」『月刊　資本市場』No. 120．1995 年
　　73 ページ

本研究に関する現状と課題

　コンツェルンに関する研究は，経営学では企業形態の1分野として理解される
のが一般的である．そこでは，法律的な側面と資本参加の管理的な側面に関する
研究が多く，経営機能的な視点からとりあげることが少なかったといえるのであ
る．しかし，企業活動が規模の拡大だけでなく，国際化や技術革新の進展などに
より複雑化し，多様化するにともなって全体としてのコンツェルンの経営問題が
重きを増してきたのである．とくに，ドイツ語圏の経営学では，コンツェルンを
取り巻く環境変化への即応性と弾力性を踏まえ，さらにコンツェルンを構成する
コンツェルン企業の自律性への要求と相まって次第にコンツェルン経営に関する
研究が少なからず登場するようになってきているのである．とくに，Friedrich
Hoffmann 編の *Konzernhandbuch* (1993) は，これまでのコンツェルン経営に関
する諸研究を踏まえながら，新たなコンツェルン経営のあり方を提示している点
でドイツ語圏の経営学におけるコンツェルン研究の現段階的な状況を端的に示し
ているといえるであろう．

　コンツェルンの経営に関しては，持ち株会社の経営的な機能的および制度的な
改革が重要性を増しているのである．とくに，戦略的な持ち株会社や企業家的な
持ち株会社といった機能的な検討に対する関心の高まりがみられるのである．た
だし，さまざまな持ち株会社の機能的な形態が提示されているものの，いずれの
形態をどのように選択するのか，さらにそこでの意思決定に際して考慮すべき要
因などについての研究は今後の課題といえるであろう．他方，コンツェルンの経
営に関する制度的な研究としては，経営会社という考え方が興味深いといえるの
である．ただし，経営会社に関する研究は，法律的な視点が重きをなすため，よ
り経営的な検討が今後とも必要である．

　わが国では，持ち株会社の解禁をめぐって多くの議論が展開され，また持ち株
会社への関心が高まっているのである．しかし，これまで持ち株会社に対する規
制もあり，経営学では課題としてとりあげられる機会が少なかったのである．こ
の意味では，わが国経営学も諸外国の諸研究に大いに関心を向ける必要があると
いえるであろう．

第 8 章　企業の結合と企業間協調

キーワード

企業結合　　協調関係

ジョイントベンチャー

経営的な自律性

調整制度

1　企業結合の意義

　企業は，市場経済体制のもとで，営利を目的として生産活動を行う自律的な組織体と理解されるのである．しかし，企業は，単独で営利的な生産の組織的行動をするだけでなく，他企業との間にさまざまな結合関係をもちながら行動しているのである．企業結合（Unternehmensverbindung）は，企業の目的を達成するために自律的に形成されるものである．言い換えれば，企業が単独で行動するよりも，他企業との間に結合関係を形成することが合目的的であるからである．

　企業間の結合関係は，生産活動の前段階としての原材料等を提供する企業や後段階としての販売企業との結合（垂直的な結合関係），また同一の生産活動を行っている企業との結合（水平的な結合関係），さらに異なる事業分野に属する企業との結合（多角的な結合関係）など多様性をもっているのである．企業間の結合関係を形成する合理性は，結合関係の多様性にみられるように一様ではないのである．しかし，企業が営利経済原理によって行動することから，事業活動にともなう危険の限定と限界利潤の均等化をはかるために企業間の結合関係が形成されるということができるのである．

　企業は，市場競争のなかで常に新たな利潤獲得の機会を探索し，その実現を求めて行動するのである．しかし，市場環境の変化は，同時に企業行動を制約し，それに対する企業の対応行動を求めているのである．とくに，不安定で激化する市場環境の変化に対して，企業が単独で対応することが困難であり，また合理的でない場合には，他企業との間に結合関係を形成することが重要な課題となるのである．

　企業間の結合関係を形成することは，結合による対応力ないし競争力の強化が生み出されるという利点がある．企業間の結合力は，合成力によって理解されるともいえるのである．一つの企業の生産活動よりも二つ以上の企業が結合

することにより，大規模な生産活動が可能になり，経済的な合理性も高まるなどの規模の経済（economies of scale）という点からも容易に理解されることである．しかし，企業間の結合関係は，単なる生産活動の規模拡大にとどまらないのである．さらに，範囲の経済（economies of scope）といわれるように，多様な企業が規模の拡大にとどまらず，相乗効果や技術革新の可能性を追求するためにより知的な結合関係を追求するのである．¹⁾ さらに，企業間の結合関係は，生産規模の拡大とは逆に，生産規模の合理化ないし適性規模への縮小という視点から，企業分割によって結果的に形成されることもみられるのである．したがって，企業間の結合関係を単に生産規模の拡大といった視点からのみ位置づけたり，理解することには問題があるのである．

　企業間の結合関係は，個別企業の単独行動における限界や不合理性にもとづくものといえるのである．さらに，企業行動が複雑で専門的になるにしたがって，企業間の結合関係も多様化することになるともいえるのである．しかし，多様性は，けっして好ましくないことではないのである．つまり，企業間の結合関係の多様性は，同時に企業行動の多様性，つまり行動選択の幅を広げることになり，企業の環境変化への対応力を高めることになるといえるからである．この意味で，企業結合の意義は，企業目的を達成するための合理的な企業行動における選択の幅を広げる点に求めることができるであろう．

　企業目的を達成するための合理的な企業行動の選択と実現は，専門経営者の経営的な意思決定によって行われるのである．この経営者の経営的な意思決定は，企業目的の達成に決定的な意義をもつのである．なぜなら，変化する市場環境のもとで拡大し，複雑化する企業の運営を合理的に行いうるためには，高度の専門性が求められるからである．そして，今日の大規模企業は，少なからず何らかの企業間の結合関係を形成して行動しているのである．とくに，企業目的の達成をめざす企業行動に必要な生産資源や諸用件の分散化が進んでいる場合には，企業結合への経営的な必要性が高まるといえるであろう．同時に，企業間の結合関係は，個別企業とは異なる新たな経営の課題と行動を生み出し

ているのである．ここでは，企業間の結合関係について，経営者という主体的
な視点から検討し，その経営的な特質を明らかにしたいのである．このような
検討によって，企業間の結合関係の意義がより実践的なものとなり，現代の企
業における内実的な変化を明らかにすることができると考えるからである．

2　企業結合の経営的視点

　企業間の結合関係に関する研究は，経済的・法律的な視点から，これまで企
業集中の問題として企業の自由競争を排除した市場の状態，企業間の相関的な
地位を論じることに関心が注がれてきた．そこでは企業間の結合関係の主体で
ある企業自体の性格をとりあげ，経営者の主体的な立場から検討することが主
題ではないのである．しかし，企業の経営（management）という視点は，結
合主体である企業それ自体の性格をとりあげ，経営者の主体的な立場から結合
関係を検討することであるといえるのである．したがって，経営的な視点では，
経営者による経営的意思決定の自律性（Selbständigkeit）という意味での経営
的な自律性を踏まえた企業間の結合関係が主題となるのである．

　さて，企業間の結合は，市場取引のような結合主体の経営的な自律性への影
響の少ない形態から，資本の所有や支配による結合関係のような経営的な自律
性を著しく制約する形態まで存在するのである．しかし，一時的で短期的な契
約にもとづく自由な市場取引関係は，企業間の結合関係から除外されるのが一
般的である．したがって，企業間の結合関係とは，2つ以上の企業間に何らか
の拘束的ないし支配的な結合関係を形成することであるということができるで
あろう．そして，企業間の結合関係に関する研究では，これまで結合主体であ
るそれぞれの企業の個別的な立場から検討されてきたのである．たとえば，親
会社と子会社のような資本の所有や支配による結合関係の場合では，親会社の
立場と子会社の立場をそれぞれ個別的で一方向的な視点からとりあげて，結合
関係の諸問題を検討してきたといえるのである．したがって，結合関係そのも

のの立場に焦点をあてて，その独自な意義を検討することが主題とはならないのである．もとより，企業間の拘束的ないし支配的な結合関係のない企業も存在するのである．したがって，このような企業間の結合関係は，企業の不可欠で本質的な特質ではないのである．しかし，企業間の結合関係は，企業発展の１つの有効な方向性を示すものであり，また企業の基本的な構造を変えうるものでもあるのである[2)]．それゆえに，企業間の結合関係は，企業の発展をとりあげる場合には，ぜひとも検討されなければならない課題といえるであろう．

　さらに，企業間の結合関係に関する経営的研究では，結合主体のそれぞれの個別的で一方向的な視点にとどまらず，結合関係そのものの独自の意義を認めて，その経営的な問題をとりあげることが重要である．たとえば，ジョイントベンチャー（joint venture）を形成する企業Ａと企業Ｂの結合関係について，参加企業ＡないしＢの個々別々の立場から，しかも，いずれか一方に重点をおいてジョイントベンチャーの経営問題を考えようとするのが通例であったといえるのである．しかし，経営的な視点からは，Ａ（ないしＢ）の立場でもない，これらを含み，さらに機能的な理解にもとづいて，Ｃというジョイントベンチャー，つまり結合関係そのものの別途な視点や利害などから結合関係の経営問題を検討することも考えられるのである．このことは，ジョイントベンチャー，つまり結合関係そのものの経営活動に自律性を与え，主体的な活動をこれに認めることであるということができるのである[3)]．

　結合関係そのものの経営という視点は，結合企業が増加し，その事業構造が多様化し，国際化するなどの要因によって企業間の結合関係が拡大し，複雑化するにしたがって重要な意味を持つと考えることができるのである．また，企業環境の変化が著しい場合には，企業間の結合関係に参加している企業の個別的な環境対応にとどまらず，参加企業間の関連を考慮しながらも，むしろそれ以外の環境変化や圧力集団の利害などを将来的に構想した企業結合関係の全体的な経営行動が決定的な意味をもつのである．

　企業間の結合関係に関する経営的な研究では，結合企業のそれぞれの個別的

で一方向的な視点にとどまらず，結合関係そのものの独自の意義を認めて，その経営的な問題をとりあげるという視点が不可欠であるといえるであろう．結合関係そのものの経営という視点は，企業間の結合関係における経営的な特質を明確にするとともに，経営実践的なあり方を示すものである．

3　企業結合の諸形態

　企業間の結合関係は，産業の細分化や生産諸資源の分散化が進み，技術や市場の変化が短期化するにしたがって複雑で専門的になり，多様化することになるのである．したがって，企業結合の経営問題をとりあげる場合には，多様化する企業間の結合関係を整理することが必要である．そこで，企業結合をいくつかの視点から形態的に整理し，それぞれの形態における特質と経営課題をとりあげることにしたい．

3－1．調整制度としての市場，企業結合および企業

　企業目的を達成するための企業活動は，企業の内部では組織による生産諸資源の合理的な配分などともに調整（Koodination）されるのである．さらに，企業は，企業目的を達成するために経済社会，主に市場での取引きをしながら，企業の内部活動の前提である各種の生産諸資源の獲得や製品の販売などの諸要件を整えるのである．そして，企業内部での諸活動は，企業外部の諸要件と調整されなければならないのである．このような企業外部の諸要件との調整については，図表8－1のように市場と企業結合という2つの異なる制度（In-stitutionen）が指摘されるのである[4]．

　企業結合における企業活動の調整は統合（Integration）によって行われるのである．企業結合には，統一的な指揮（einheitlichen Leitung）のもとに統括（Zusammenfaβung）された完全統合と協調（Kooperation）関係の形成による部分統合がある．完全統合には，まず第1に，2つ以上の個別企業が法律的にも，経済的にも1つの個別企業に統合される場合，たとえば，フジオン（合同

図表 8 － 1　　市場，企業結合および企業における調整

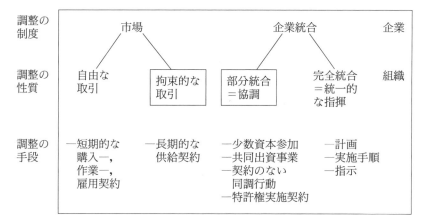

出所）Bea, F. X., "Diversifikation durch Kooperation", in : *Die Betriebswirtschaft*, Heft50, 1988, S. 2524.

合併，Fusion）がある．ついで第 2 に，法律的には独立しながらも経済的に統合して，統一的な指揮のもとで調整が行われる場合，たとえば，コンツェルン（Konzern）がある．完全統合では，統一的な指揮による企業活動の調整が計画，手続き，指令などの手段を用いて行われることになるのである．

　さらに，統合には，法律的にも，経済的にも独立した 2 つ以上の個別企業の間に企業活動の部分的な統合が行われることがある．部分統合は，少数資本の参加（Minderheit-beteiligungen），ジョイントベンチャー（共同出資事業 Joint Ventures），契約によらない同調行動（vertragsfreie Verhaltenabstimmung），特許権実施協定（Lizenzabkommen）などの調整手段を用いた協調関係ということである．協調という概念には，提携（Allianzen），ネットワーク（Networks），同盟（Koalitionen）などの多様な表現と考え方が含まれるのである．

　また，市場における企業活動の調整は，契約によって拘束された取引と，拘束されない取引によって行われるのである．契約によって拘束された取引は，長期的で継続的な供給契約などの調整手段を用いて形成されるのである．また拘束されない取引は，短期的な交換という調整手段を用いて行われるのが一般

的である．このような契約によって拘束された長期的で継続的な取引関係と企業間の協調関係との境界は，漸進的である[6]．しかし，企業間の協調関係は，資源や活動を共有し，共通の目的を達成しようとする2つ以上の関係企業のコミットメントによって特徴づけられる双務的な関係をもっており，売り手が取引の対象を現金と引換えに買い手に供給するといった関係とは異なるものである[7]．

3－2．企業結合の諸形態と経営的な自律性

　企業結合の経営的研究は，結合主体である企業それ自体の性格をとりあげ，経営者の立場から検討することである．したがって，そこでは結合企業の自律性（ないし独立性）が問題となるのである．企業結合の形態については，結合企業の自律性を法律的な独立性と経済的な自律性に分けて理解するのが一般的である[8]．結合企業の法律的な独立性は，結合企業がその法律的構造（個人企業あるいは会社形態）を保持していることである．これに対して，経済的な自律性は，結合企業がその経営的意思決定，とりわけ根本的な意思決定を外部からの強制なしに行うことであるとされるのである．経済的な自律性は，結合企業における意思決定とそれに対する支配力から規定されているといえるのである．

　さらに，結合企業の経済的な自律性は，結合企業における資本と経営の分離問題としてもとりあげることができるのである．企業における経営的な意思決定の問題は，企業の経営機能とその担当者としての経営者の問題であるとともに，それに対する資本所有にもとづく支配の問題といえるのである．ここに，支配（Herrschaft）とは，経営者の任免権によって経営活動を左右することである[9]．この場合，支配権の保持と支配権の発揮を分けて考えることが必要である．支配権の保持は，経営者の経営的な意思決定を株主権によって左右しうる資本所有にもとづいて理解されるのである．そして，ここでは経済的な自律性を資本所有にもとづく支配権保持の有無と規定して，経営者の経営的な意思決定の自律性を経営的な自律性と規定して，企業結合の諸形態を検討することにしたいのである．

　企業間の結合関係は，法律的にも独立し，経済的にもさらに経営的にも自律

した個別企業が前提となって形成されるのである．したがって，結合関係を法律的な独立性，経済的な自律性および経営的な自律性の視点から見ると，いくつかの企業結合の諸形態が考えられることになるのである．まず，結合関係の形成後に結合企業が法律的な独立性を喪失し，法律的に1つの会社となる場合，経済的な自律性と経営的な自律性は喪失するといえるのである．たとえば，フジオンが考えられるのである．結合企業が法律的な独立性をもちながら，経済的な自律性を喪失している場合，経営的な自律性が問題となるのである．たとえば，コンツェルンなどが考えられるのである．結合企業の経済的な自律性の喪失が経営的な自律性の喪失となる場合には，法律的には独立した別会社であるが，経済的，経営的に1つの個別企業と同一になるのである．これは，資本所有にもとづく支配権が発揮され，経営者の経営的な意思決定が左右されている場合である．しかし，資本所有による支配権が保持されながら発揮されない場合，経済的には一体となるが，結合企業の経営者は経営的な自律性をもつことになるのである．もとより，企業間の結合関係においては，結合企業が法律的に独立し，経済的および経営的な自律性を持つ場合，より緩やかな企業結合の形態が生まれることになるのである．たとえば，各種の企業間の協調関係が考えられるのである．大規模な株式会社企業における経営活動の複雑化と機能的な思考の浸透にもとづく資本と経営の分離傾向を考えるならば，企業間の結合関係にかかわる諸問題も結合企業の経営的な自律性を踏まえてとらえることが必要であるといえるであろう．そして，企業間の結合関係は，結合企業の経営的な自律性という視点から，経営間関係の問題を含めて理解されることになるのである．

4 企業間協調の意義と諸形態

企業間の協調関係は，企業間の結合関係が形成された後も，結合企業が法律的，経済的および経営的な自律性を持つ，より緩やかな企業結合の形態である．

企業間の協調という事象は，これまで主に市場での企業間競争の排除ないし制限といった視点から，カルテル（kartell, cartel）などの企業の市場独占形態の1つとしてとりあげられてきたといえるのである．しかし，協調関係の主体である企業の視点から見ると，個別企業間の生産諸資源の相互補完，資本投下にともなう危険の分散などによって，企業活動における成果可能性の確保または新たな発展を意図しているのである．さらに，企業間の協調関係は，競争を促進するために必要であり，競争するためにいかに効果的に協調するかという視点から理解されてもいるのである[10]．

4−1．企業間協調の概念構成

企業間の協調関係は，2つ以上の法律的にも経済的にも自律した個別企業の間に形成される企業活動の部分的な統合形態と規定されたのである．企業間の協調関係は，企業活動の代替的な調整制度に対して，次のような基本的な概念構成を特徴としているとされるのである[11]．

① 企業間の協働（Zusammenarbeit von Unternehmungen）

② 経済的な自律性（wirtschaftliche Selbständigkeit）

③ 協働の自由性（Freiwilligkeit der Zusammenarbeit）

④ 協働の基礎としての合意（Vereinbarungen als Basis der Zusammenarbeit）

⑤ 協調の目的（Kooperationsziel）

企業間の協調関係は，市場での取引関係とは異なり，双務的な共働活動の性格をもつものである．さらに，企業間の協調関係における当事者は個別企業であり，家計にみられるような人間生活における協働活動と異なり，企業目的である営利経済原理によって誘導された協働活動である．

また，企業間の経済的な自律性は，企業が自己責任，自己の計画および自己の経済的な思慮にもとづいて選択し，決定するのである．したがって，企業間の協調関係における当事者の関係は，資本所有による支配にもとづく上下関係でなく，対等に秩序づけられているのである．この意味で，企業間協調は，協働の形成と解消の自由性を特徴とすることになるのである．

　このような協働の自由性は，参加と不参加についての意思決定の自律性にもとづいているのである．企業間の協調関係が企業の経済的な自律性にもとづく対等の関係秩序を前提としているのであれば，協働の基礎として当事者である企業間の合意を必要とするのである．そして，企業間の協調関係は，個別企業の企業目的によって誘導された個別的な利害にもとづいているが，協調の目的について当事者である企業間の合意を必要とするのである．

　さらに，企業間の協調関係は，企業間の単なる信頼関係にとどまるものではないのである．つまり，企業間の協調関係は，参加している個別企業の合目的な活動にしたがって形成されており，目的達成の手段としての協調関係の便益に対する参加企業の評価によっては解消されうるからである．自由な協調関係（つまり，参加と解消の自由性）を前提とすれば，当事者である企業間の合意にもとづく信頼関係も常に安定したものであるとはいえないであろう．また，当該の協調領域内で参加企業の利害が継続的，長期的に合致するとは限らないという欠点がある．多くの場合，変化する環境条件は，当初の相互補完的な関係を対立的な関係に変えてしまうかもしれないのである．

4－2．企業間協調の意義と性格

　企業間の協調関係を効果的にするためには，基本的に，壊れやすい相互関係を調整すること，そして環境変化にともなう各参加企業の内部的な変化を処置することが課題となるのである．しかし，企業間の協調関係は，反面では，事業環境や個別企業の変化に対して，協調関係からの離脱という形で臨機応変に対応できるといった弾力性の利点をもっているのである．したがって，企業間の協調関係の難しさは，それ自体，協調関係の利点でもあるといえるのである．

　企業間の協調関係は，協調関係の弾力性だけでなく，機能性によっても性格づけられるのである[12]．ここに，企業間の協調関係の機能性は，協調目的を達成するための合理的な経営活動によって規定されるのである．つまり，協調関係の成果が不適切な調整によって妨げられないためにも，当事者企業は協調関係のより機能的な構造を望むことになるのである．たとえば，重複した諸活動お

よび投資の回避と軽減，また補完的な生産諸資源を有効に利用するということから，多くの場合に共同所有権を定め，集権的な経営過程（zentrale Managementprozess）を備えた協調形態が生じることになるのである．

さらに，動態的な市場では，迅速に適応した意思決定と実行がなされるような経営過程が形成されなければならないのである．企業間の協調関係における分権的な経営過程（dezentrale Managementprozess）（当事者の自己決定とそれにもとづく交渉）は，時間的な費消（当事者の間における合意形成の組織と過程）を考慮すれば，必要な意思決定―および指示権限を備えている集権的な経営過程に対して多くの場合に明らかに劣っているのである．

ついで，協調関係の弾力性は，環境変化が協調関係に及ぽす影響と相手企業との間で起こりうる対立に関連して規定されるのである．環境変化は，有益な協調関係への新たな機会を与えるとともに，離脱の機会となることもあるのである．また，協調関係からの離脱は，協調関係以外の手段による自己の競争的な地位改善が離脱に伴う損失を考慮してもなお利点があるときに，自己の立場からみて有利となるのである．この離脱に伴う損失は，収益を獲得するための地位の喪失，離脱または解消にともなう費用と時間，さらに当該事業領域に新たに組織を作らなければならないなどである．とくに，共同所有の部分が多く，協調領域における組織的な関係度合いが高い協調関係形態の場合には，その解消はより効率の悪いものになるといえるであろう．さらに，協調関係では，相手企業の経営上の重要性が時間の経過とともに変化したときに，相手企業との間に対立がうまれるかもしれないのである．

企業間の協調関係は，一方ではより成果をあげるために，協調関係の機能性とより高い安定性にもとづいて必要とされる諸資源のより緊密な関係（共同所有）と機能的に調整された処置と統制を推進することになるのである．しかし，他方では協調関係にかかわる相手企業の諸活動をできるだけ明確に分離することによって示される弾力性への配慮（解消の容易性）が求められるのである．このような企業間の協調関係の機能性と弾力性の間における関係は，図表8―

図表8－2　機能性と弾力性の釣合い

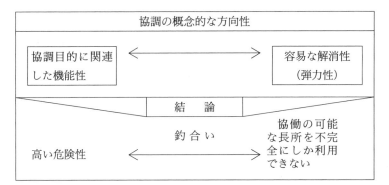

出所) Gahl, A., "Die Konzeption der strategischen Allianz im Spannungsfeld zwischen Flexidil-ltät und Funktionalität", in : *Schmalenbachs Zeitschrift für betriebswirtschaftliche Forschung,* Sonderhaft 27, 1990, S. 47.

2に示されるのである.

　参加企業の個別的な長所を結合するという構想は, しばしば不完全な形で実行されるに過ぎないのである. 個別企業の自律性が保持されるという利点は, 同時に企業間の協調関係に対して, 機能性と弾力性の適切な釣合いという複雑な課題を課すことになっているのである. したがって, 企業間の協調関係の形成に関する経営的な意思決定の基礎として, 環境変化による影響とともに相手企業との将来的な利害の一致についての評価, 分析そして監視が必要となるのである.[13]

4－3.　企業間協調の諸形態

　企業間協調の諸形態は, 協調関係の緊密度ないし強度によっても示すことができるのである. ここでは, 協調関係の緊密度について, 参加している個別企業による協調関係への経営的な, とくに戦略的な重要性の評価, 協調する事業・業務活動そのものの機能遂行という視点からとりあげることにしたい.

　まず, 当事者企業の経営主体の立場からは, 戦略的な重要性と競争環境によって企業間の協調関係の諸形態が図表8－3のように要約されるのである. 不透明で不安定な競争環境のもとでは, 戦略的に重要な活動の場合に蜘蛛の巣的

な協調契約が結ばれ，重要でない場合には企業間の協調関係は形成されないのである．他方，安定した競争環境のもとでは，戦略的に重要な活動の場合に企業買収やジョイントベンチャーが考えられ，重要でない場合に協調的な契約が結ばれるのである．少なくとも，戦略的に重要な活動の場合，技術や市場が短期間に変化し，しかも競争が激化する産業分野においては，協調関係の弾力性が重視されることになるのである．また，技術，市場および競争構造がかなり安定している産業分野においては，協調関係の機能性が重視されるということができるであろう[14]．

　ついで，参加企業の経営的，とくに戦略的な必要性からみると，戦略的な重要性が高いほど，緊密な企業間の協調関係を形成しようとするのである．当事者企業同士がともに協調関係の戦略的な重要性を高く評価している場合には，ジョイントベンチャー（共同出資会社，合弁会社）を推進し，両者がともに戦略的な重要性を低く評価している場合には協調的な契約といった弱い協調関係

図表 8 － 3　　共同出資事業の設立における競争状況と戦略的な重要性の関係
　　　　　　（他の条件が一定で，協調する意志のある企業を前提として）：
　　　　　　一企業の分析

	高い戦略的重要性	低い戦略的重要性
不透明で変化する競争環境と分散した構造	水平的および垂直的な企業間における蜘蛛の巣状の協調的な契約	企業間の協調を行わない
安定した競争環境と寡占的構造	企業買収 ジョイントベンチャー	協調的な契約 外部からの少数資本参加を受け入れる用意がある

出所）Harrigan, K. R., *"Managing for Joint Venture Success"*, Lexington Books, 1986, p. 104.（佐伯光彌監訳『ジョイントベンチャー成功の戦略』有斐閣　1987 年　95 ページ）

を形成することになるのである．また，当事者企業の一方が戦略的な重要性を高く評価しているが，他方の当事者企業が低く評価している場合には，少数資本参加による協調関係が形成されるのである．

　さて，協調関係の対象となる事業・業務機能の遂行という視点から，協調関係の形態を示したのが図表 8 － 4 である．

　協調関係の対象である事業・業務機能を当事者企業がともに遂行する場合に

図表 8 － 4　協調の基本的形態

協調参加企業A 協調参加企業B	機能を遂行する	機能を遂行しない
機能を遂行する	分権的な協調 （計算制度の統一）	指揮企業―協調（B） （Bの購買部門による 共同購入）
機能を遂行しない	指揮企業―協調（A） （Aの施設の共同利用）	組合的な協調（組合企業体） 協調的な業務委託（外部の 専門研究機関へ委託，たと えば研究，広告）

出所）Horst Albach und Renate Albach, *Das Unternehmen als Institution*, Gabler, 1989, S. 67.

は，分権的な協調形態（たとえば，ジョイントベンチャー）を形成することになるのである．しかし，事業・業務機能を一方の当事者企業のみが遂行する場合には，指揮企業による協調形態が形成されるのである．これに対して，協調する事業・業務機能を当事者企業がともに遂行しない場合には，組合的な協調形態（genossenschaftliche Kooperation）が形成されることになるのである．企業間の協調関係は多様な形態的特質をもっているが，経営的には環境の差異，経営的な重要性および事業・業務機能の遂行など機能的な関係が形態的にも基本といえるであろう．

5 企業間協調の経営

　企業間の協調関係における経営活動は，経営活動の主体という視点からみると，参加企業の「対外的な経営活動として協調関係活動」と「協調関係そのものの経営活動」に区分することができるであろう．

5－1．参加企業の協調関係に対する経営活動

　まず，企業間の協調関係は，法律的にも，経済的にも自律した個別企業が前提となっており，それぞれの個別企業にとって対外的な関係と位置づけられるのである．そして，このような協調関係には，むしろ常に参加企業間の利害対立が内包されているのである．したがって，参加企業では，協調関係を有益なものとするために「対外的な関係活動」を効果的に行うことが重要となるのである．また，参加企業にとって自己の企業活動を合理化し，強化するように協調関係を計画的に形成し，運営しなければならないのである．そして，協調関係の機能性と弾力性を考慮するならば，少なくともつぎの枠組みを踏まえたものでなければならないのである（図表8－5）[15]．

　① 協調形態についての意思決定（The decision to form a co-operation）

　② 協調する相手企業の選択（The choice of co-operation partner）

　③ 協調関係の計画的な運営（The planned management of the co-operation）

　協調関係の形成は，企業目的を達成するための手段的な性格をもつのである．したがって，企業は，協調関係の代替案，つまり市場取引，企業買収（企業合併）などの外部諸要件の調整手段と比較し，選択しなければならないのである．そこでは，他企業との協調関係が経済的な成果を高めることになるのか，経営戦略の重要な部分となりうるのか，それとも単なる穴埋めに過ぎないのかなどの経営上の重要性が明らかにされることにもなるのである．協調関係の経営的な重要性にもとづいて，ジョイントベンチャーという緊密な協調関係から協調的な業務委託や非公式的な協調関係まで，協調の緊密度について決定しなけれ

図表8－5　協調が成功するためのチェックリスト（checklist）

戦略的な選択権の明確化

| 買収 | 合併 | 協調 | 単独活動 | 放棄 |

協調相手の選択
目的の明確な規定
必要な協調相手の姿勢を明確化
可能な協調相手の明確化
可能な協調相手の評価
可能な協調相手から得られるだろう便益の評価
自社と協調相手の戦略的地位への影響
協調契約の交渉
最高責任者の言明
明確な契約

協調の運営
目的の明確化
協調に必要な十分な資源の分担
業務と責任の配分
効果的な情報処理過程の手段
協調のための主要な要員移動
協調のための要員の業務遂行能力の強化
協調の進行を監視
定期的な報告
協調契約の修正
協調の継続
協調の限界を見極める

出所）Devil, G. and Bleackley, M., "Strategic Alliance-Guidelins for Success", in : *Long Range Planning*, Vol. 21, No. 5, 1988, p. 22.（なお，ここでは，提携も協調の一形態であると理解して，Alliance を協調という表現に修正して掲載している.）

ばならないのである.

　協調形態の決定にもとづいて協調する相手企業を探索し，明確にしなければならないのである．そして，相手企業の選択が行われ，協調関係の形成について交渉し，協調の目的や活動範囲などについて協調契約で規定することになるのである．協調する相手企業の選択は，相手企業の特質，目的の方向性などを

評価し，協調関係について明確な合意を形成することになるのである．ただし，協調関係の解消によって，それまでの協調の相手企業が当該市場で有力な競争相手となりうることにも配慮しなければならないのである．

　さらに，協調関係の機能性という側面では，目的の明確化，協調に必要な資源の分担，義務と責任の配分，効果的な情報処理過程の手段，協調関係のための主要な要員の移動と能力啓発についての配慮が必要になるのである．また，協調関係における学習効果という視点からは，とくに相手企業が競争相手となりうる場合には，提供すべき諸資源の量と質および情報処理過程などに配慮することが必要である．ついで，弾力性という側面では，協調関係の監視（monitoring）と協調関係の限界を見極めることが必要である．なぜなら，協調関係における経営的な重要性も時間の経過とともに変化しうるからである．さらに，協調関係の解消は，利潤獲得機会の損失とともに解消の費用も生じるため，適切な意思決定を必要とするのである．

5－2．協調関係そのものの経営活動

　さて，企業間の協調関係の経営問題を「協調関係そのものの経営活動」の視点から検討すると，参加企業の協調関係に対する「対外的な関係活動」とは異なる第3の経営主体による経営活動が考えられるのである[16]．企業間の協調関係そのものの独自の主体的な経営活動は，協調関係そのものの効率的な経営をめざすものであり，参加企業による協調関係の計画的な運営という経営活動をより機能的に，また経営の主体的立場に徹した考え方である．さらに，企業間の協調関係そのものの独自な主体的な経営活動は，協調関係を事業・業務活動の目的的な機能的な統一体として実体的に理解することである．

　協調関係の成果は協調の目的をより効率的に実現することから得られるのである．同時に，参加企業の利害は，協調の目的をより効率的に実現することによって充足されるであろう．

　協調関係の緊密性や機能性が強く求められるほど，協調関係そのものの機能的な統一性と自律性に配慮しなければならないであろう．そして，協調関係の

当事者企業の一方に偏した思考や行動でなく，協調関係そのものが独自の意味をもつものと理解するのである．つまり，「協調関係そのものの」が具体的，自律的に存在するという意味である．

　企業間の協調関係そのものの経営活動という視点から見ると，協調する事業・業務機能を参加企業がともに遂行しない組合的な協調形態では，第3の機関が経営活動を行うことが考えられるのである．たとえば，共同研究組合や第3の外部機関への共同委託などである．また，協調関係が取引関係に近い場合には，協調関係そのものの経営活動はきわめて限定されたものになるといえるのである．これに対して，少数資本参加の形態では，協調する事業・業務機能を当事者企業の一方が担当すると同時に，指揮企業として経営活動を行うことになるのである．

　ついで，ジョイントベンチャーの場合，当事者企業の双方が共同出資し，共同経営を行うという合議的な経営が考えられるのである．しかし，合議的な経営ではなく，第3の自律した経営主体によるジョイントベンチャー（共同出資会社，合弁会社）の経営が考えられるのである．このような第3の自律した経営主体による経営は，協調関係の機能性を徹底するという意味で登場するのである．そして，ジョイントベンチャーの場合，協調関係の当事者企業は，出資者の視点と経営機能の担い手としての経営者の視点を混同しないように留意しなければならないといえるであろう．経営活動はより機能的に行われなければならないのである．

　企業間の協調関係は，取引的な性格からジョイントベンチャーの遂行という緊密で双務的な共同作業という協働活動の性格を強くもつようになると経営活動のより機能的な検討が必要になるのである．企業間の協調関係における経営の自律性は，参加企業の自律性だけでなく，協調関係の対象である事業・業務を遂行するジョイントベンチャーそのものの自律性を含めたものでなければならないのである．協調関係の目的をより効果的に達成するためにはジョイントベンチャーの経営機能の担当者である経営者に自律性を与え，強い主体的な経

営活動をこれに認めることが必要であるといえるであろう．ここでは，企業間の協調関係そのものの機能的で主体的な経営活動の独自な意味の重要性を主張したいのである．

5－3．企業間協調の経営的特質

　企業間の協調関係は，結合企業が法律的，経済的および経営的な自律性をもつ，より緩やかな結合形態である．したがって，企業間の協調関係は，基本的に，自律した個別企業の対外的な関係活動である．企業間の協調関係では，参加企業が一定の役割分担と契約関係を規定して，それぞれの企業が自律的に実現するのである．この取決めについて，その決定について，改変について，その維持について一定の秩序が必要である．そこに，何らかの相互制約的な体制が作りだされることにならざるを得ないであろう．また，そのために相互調整機関が作りだされたり，参加企業の１つがとくにそのような調整を担当する仕組みが作られるかもしれないのである．しかし，かりにそのような調整機関ないし機構が作られたとしても，基本的に自律した個別企業が主体であり，協調関係の機能性と弾力性の不安定な釣合いによって協調関係には，むしろ常に参加企業間の利害対立が内包されているといえるであろう．企業間協調の経営的特質は，個別企業の対外関係活動であるだけでなく，利害関係活動であることにも求められるであろう．さらに，協調関係の経営的な重要性や利害も時間の経過とともに変化するため，主体的で適切な対外的「関係活動」が不可欠である．また，協調関係では，企業の経営的な自律性を喪失ないし制限するような他企業からの影響力とそれに対する対応力が問題にされるのである．つまり，他への依存性の高まりは，企業の自律性を弱めることになり，ひいては経営者が主体的に独力で問題を解決し，困難を克服するという姿勢の後退につながることも考えられるのである．したがって，企業間協調の本質を誤り，安易な解決策として理解することは，経営者の責任という点から避けなければならないのである．

　企業間の協調関係には，協調関係の形態によって参加企業の経営主体以外に

第3の経営主体による経営活動が登場することになるのである。第3の経営主体は、協調する事業や業務を参加企業がともに遂行しない組合的な協調形態の場合とジョイントベンチャーの場合に登場するといえるのである。前者の組合的な協調形態は参加企業の弱い結合関係であり、協調する事業の経営は第3の経営主体である組合に委託されることになるのである。しかし、ジョイントベンチャーの場合は、強い結合関係であり、当事者企業の双方が共同出資し、共同経営を行うという合議的な経営が考えられるのである。しかし、合議的な経営ではなく、第3の自律した経営主体によるジョイントベンチャー（共同出資会社、合弁会社）の経営が考えられるのである。このような第3の自律した経営主体による経営は、協調関係の機能性を徹底するという意味で登場するのである。そして、ジョイントベンチャーの場合、協調関係の当事者企業は、出資者の視点と経営機能の担い手としての経営者の視点を混同しないように留意しなければならないといえるであろう。また、持ち株比率が50％であっても、また仮に過半数を握っていたとしても、必ずしも良い判断がくだせると決めつけることはできないのである。[17]

　第3の自律した経営主体の組織をどのように編成するかは、さまざまな方法が考えられるのである。たとえば、当事者企業の一方が経営機能を担当する場合、また双方が経営担当者を派遣する場合、さらに新たに第3者が経営機能を担当する場合が考えられるのである。いずれにせよ、重要なことは、ジョイントベンチャーの経営機能が機能的に行われるように、企業間の協調関係そのものの独自の主体的な経営という立場に徹することである。企業間の協調関係における経営の自律性は、参加企業の自律性だけでなく、協調する事業や業務機能を遂行するジョイントベンチャーそのものの自律性を含めて理解されなければならないのである。協調関係の目的をより効果的で効率的に達成するためには、ジョイントベンチャーの経営を機能的で主体的に理解することが不可欠である。そして、企業間の協調関係における経営的な特質は、参加企業の対外関係活動としての協調関係の形成と運営にとどまらず、さらに進んでジョイント

ベンチャーそのものの経営的な自律性についての機能的な主張にも求められるのである.

注)

1) 上村祐一「第10章　企業結合の諸形態」増地昭男・佐々木弘編著『現代企業論』八千代出版　1994年　267-281ページ

2) Schäfer, E., *Die Unternehmung*, 6. Auflage, 1966, S. 78.　小高泰雄・小島三郎監訳『企業と企業経済学』慶応通信　1969年　75-76ページ

3) 山城章「第4章　集団経営の総合政策と個別政策」山城章編著『関連会社の経営』中央経済社　1977年1月　69-72ページ

4) Bea, F. X., Diversifikation durch Kooperation, in : *Die Betriebswirtschaft*, Heft 50, 1988, 12, 16, S. 2524.

5) ここでは，協調を Kooperation, cooperation の訳語として使用しているのである. ただし，Kollaboration, collaboration も協調と訳されるが，この用語は，競争相手（敵対関係にある相手）との協力関係という意味でも用いられることがある. ここでは，Kollaboration, collaboration も Kooperation, cooperation に含めて理解しているのである.

6) Bea, F. X., *a. a. O.*, S. 2525.

7) デイヴィト・J・ティース著，遠山亮子・米山茂美訳「技術戦略における競争と協調」『ビジネス　レビュー』Vol. 36，No. 4，15ページ

8) Thommen, Jean-Paul, *Managementorientierte Betriebswitschaftslehre*, Haupt, Bern und Stuttgart, 1988, S. 50.

9) 大隅健一郎『新版　株式会社法変遷論』有斐閣　1987年　181-183ページ

10) 競争と協調については，「協調は競争を促進するために通常必要であり，産業が細分化されている場合にはとくにそうだということである. もはや「独力で」首尾よくやっていける企業はほとんどない. かわって協調が企業間の協定と提携を求めている. これに関しては，日本の産業組織は複雑な企業間関係で明らかな優位性を有しているだろう. ヨーロッパと米国の企業は競争するためにいかに効果的に協調するかをいま学びはじめたばかりである.」（デイヴィト・J・ティース著，遠山亮子・米山茂美訳　前掲書　2ページ）との指摘がある. また，「競争と協調は，本来反定立（アンチテーゼ）であることだ. そして，こうしたテーゼとアンチテーゼが現実の企業行動の中で同時進行，並存する世界，これこそが現代ビジネス社会の特徴であるとの認識を深めるべきであろう.」（江夏健一「グローバリゼーションと国際的企業間協力（総括）」『世界経済評論』6月号1994，39ページ）との指摘もある.

11) Schneider, Dieter J. G., *Unternehmungsziele und Unternehmungskooperation*, Wiesbaden, 1973. S. 37-51. ここでの「経済的な自律性」とは，資本所有上の自律性ではなく，企業の意思決定における自律性の問題と理解されているのである.

12) Gahl, A., Die Konzeption der strategische Allianz im spannungsfeld zwischen Flexibilität und Funktionalität, in : *Schmalenbachs Zeitschrift für betriebswirtschaftliche Forschung*, Sonderheft 27, 1990. S. 42-46.

13) *Ebenda,* S. 48.

14) 高井透「提携ネットワークの発展パターン──半導体産業と化学産業における事例──」『世界経済評論』2 月号　1994 年　58-64 ページ

15) Devlin, G. and Bleackley, M., Strategic Alliance──Guidelines for Success, in : *Long Range Planning*, Vol. 21, No. 5, pp. 18-23.

16) 山城章　前掲書　69-72 ページ

17) Bleeke, J. and Earnst, D., The Way to Win in Cross-Border Alliances, in : *Harvard Bussiness Review*, Nov.-Dec., pp. 11-12, 1991.　本田桂子訳「クロスボーダー買収・提携，成功の知恵」ダイヤモンド・ハーバート・ビジネス　Feb.-Mar, 1992　95 ページ.　なお，「協調を長続きさせるためには，当事者間の利害対立を解決する仕組みを確立することも必要となる. そのためには，協調事業体（提携体）が独自の経営陣と日常業務に関する決定権をもつ強力な取締役会を持つことが望ましい」（ジョエル・ブレーキー，デビット・アーンスト／本田桂子訳　同上書　95 ページ）
　　さらに，Harrigan K. R.は，つぎの図表 8 − 6 のように，ジョイントベンチャーの自律性と所有者の統制や協調への要求の関係形態を提示している. しかしながら，共同出資事業体そのものの視点や利害からみると，経営活動はより機能的に遂行され，担当されなければならないのである.

図表 8 － 6　　所有者の協調と事業(体)の自立性への要求

自立性に対する事業(体)の要求

	高い	低い
高い 所有者の事業体諸活動への統制・協調の要求	非常に不安定	所有者は頻繁に干渉する 所有者との協調度が高い
低い	事業(体)は自立した戦略事業単位のように活動する 財務的な統制が主となる	事業体は，所有者の戦略的な衝撃に異議を挟もうとしないであろう

出所）Harrigan, K. R., *"Managing for Joint Venture Success"* Lexington Books, 1986, p. 73.（佐伯光彌監訳『ジョイントベンチャー成功の戦略』有斐閣　1987 年　68 ページ）

本研究に関する現状と課題

　企業結合という表現は，ドイツの株式法（Aktiengesetz, 1965）にならって用いられることが多いのである．ただし，経営学の文献では，法律的な規定よりも広く，また多様な現象を含むことがある．とくに，企業の事業活動における国際化や多様化にともなう競争環境の変化と生産諸資源（技術やノウハウを含む）の分散化が進展している時代には，企業が独力で事業の競争力を強化し，新規事業を創造することが次第に困難になってくるのである．したがって，企業間の関係も「競争」という側面だけでなく，「競争のために協調する」といった側面から検討する必要が生じているのである．もとより，企業間の結びつきは，決して新しいことではないのである．しかし，現段階の企業間の結びつきは，市場の独占といった一面的な理解では十分ではないといえるのである．このことは，まさに競争を促進し，新たな事業の創造と環境変化への即応性や弾力性といった新たな視点から企業間の結合が形成されている点からも明らかである．

　企業の結合は，これまで資本の結合ないし市場の独占といった点に焦点をあてて検討されることが多くみられたのである．そこでは，企業それ自体の主体的な視点よりも，企業間の「関係」ないし市場での相関的な地位といった視点に重きが置かれていたのである．しかし，経済社会における企業活動の重要性が増大するにつれて，企業それ自体の問題が注視されるようになってきたのである．同時に，企業の結合も企業の主体的な視点から，とくに経営活動の機能的な思考にもとづいて検討されるようになってきているのである．このように企業結合を企業それ自体の主体的な変革を踏まえて研究していることが現段階的な特質といえるであろう．この意味でも，企業の結合を「関係論」ではなく，「関係活動論」として展開することが今後とも必要である．ただし，企業間の協調でもみられるような「いかに協調関係を形成するかというプロセス」研究に偏ることなく，協調そのもの経営的な意義やあり方についても研究を進めることが不可欠であろう．

第 9 章　ベンチャー企業の行動原理

ベンチャーマネジメント

ベンチャービジネス

社内ベンチャー　　社外ベンチャー

企業家的経営者

1　ベンチャー企業の意義

　ベンチャー（venture）という言葉は，「リスクのある新規事業（new business）の意味[1]」で用いられるのが一般的である．そして，新規事業とは「既存事業の延長線上からは出てこない事業[2]」と規定されるのである．さらに，事業とは，製品を生産し，市場で販売する経済的な活動である．したがって，製品が開発され，生産されても，市場で販売されなければ事業とは理解されないことになるのである．そして，企業は，営利を目的とする事業体として規定されるのである．つまり，ベンチャー企業とは営利目的でリスクのある新規事業を展開している事業体ということなのである．

　さて，事業は製品を生み出すのに必要な技術やノウハウによって規定されるだけでなく，製品に対する需要，つまり製品を買う顧客の集まる市場によっても規定されるのである．たとえば，炊事用のガスレンジのメーカーは，競争相手が他のガスレンジ・メーカーであるとばかり考えていた．ところが顧客である主婦たちが買うのは，レンジではなくて，「調理に最も便利な方法」なのである．したがって，ガスレンジのメーカーは，自社の事業が「調理に最も便利な方法」を提供することであり，競争相手が調理に便利な方法を提供しているすべての業者であると考えなければならなかったのである[3]．したがって，ある企業が新しい技術やノウハウによって新製品を開発し，それにもとづいて新規事業を規定しても，他企業にとって既存の事業として展開されている場合が考えられるのである．そこでは，当該企業にとって自社の技術やノウハウが競争上の優位性をもつかどうかが問題となるのである．さらに，経済社会的な視点では，新たな市場を創造するものではないが，既存市場における競争を活性化することによる便益の改善が期待されるのである．

　ついで，新規事業が新たな市場を創出し，それを基盤とする新たな企業の創出に連なる場合がある．そこでは，新規事業の開始そのものが新規市場として

の利潤機会に連なるのである．いずれにせよ，新規事業の開発は，経済社会的には新たな製品・サービスの提供による便益の創出であり，既存市場における競争上の活性化による便益の改善が期待されるのである．そして，企業にとっては，新たな経済成果を達成する機会を新規事業が提供することになるのである．新規事業の創出は，経済社会的には活性化と新たな便益の創出に貢献することになるのである．

さて，ベンチャーにおけるリスク（risk），つまり危険は，新規事業の展開にともなう損害と理解されるのが一般的である．しかし，リスクの存在は，未来を正確に予測できないという事実にもとづくものであり，市場経済体制を前提とする企業には不可避である．したがって，ベンチャーにおけるリスクは，未知の分野，つまり新規事業の展開が既存の事業分野に対して相対的に高いということである．ただし，ベンチャーのリスクが既存の事業展開に対して高い理由は，一義的ではないのである．たとえば，製品開発の成功率，不十分な市場規模，資金調達を含む経営資源の乏しさなどのさまざまな理由が考えられるのである．

既存の企業においては，既存の事業が当該市場で経済的な成果を獲得できなくなるに従って，新規事業への展開が検討されることになるのである．この場合，既存の事業に対する市場での評価が新規事業を展開するためのシグナルとして理解されることになるのである．市場での新たな需要に合わせて新規事業が展開される場合は，新たな需要を充足する製品の開発と生産の能力が重要となるのである．これに対して，新たな製品の開発による新規事業の展開は，新たな製品が市場で新たな需要を獲得しうるかが重要となるのである．しかし，ベンチャーは，既存企業における新規事業の展開という枠組みに止まらず，旺盛な独立意欲と独自の新しい技術やノウハウにもとづいて新分野での新規事業を展開し，企業を新たに設立しようとする人びとの企業家精神の発揮によっても展開されるところに特徴があるのである．

市場はベンチャーを発生させざるを得ない状況をつくり出すとともに，ベン

チャーは新たな市場をつくり出すということができるであろう．この意味で，ベンチャーは，市場のもつ動態性を具現化したものであり，経済社会の活性化を支える活動として意義をもつということができるであろう．また，新市場の創造は，消費者の新たな選択の自由と幅を広げることになり，国民経済的な生産性を高めることになるのである．

2　ベンチャー企業の諸形態

ベンチャーは，既存企業における新規事業の展開という枠組みに止まらず，旺盛な独立意欲にもとづいて新分野での事業を展開し，企業を新たに設立しようとする人びとの企業家精神（entrepreneurship）の発揮によっても展開されるのである．ここでは，さまざまな事業主体によって展開されるベンチャー活動について，その形態的な視点から整理することによって，その多様性と性格が明らかにされるであろう．

まず，既存企業のベンチャー活動は，社内ベンチャー（internal corporate venturing）と社外ベンチャー（external corporate venturing）という2つの形態に区分して，とりあげられるのが一般的である[4]．そして，既存の企業における社内ベンチャーと社外ベンチャーの違いについては，事業活動に必要な諸資源を社内でまかなうのか，それとも社外の諸資源によって展開するのかによって，理解されるのである．さらに，社内と社外の区分を法律上の独立性，つまり固有の法人格にもとめるのである．したがって，法律上の概念である会社内部で行われるベンチャー活動を社内ベンチャーと理解することになるのである．

しかし，ベンチャー活動は，法律上の独立性だけでなく，経済的な自律性，および経営的な自律性によってもさまざまな特質づけがなされるのである．ここに経済的な自律性とは，事業展開の経済的基礎をなす資本，とりわけ自己資本の出資にかかわる視点であり，事業展開に対する資本所有による支配権の保

持と発揮の有無ということである．これに対して，経営的な自律性とは，事業運営，とりわけ経営的な意思決定の主体性ないし自律性として理解されるのである．そして，法律的に固有の法人格を有し，経済的にも経営的にも既存企業とは関係なくベンチャーを展開する独立ベンチャーが理解されることになるのである．さらに，既存企業と経済的に統合され，経営的にも統合されたベンチャー活動，つまり社内ベンチャーが理解されるのである．これに対して，既存企業と経済的には統合されているが，法律上の固有の法人格を有し，経営的には部分的に自律したベンチャー活動を展開する社外ベンチャーが位置づけられることになるのである．したがって，社外ベンチャーは，社内ベンチャーと独立ベンチャーの間に位置していることになるのである．

さて，既存の企業が展開する社内ベンチャーには，プロダクト・チャンピオン（product champion），ベンチャー・チーム（venture teams）があり，社外ベンチャーには，ベンチャーキャピタル（corporate venture capital），ベンチャー育成（venture nurturing），ベンチャー型分社化（venture spin-off），ジョイントベンチャー（joint venturs）などによって展開されるのである．このような既存の企業によるベンチャーの展開は，ベンチャーマネジメント（venture management）ともよばれるのである[5]．

また，ベンチャー，つまりリスクのある新規事業は，新規に設立された独立型企業，とくに革新的な中小企業で展開される場合がある．このようなベンチャーを展開している中小企業を和製英語としてベンチャービジネスと呼ぶのが一般的である．「ベンチャービジネスとは，高度に知識集約的な革新的中小企業である．経営者は企業家であり，リスクを引き受け創造的な事業を展開している」[6]とされるのである．さらに，より広義には，「独自の経営ノウハウに基づいて既存の企業では満たし得ない新しい需要を開発し，新しい需要機会を創造した新企業を含めてよい．それは，独立の小企業としてスタートするが，新規開業企業と異なるのは，独自の製品，サービスを開発し，固有の市場範囲を確保しているイノベーターであることであり，したがって，高収益企業となり，

そのなかから急成長する企業が出現していることである.」[7]

　ここでは，ベンチャーを展開する主体の自律性にもとづいて諸形態を図表9－1のように整理し，基本的な枠組みを提示するのである．つまり，ベンチャーを展開する主体は，まず既存企業を主体として展開するベンチャーマネジメントと新たに登場した企業家によって展開されるベンチャービジネスに大別されるのである．そして，経済的，とりわけ資本所有という視点では，ベンチャーマネジメントは既存企業と同一の資本体を形成し，その基盤の上に展開するベンチャー活動である．これに対して，ベンチャービジネスは既存企業と異なり，新たに登場した企業家の出資によって形成された独立した資本体を基盤に展開するベンチャー活動である．さらに，ベンチャーマネジメントは，法律上の独立性，つまり独自の法人格を有する別会社において展開されるベンチャー

図表9－1　ベンチャーの諸形態

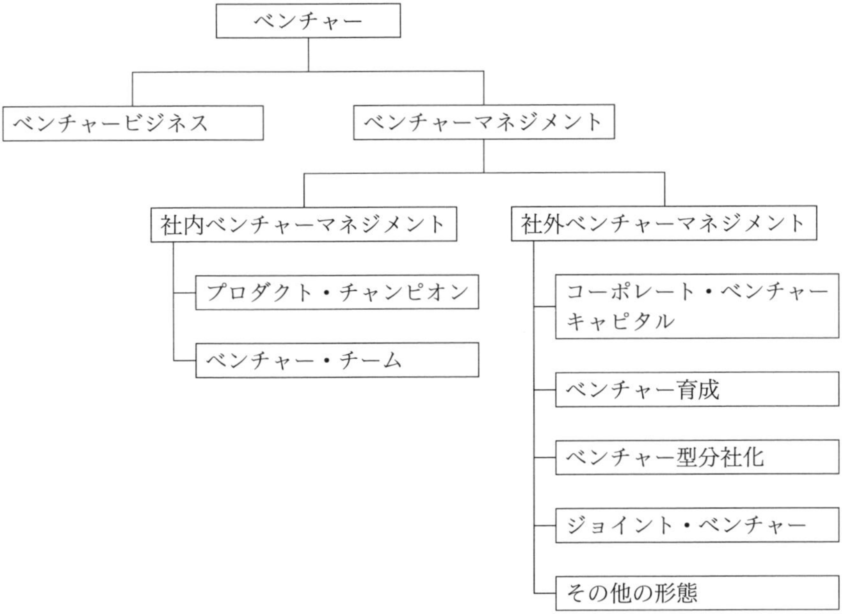

出所) Nathusius, K., *Venture Management : Ein Instrument zur innovativen Unternehmung-sentwicklung,* Berlin, 1979. S. 158 を加筆修正した.

活動である社外ベンチャーと同一会社内で展開されるベンチャー活動である社内ベンチャーに区分されるのである．また，経営的な自律性の視点からは，ベンチャーマネジメントでは既存企業と同一の経済組織体であるという視点と機能的な意思決定の自律性という視点との多様な関係によって特徴づけられるのである．つまり，社内ベンチャーに比較して，社外ベンチャーの活動主体が別会社であり，制度的に独立した経営機関を設置している点でより自律的な意思決定が可能であると考えられるのである．そして，ベンチャービジネスはまさに資本（出資）と経営が一体化しているため機動的で統一的な経営が可能であるが，企業として成長するにしたがって，経営の機能的な自律性が強く求められることになると考えられるのである．

　ただし，ベンチャービジネスは，独立ベンチャーを基本としながらも，企業の買収や合併，ベンチャーキャピタル，ジョイントベンチャーといった活動を考慮すれば，社外ベンチャーへ移行することも考えられるのである．したがって，社外ベンチャーと独立ベンチャーとの境界は，漸進的なものとみることができるであろう．

3　ベンチャー企業と新規事業開発

3－1．既存企業と新規事業開発

　既存の企業は，すでに核となる事業を展開しながらも，新たな利潤獲得の機会を求めて新規事業の開発を模索するのである．つまり，多角化とよばれる企業活動がこれである．既存企業が新規事業を開発する場合，既存の企業組織内部で開発し，事業活動を行う形態（社内ベンチャー）と既存の企業組織外部で新規事業が展開される形態（社外ベンチャー）が区別されたのである．そして，既存企業による新規事業の開発と運営は，ベンチャーマネジメントと規定されたのである．

　まず，社内ベンチャーでは，自社の経営資源によって新たな事業を展開する

のである．そこでは，自社の既存の技術やノウハウに関連して新規事業を展開する場合と既存の新技術やノウハウと無関連な研究開発によって新規事業を展開する場合が考えられるのである．既存の技術やノウハウと無関連な研究開発は既存事業の延長線上からは出てこない事業形成の可能性を含むものであり，高いリスクを負担することになるのである．そして，社内ベンチャーの定義には，一般につぎの3つの要素が含まれることが多いとされるのである[8]．

(1)　既存事業とは異なる，新規性の高い事業創造がめざされる．

(2)　大企業組織内部に，独立性の高い事業創造単位が設定される．この単位は「企業内企業」とか「ミニ・カンパニー」とよばれる．

(3)　事業創造にかかわる研究開発，生産，マーケティング，さらに場合によっては財務，人事等にまで及ぶ広範な権限とそれを遂行するための資源がリーダーに与えられる．この場合のリーダーは社内企業家（intrapreneur）と呼ばれることがある．

　社内ベンチャーには，その主体の違いからプロダクト・チャンピオンとベンチャー・チームなどの制度がある．この両者の特徴が，図表9－2のとおりである．

図表9－2　社内ベンチャーマネジメント形態の長所と短所

	ベンチャー・チーム方式	ベンチャー・チャンピオン方式
長所	バランスのとれた行動． 分業の利点． 必要な資源の明確性．	高いアイデンティティーの確認と動機づけ． "人を引きつける"効果． 分業によるアイデアの普及． 少ない費用．
短所	高い費用． 官僚的な構造の転用． 不満足な成果に対する少ない弾力性．	行動の偶然性． コンフリクトの可能性が高い． 離脱の危険． 広範な資源準備．

出所）Nathusius, K., *Venture Management : Ein Instrument zur innovativen Unternehmungsentuicklung,* Berlin, 1979. S. 158.

　プロダクト・チャンピオンとは，社内企業家とも呼ばれ，新規事業のアイデアを保有している人物である．そして，この社内企業家は，自己の責任において内部のさまざまな部門や社長に資金や人材の提供を申し出ることが許されるのである．つまり，社内企業家は，内部に形成されるベンチャー市場を活用することになるのである．ベンチャー・チームとは，このような社内企業家が個人としてではなく，マーケティング，技術，製造，財務などの機能を担当する仲間とチームを形成して，事業を起こすことを意味しているのである．そして，この新規事業が評価される場合には，正式なプロジェクトないし事業部門を形成し，社内企業家はそのリーダーとなるのである[9]．

　ついで，既存企業によるベンチャー戦略には，既存の企業組織内部で自社の技術やノウハウによって新規事業を展開するだけでなく，既存の企業組織外部で新規事業を展開するスピン・オフ，さらに企業買収，ジョイントベンチャーなどによる外部経営資源を活用した新規事業の展開，つまり社外ベンチャーが考えられるのである．企業買収，ジョイントベンチャーなどによる外部経営資源を活用した新規事業の展開は，対象となるベンチャー企業の存在が決定的である．同時に，異なる企業を経営することにともなう困難も克服しなければならないのである．

　まず，スピン・オフは，スピン・アウトとも呼ばれ，既存の企業組織から分離・独立して新たな企業を設立することをいうのである[10]．スピン・オフには，通常2つの意味があるとされるのである．1つは，大企業や大学の研究機関にいた技術者がその職場にあきたらず飛び出して，自らの技術能力を生かして新規事業を始める場合である．もとより，技術だけに限定されず，その対象者は組織構成員の全てを含むのである．とくに，サービス業をも含めたスピン・オフの研究もみられるのである．いま1つは，大企業が多角化を志向して，企業内の頭脳集団や開発部門を独立させて経営効率を高めるやり方であり，分社化ともよばれるのである．その意図は，大企業に蓄積されている多様な経営資源を小規模組織のもつ個性と柔軟性とを結合することによって，新しいベンチャ

図表9－3　ジーメンス㈱における企業ベンチャーの期間計画

	プロジェクトの審査		プロジェクトの実現		プロジェクトの管理
企業内部のプロジェクト要求に基づく提案	前段階	事業計画	開発一，検査一および事業組織	スピン・オフ	独立
必要期間	1／2年		3年		
組織枠組み	プロジェクト・グループ		社内ベンチャー		資本会社
手段一準備	前給付見積額		事業予算		設立会社の自己資本分，外部手段
課題	＊技術的解明（機能設計） ＊市場調査 ＊チーム編成 ＊外部との接触（会合，潜在的な顧客・供給者） ＊事業概念		＊共同者の採点 ＊固有の領域 ＊開発研究 ＊試験的な消費者との共同研究 ＊見本市での展示 ＊見本作成，最初の販売		＊企業設立

出所) Müller, G., New Venture Management : Ein Weg zu einer innovativen Organisations-kultur ?, in Dülfer E. (Hrsg.), *Organisationskultlur*, C. E. Poeschel Verlag Stuttgart, 1988, S. 177.

ーをつくりあげることにある．このような大企業におけるスピン・オフは，図表9－3のようなプロセスが考えられるのである[11)]．前者は，独立ベンチャーへと連なり，潜在的な独立ベンチャー層を形成しているのである．さらに，前者の増大は，既存の企業や研究機関にとって発展可能性の縮小ないし機会の喪失につながるため，後者のスピン・オフ（分社化）や社内ベンチャーの重要性を高めることになるのである．

　ベンチャーという視点からは，独立ベンチャーとのジョイントベンチャーがある．この方式の核心は，一方で，独立ベンチャーが大企業では乏しい熱烈な企業家精神，活力，柔軟性，高度の技術水準を，他方では，大企業は，大資本とおそらくそれ以上に重要な全世界にわたるマーケティング・チャネルを，それぞれ用意することである．このようなジョイントベンチャーは，ベンチャー

形態の異なる長所を結合するという意味で理想的な形態であるが，同時にジョイントベンチャーの運営面での困難さも生み出すことになるのである．この[12]意味で既存の企業にとっては，ベンチャーそのものの展開よりも資本参加によるベンチャーの展開が考えられるのである．この資本参加は，既存の企業がいわゆるベンチャーキャピタルとして活動することである．したがって，ベンチャーキャピタルの増加は，独立ベンチャーにとって資本市場の改善に連なる意味で意義深いものである．ただし，資本参加による独立ベンチャーの買収や合併の可能性も含んでいるのである．独立ベンチャーの買収や合併は，独立ベンチャーの長所を損うことも考えられるが，独立ベンチャーそれ自体を商品として取り引きするという新たな企業買収の市場を形成することも考えられるのである．

さらに，既存企業のベンチャー活動への関与する度合いやリスク負担度は，図表9－4のように一様ではないのである．いうまでもなく，社内ベンチャー

図表9－4　ベンチャー戦略の諸形態

1	2	3	4	5	6
ベンチャーキャピタル	ベンチャー育成	ベンチャー型分社	新型ジョイントベンチャー	ベンチャー型企業合併と買収	社内ベンチャー

低い企業　　　　　　　　　　　　　　　　　　　　　　　　　　　　　高い企業
統合度と危険　--→　　統合度と危険

├------------------------------ 外　　部 ------------------------------┤ 内　　部

　要点
　1．中小企業の株式資本への大企業による（資本）投資
　2．上記とともに中小企業への経営支援を組み入れた内容
　3．大企業が新規事業を別会社として分離し，財務的な支援を行う
　4．大企業と中小企業が新規ベンチャーを共同で始める
　5．これまで述べたベンチャー戦略を結合
　6．社内企業家的な事業単位の開発

※　この図は，Roberts. E. B, "New venture for corporate growth", *Harvard Business Review* 58. 4. 1980. p. 136. を改作したものである．

出所）Mcnally, K., *Corporate Venture Capital : Bridging the equity gap in the small business sector,* London and New York, 1997, p. 34.

において既存企業の関与する度合いやリスク負担が最も高く，資本参加に限定されるベンチャーキャピタルにおいて最も低くなるとされるのである．このような既存企業のベンチャー活動への関与する度合いやリスク負担度は，ベンチャーに限らず既存事業の成長過程でも考えられるのである．しかし，社内ベンチャーや社外ベンチャーの分社化は，新規事業のアイデアを保有している社内企業家を内部に留めておくために制度化されたものでもある．したがって，社内ベンチャーや分社化による新規事業の展開は，常に独立型のベンチャーとの拮抗関係において評価されるものであるといえるのである．ここに，社内ベンチャーや分社化による新規事業の特質があるのである．

3－2．新規事業開発と企業創出

　新規事業の開発と運営は，既存企業とは別に，独創性と新境地開拓という企業家精神の旺盛な個人が新たな企業を設立することによってもなされることが

図表9－5　社内ベンチャーと独立ベンチャー

区　分	社　内ベンチャー	独　立ベンチャー	両者の相違を乗り越えて
起業主体	社内起業家	独立起業家	インセンティブの明確化
独立意識	社内独立意識	完全独立意識	自主独立と自己責任との併存
人材活用	社内人材活用	外部人材活用	最適人材の流動化とその保証
資金調達	社内資金活用	自己・外部資金活用	株式の短期公開と目標とする計画
信用状況	会社信用活用	信用ゼロのスタート	良質・低価格・高サービスが前提
内外の壁	社内組織の壁	社会や既得権益の壁	経営資源の短期集中化
インフラ	社内インフラ	社会インフラ	相互活用・アライアンスの積極化

出所）松田修一「アントレプレナー支援システム構築への5つの提言」『ダイヤモンドハーバード・ビジネス，7. June-July』ダイヤモンド社　1996年　11ページ

ある．そして，ベンチャービジネスと呼ばれる企業は，新たな設立された企業のうち，独自の製品，サービスを開発し，固有の市場範囲を確保しているイノベーターとしての特質をもつ企業に限定されて理解されていたのである．個人が独力で始めたベンチャービジネスは，大企業からの支援なしに展開されるものである．ただし，大企業がベンチャーキャピタルとして独立ベンチャーへの資本を提供することがある．また，創業者は，既存の企業に属さない自律性を特質とするのであるが，既存の企業から飛び出して新規事業を展開するために企業を創出することが少なからずみられるのである．[13] 少なくとも，独立ベンチャーの創出を既存の企業活動と全く切り離して考えることは，適切ではないと考えるのである．さらに，ベンチャーを起業として，新規事業を展開する企業の創出だけに限定として，創出した企業が規模的にも組織的にも成長するにともなって，経営問題が複雑化する段階で売却するという方法も考えられるのである．この場合，新設企業そのものが商品として取り引きされるということになる．それ以外の場合，常に経営的な問題をともなうものであり，経営能力の充実が不可欠となるのである．このような独立ベンチャーの特質は，社内ベンチャーに対して図表9－5のように示されているのである．

　独立ベンチャーは，既存の企業におけるベンチャーと同様に，新規事業を開始するためのアイデアをみつけ，そして評価しなければならないのである．そこでは，さまざまな人達との会話，既存の製品や事業環境に対する監視が含まれることになるのである．もとより，試行錯誤は重要な役割を演じるのであるが，アイデアは事業機会の分析と事業計画によって注意深く支えられなければならないのである．独立ベンチャーにおいても事業環境の分析，事業機会の分析，そして事業計画といったベンチャーを形成する過程を必要とするのである．このプロセスは，新規事業の形成過程として共通したものである．

　また，独立ベンチャー，つまりベンチャービジネスは，新しい組織が創業者である企業家によって形づくられることになるのである．まさに，ベンチャービジネスは，「一群の適切な人々の努力を糾合すれば，市場に向けて新しい製

品やサービスを創出できるというビジョンをもった企業家によって創造される[14]」のである．そして，ベンチャービジネスの組織化は，企業家が特異な組織文化を形成するというつぎのような段階を経て展開されるのである[15]．

①１人の人間（創業者）が新規事業のアイデアを抱く．

②創業者は，１人またはそれ以上の人びとを集め，創業者と共通のビジョンをもつ中心的集団を創る．つまり，この人々は，全員，そのアイデアが良いアイデアであり現実性があり，そのために多少のリスクをおかすだけの値打ちがあり，必要な時間と資金と精力を投資する価値がある，と信じている．

③創業集団は，資金を集め，特許を入手し，会社を設立し，用地を定めるなどにより組織を創設するため，協調行動をとり始める．

④さらに他の人びとがこの組織に呼び込まれ，共通の歴史が構築され始める．

図表９－６　イノベーションのダイナミックス

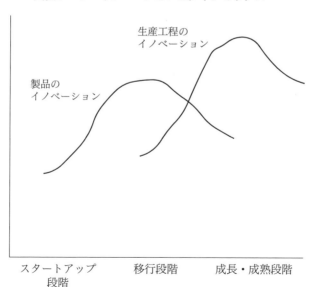

出所) Uteerback, J. M., *Mastering the Dynamics of Innovation*, Boston, Massachusetts, p. 90.

　独立ベンチャーでは，創業者である企業家によって新たな組織化と組織文化の形成が行われるのである．しかし，既存企業におけるベンチャー活動は，既存の組織や組織文化のなかで展開されるため，組織的な調整や組織文化の変革が求められることが考えられるのである．この意味では，独立ベンチャーは，既存企業におけるベンチャー活動に対して組織化や組織文化の形成という点で，自由で特異なものといえるであろう．

　さて，ベンチャーの発展段階的な課題としては，図表9－6のように，創業期はプロダクト・イノベーションであるが，安定成長期には，プロセス・イノベーションが求められるのである．こうした製品の革新と生産工程の革新は，不安定な創業期，製品が特定化する成熟期，および両者の中間に位置する過渡期をとおしてつぎのように特徴づけられるのである．まず，製品については，多様な製品から標準化された製品に向けた設計や集中的な革新が行われるのである．生産工程では，熟練した作業者と汎用的な機械設備への過度の信頼から熟練度の低い作業者でも生産できる特定化した機械設備へと変化するのである．また，組織については，企業家的で有機的な企業から明確に定義された課業と手続き，根本的な革新に対する低い評価といった階層的で機械的な企業へと変化するのである．さらに，市場では，さまざまな製品による不十分で不安定な市場から大きな違いのない製品による日用品のような市場へと急速に再生されるのである．したがって，企業間競争も特異な製品をもつ多数の中小企業による競争から類似した製品をもつ企業の寡占的な競争となるのである．[16]

　このような製品の革新と生産工程の革新の関係は，市場経済，企業間競争を前提とし，営利的な生産組織としてのベンチャービジネスを考えるならば不可避であるといえるであろう．したがって，製品の革新のみでベンチャービジネスを特徴づけることは適切ではないといえるであろう．むしろ製品の革新と生産工程の革新の関係を踏まえ，新たな製品の革新と生産工程の革新の関係を生み出しうるかが重要といえるであろう．

4　企業家精神と経営者

　ベンチャーマネジメントやベンチャービジネスとよばれる企業活動に共通している特質として，独創性と新境地開拓という企業家精神をとりあげることができる．同時に，企業家精神と経営者の問題がその重要な課題として登場してきているのである．新規事業開発によって新たに創出された企業では，企業家精神とともに製品と生産工程の革新の関係にみられるように，企業活動を全体として有機的で機動的に運営する経営機能の担い手である経営者の存在が不可欠なものとなるのである．他方，既存企業が新規事業を開発する場合，企業家精神が不可欠とされるのである．ここに，新経営者としての企業家的な経営者，経営者的な企業家という構想が登場することになるのである．「既存の企業は，単独の企業家とは異なった問題，限界，制約に直面する．学ぶべきことも異なる．単純化していうならば，既存の企業は，経営を行うことは知っているが，企業家としてイノベーションを行うことは，これから学ばなければならない．これに対し，ベンチャービジネスも，企業家としてイノベーションを行うことを学ばなければならないが，むしろそれよりも，経営を行うことを学ばなければならない[17]」のである．

　また，市場は企業に対してベンチャーを発生させざるを得ない状況をつくり出すのであるが，その行動は企業の主体的な活動によってなされるのである．つまり，企業の主体性を体現化している経営者の認知と意思決定によって行われるのである．さらに，当該市場のすべての企業がベンチャーを発生させざるを得ない状況を認知するわけではないのである．また，同一の新規事業を展開するわけではないのである．要するに，このようなベンチャー行動の違いは，まさに経営者の企業者機能にかかわるものである．もとより，企業家精神を体現化した企業者は，現実には大企業の経営者として，また中小企業の経営者や個人商人などのさまざまな形で存在するのである．したがって，問題は，企業

の経営者が市場や企業内部の未利用資源などに起因するベンチャーを発生させ
ざるを得ない状況に対し，企業者として認知し，行動することが求められるこ
とである．さらに，新規事業が創出した新市場で成長するためには，企業活動
の全体として機動的に運営する機能担当である経営者としての行動が求められ
ることになるのである．したがって，経営者と企業者との関係は，一方が他方
にとってかわる関係として理解するものではないと考えるのである．そして，
新経営者としての企業家的経営者という構想の意義は，このような経営者と企
業者の機能的で動態的な関係を明らかにするものとして理解されなければなら
ないであろう．

　企業家精神と経営者の関係については，機能的な理解が重要である．企業家
という特定の人物を想定しているのではなく，多くの場合は機能ないしは精神
的な側面において企業家をとりあげるのが一般的である．E. T. ペンローズに
よれば，「企業者ということばは，企業者的用役を提供する個人またはグルー
プに関した機能的な意味に用いられる．企業者的用役とは，会社の利益のため
に新しい理念を受け入れること，とくに製品，会社の位置，技術上の重要な変
化などに関連して会社の運営に貢献することであり，新しい経営者を獲得する
こと，会社の管理組織を基本的に改革すること，拡張計画を作り，それに拡張
方法の選択まで含ましめること，などに対する貢献である．企業者的用役は経
営者的用役と対比される．経営者的用役はとりもなおさず企業者的着想と提案
の執行および現在の運営の監督である．同一の個人が会社に両方の用役を提供
することもありうるし，おそらくはそういう場合の方が多いであろう．会社の
経営陣は経営者的用役を提供している個人と同じく企業者的用役を提供してい
る個人をも含んでいるのである．しかし，経営の能力は，経営的職能が遂行さ
れる方法を意味するにたいして，経営の企業心は企業者的職能を意味している
のである」[18]．企業者の機能は，未知の機会に対して機敏に反応し，新たな利潤
獲得の機会をとらえる意思決定として理解されるのである．しかし，企業者的
な意思決定は，合理的な執行と実現によって成果を生み出すのである．とくに，

潜在的な能力のある独立ベンチャーでは，小規模で，従業員の少ない段階から急速に成長段階へ向かう場合には企業活動の全体としての運営が課題となるのである．つまり，「新事業が軌道に乗るということは，次々と成長の隘路を克服する努力が続く，当初は企業家的なアイデアの創造，決断，統率が新事業の立上がりの場合と同じく必要とされるが，次第に狭義の"経営者"的役割が増える傾向が出てくる．企業家が"経営者"に変わる時点がやってきたのである[19]．」

　また，企業者の機能と経営者の機能は，既存企業によるベンチャー活動，つまりベンチャーマネジメントにおいても基本的な課題である．企業者の機能と経営者の機能を基盤として図表9―7のようなベンチャーマネジメントが提示されているのである．つまり，既存の大企業では，革新の可能性として資本，国際的な販売経路，生産体制，幅広い研究開発，経営ノウハウ，イメージや人脈などをもっているが，官僚的な組織が革新の妨げとなっているのである．これに対して，ベンチャー活動単位では，革新の可能性として企業家精神，動機づけ，革新的な風土，技術的なノウハウ，製品革新，弾力性などをもっているが資源の不足が革新の障害となっているのである．そして，ベンチャーマネジメントは，既存の大企業とベンチャー活動単位における革新の可能性を統合するものとして規定されるのである．さらに，図表9―8のように，ベンチャーマネジメントのさまざまな組織的な展開局面を介して，企業者機能は企業活動に組み込まれ，継承されながら，構成メンバーの創造性と企業家精神を基本とした専門家チーム，集団が経営機能を含めた知識や原則に立脚して，個人的な企業者構想とは異なる方法で革新的活動を行ってきているとみることができるのである[20]．

　さて，独立型のベンチャーは，既存企業のベンチャーと無関連ではなく，むしろ極めて拮抗した関係にあるのである．しかも，独立型のベンチャーと既存企業のベンチャーは，ともに企業者機能と経営者機能という対比的な思考から企業者的な経営者という新たな役割へ向けた取り組みが不可欠となっているの

208

図表9－7　大企業とベンチャー単位の可能性の統合

	大　企　業	ベンチャー単位	
イノベーションの可能性	• 資本，流動的手段 • 国際的な販売網 • 生産体制 • 既存の研究開発 • 経営ノウハウ • イメージ，人脈	生産的資源 の不足	イノベーションの壁
イノベーションの壁	イノベーションの拒絶 官僚的組織	• "企業家精神" • 動機づけ • 革新的な風土 • 技術的ノウハウ • 弾力性	イノベーションの可能性

出所) Servatius, Hans-Gerd, *Vom Strategischen Management zur Evolutionaren Führung*, C. E. Poeschel Verlage Stuttgart, 1991. S. 150.

図表9－8　全体的な成長戦略におけるベンチャーマネジメントの諸局面

※ベンチャーマネジメントは全体的な成長戦略の種々な局面を含んでいる．

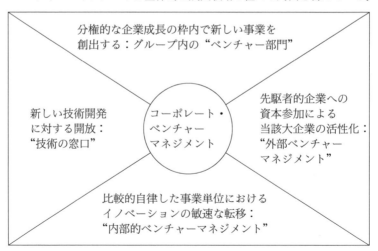

出所) Servatius, Hans-Gerad *a. a. O.*, S. 150.

である．企業家精神は企業者機能として理解され，ベンチャーという表現で顕在化し，しかもその形態は多様化しつつあるのである．同時に，経営という機

能は，組織の内部管理的な性格から，次第に企業の対外的な対応を含む企業活動全体を包括する性格へと展開しているのである．つまり，経営者は，ますます不安定になる社外要因，新しい競争形態や新しい社会変化に対抗して，多くの場合には革新を試みながら，競争上の優位性を獲得するように努めなければならないのである．そして，独立ベンチャーのみならず既存企業であっても，ベンチャー企業では，企業者的な経営者という構想が不可欠である．このような企業者的な経営者の機能は，新境地開拓にともなう危険を一手に背負うものとして企業者を規定するという理解に止まらず，科学的な態度と合理的な経営基盤をもって未知の機会に対して機敏に反応し，新たな利潤獲得の機会をとらえる意思決定として理解されることになるのである．さらに，企業者的な経営者の機能が，独立ベンチャーにおける企業者が"経営者"に変わるように同一個人ないし経営陣で行われるか，既存企業のベンチャー活動における組織的な展開局面を介した構成メンバーの創造性と企業家精神を基本とした専門家チーム，集団で行われるかは，一義的ではないのである．いずれにせよ，ベンチャー企業の経営的な意義は，企業者機能と経営者機能を分離し，対立的に思考するのではなく，企業者的な経営という機能的な特質を不可欠としているところに求められるであろう．

注）

1）中村秀一朗『挑戦する中小企業』岩波新書　1985 年　158 ページ

2）榊原清則，大滝精一，沼上幹『事業創造のダイナミックス』白桃書房　1992 年　7 ページ

3）Drucker, P. F., *The Practice of Management,* New York, 1954, pp. 53-54. （現代経営研究会訳『現代の経営（上）』ダイヤモンド社　1973 年　73 ページ）

4）Nathusius, K., *Venture Management : Ein Instrument zur innovativen Unternehmungsentwicklung*, Berlin, 1979. S. 158. Mcnally, K., *Corporate Venture Capital : Bridging the equity gap in the small business sector,* London and New York, 1997, p. 34. なお，社内ベンチャーは相対的に自律した事業単位における革新を速やかに変換することをめざして展開され，社外ベンチャーは先駆者的な企業への資本参加などにより成熟した大企業の活性化をめざして展開さ

210

れるものでもある（Servatius, Hans-Gerd, *Vom Strategischen Management zur Evolutionaren Führung*, C. E. Poeschel Verlage Stuttgart, 1991, S. 149-152.）

5) Nathusius, K., *a. a. O.,* S. 156-158.

6) 清成忠男「ベンチャービジネスの可能性」日本労働協会『日本労働協会雑誌』No. 312　1985 年　30 ページ

7) 中村秀一郎『21 世紀型中小企業』岩波新書　1994 年　116-117 ページ

8) 榊原清則，大滝精一，沼上幹　前掲書　7-8 ページ

9) 榊原清則，大滝精一，沼上幹　前掲書　23-70 ページ．Kraus Nathusius, *a. a. O.,* S. 168-1 89.

10) Nathusius, K., *a. a. O.,* S. 236-259.

11) Muller, G., "New Venture Management: Ein Weg zu einer innovativen Organisat ionskultur?", in Durfer E. (Hrsg.), *Organisationskultur*, C. E. Poeschel Ver lag Stuttgart, 1988, S. 175-177.

12) 中村秀一郎『挑戦する中小企業』岩波新書　1985 年　162-163 ページ

13) わが国の創業形態をみると図のように，スピン・オフ型（既存企業を退職して創業する），のれん分け型（既存企業との関係は保ちつつ独立して創業する），分社型（既存企業の指揮系統の下で，または関連会社として創業）が大部分を占めており，のれん型や分社型が増加の傾向にあると指摘されているのである（中小企業庁編『中小企業白書，平成 9 年度版』大蔵省印刷局　1997 年　320 ページ）．

14) Schein, E. H., *Organizational Culture and Leadership*, California, U. S. A. （清水紀彦，浜田幸雄訳『組織文化とリーダーシップ』ダイヤモンド社，1989 年 5 月，268 ページ）

15) *Ibid.,* p. 212.（同上書　268 ページ）

16) Utterback, J. M., *Mastering the Dynamics of Innovation: How Companies Can Seize Opportunities in the Face of Technological Change*, Boston, Massachusetts, pp. 90-91.

17) Drucker, P. F., *Innovation and Entrepreneurship*, Harper & Row, 1985, p. 131.（小林宏治監訳，上田惇生，佐々木実智男訳『イノベーションと企業家精神』ダイヤモンド社　1985 年　245-246 ページ）

18) Penrose, E. T., *The Theory of the Growth of the Firm*, Oxford, England, 1980, p. 31.（末松玄六訳『会社成長の理論（第 2 版）』ダイヤモンド社　1981 年 43 ページ）

19) 小川英次「新事業形成のプロセスと企業化職能」組織学会編『組織科学』Vol. 22, No. 4, 1989 年，22 ページ．そこでは，「企業家は狭い意味の"経営者"と区別される．前者は事業を企画し，これを軌道に乗せることを主たる職能とするのにたいし，ここでの"経営者"は成長軌道に乗った事業を拡充する職能

をもつ．事業が成熟するにつれて“経営者”の仕事として管理的な部分がより重要となる（小川英次，同上書，17-18 ページ）．」と理解されているのである．

20）対木隆英「ベンチャー・ビジネスと企業家精神」組織学会編『組織科学』Vol. 17, No. 4, 1984 年　42-50 ページ

本研究に関する現状と動向

　ベンチャー企業論は，ベンチャーマネジメントとベンチャービジネスに区分されるのが一般的である．両者は拮抗した関係において議論されることが多いのである．さらに，わが国では，ベンチャービジネスの育成が経済社会の活性化策として重視され，産官学による各種の助成・振興施策が実施されているのである．しかし，ベンチャー企業は，既存企業であれ，新規企業であれ，厳しい企業間競争に直面することになるのである．この意味では，市場経済を前提としたベンチャー企業論の展開が期待されるのである．

　さて，ベンチャーマネジメントとベンチャービジネス（独立ベンチャー）は，拮抗関係だけでなく，協調関係を形成しながら展開する場合がある．代表的形態としてコーポレート・ベンチャーキャピタルがある．コーポレート・ベンチャーキャピタルは，既存企業によるさまざまなベンチャー活動の選択肢の１つであり，大企業の活性化へ向けた戦略的な性格を備えているのである．他方，独立ベンチャーにとっても，コーポレート・ベンチャーキャピタルは，事業上の危険をともにする出資者の一部を構成するとともに，経営支援をも期待しうるのである．

　コーポレート・ベンチャーキャピタルは，主に少数資本参加による独立ベンチャーとの協調関係として理解されるのが一般的である．そして，今後のコーポレート・ベンチャーキャピタルに関する研究は，企業間関係が固定的でなく，変化しうるものであるとすれば，独立ベンチャーの成長問題を含む多角的な視点を提供してくれると考えられるのである．

第 10 章　ベンチャー企業の財務原理

ベンチャー企業　　企業者精神

エクイティ資本

ベンチャー・キャピタル

資本コスト

1　ベンチャー企業の生成

　最近の企業論における領域において，ベンチャー企業の用語が頻繁に使用されるようになった．ベンチャー企業，とりわけベンチャー（venture）はアメリカにおいて最近の企業の勃興のなかにみられ，アメリカ経済を支える原動力となってきた[1]．アメリカ証券市場においては，ベンチャー企業は主としてNASDAQ上場のものにみられる．他方，日本企業においてはＪＡＳＤＡＱ上場のなかのごく一部の企業にみられるのである[2]．

　ベンチャー企業の生成が，今日の日本企業の発展および日本企業再構築のための重要な切札としての意味をもってきたとはいえ，ベンチャー企業そのものが，現在の経営環境のなかで必ずしも十分な成果をあげているとはいえない状況にある[3]．そのような状況を作り出している原因の１つとしては実践経営学の方法からみると，経営者そのものの現在的位置づけが明確ではないところにある．経営者が企業者として位置づけられてきた企業体制の発展段階から，今日の専門経営者またはグローバル経営者といわれる経営体制においては，このベンチャー企業を経営システムのなかにどのように組み込むかが重要な実践課題である．

　ベンチャー企業について，第二次大戦後の日本企業の生成をみつつ，その後発展していった成長企業を考えると，ソニーや本田技研工業などがとりあげられる．これらの企業の成功に導いた原動力の大部分は経営者の能力にあったといってよい．もちろんこれらの２社に加え，それ以外に新しい企業の勃興は戦後の日本企業の実態であり，それらの力が日本経済を世界的なレベルまで引き上げたといってよい．もちろんここで個別の企業を事例研究としてとりあげるつもりはない．しかしながら，日本企業の再構築が実務界，学会において叫ばれている今日，経営実践学としては是非，第２のソニー・本田技研工業の成立を期待したいものである．そのために，われわれは，ベンチャー企業の本質を

明らかにし，かつベンチャー企業における経営原理を提示したいと考えている．

　ところで，わが国のベンチャー企業研究においてその財務論的接近からの考察については，必ずしも十分であるとはいいがたい．そこで本章では，ベンチャー企業の財務論的接近として，経営に加え，財務の視点を強調することによって，ベンチャー企業を創造し，ベンチャー企業を発展させていく行動原理の指針を提示することを狙っている．論旨の展開としては，第1にベンチャー企業の枠組みに関し，ベンチャー企業をどのようにとらえたらいいのかを財務諸表のモデルを使って明らかにする．この場合，ベンチャー企業の立ち上げ，つまりベンチャー企業を創造するうえで必要な経営原理を考察する．第2にベンチャー企業の資本調達の視点から，もっとも重要なエクイティ資本の調達に関わる問題点を明らかにする．第3にベンチャー企業の投資決定における財務問題に関わる投資決定原理を明らかにする．第4に，ベンチャー企業の資本コスト原理がベンチャー企業の経営行動にどのような影響を与えるかについて明らかにする．最後に，ベンチャー企業の財務論の意義を明らかにしたい．

2　ベンチャー企業の枠組み

2−1．ベンチャー企業の成立

　ベンチャー企業の枠組みを考える場合，ベンチャー企業そのものがどのように成立するのか，またどのように成立してきたかを整理する必要がある．ベンチャー企業がベンチャー企業として活躍することは，すでに資本主義の経済が成立して以来，企業家がベンチャー企業の担い手としてリーダーシップをとってきたのである．しかしながら，1980年代以降，とりわけアメリカにおいて，ベンチャー企業が華々しく展開することとなった．

　産業経済の展開において，企業者精神（entrepreneurship）がしばしば基本的なものとして考えられてきた．たとえば，ドラッカー（Drucker, P. F.）やボーモル（Baumol, W. J.）がそうである[4]．新企業すなわちベンチャー企業の創造[5]

図表10-1　ベンチャー企業の形成のための需要決定要素モデル

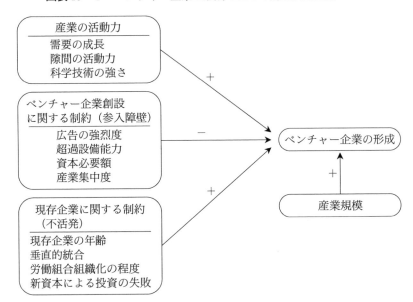

出所) Dean, T. J. & G. D. Meyer, Industry Environments and New Venture Formations in U. S. Manufacturing : A Conceptual and Empirical Analysis of Demand Determinants, *Journal of Bisiness Venturing* II, p. 120.

を勇気づけたり，妨げたりする要因の研究，組織形成に影響する要因の研究，最近では，ベンチャー企業創設に影響を与える社会的，経済的および政治的環境の条件に焦点をあわせた研究が報告されている．

　最近，ディーン（Dean, T. J.）とメイヤー（Meyer, G. D.）はアメリカにおけるベンチャー企業形成に関し，産業の環境との関連で，需要の決定分析に関する概念的実証的分析を行っている[6]．図表10-1はベンチャー企業形成に関する関係図を示している．

　ディーンとメイヤーによるこの研究での理論的枠組みは，基本的には経済学的視点からの分析となる．図表10-1そのものの中身がベンチャー企業形成につながっているのである．

　他方，クーパー（Cooper, A. C.）は，戦略的経営の視点を重視し，ベンチャ

図表 10― 2　企業者の意思決定への影響

企業家以前の影響

1．遺伝的要因
2．家族の影響
3．教育上の選択
4．以前の経歴・経験

インキュベータ組織

1．地理上の位置の選定
2．獲得した熟練と知識の性質
3．可能な創設者仲間との接触
4．組織にとどまる動機あるいは組織を離れる動機
5．「中小企業」設立の経験

環境要因

1．経済条件
2．ベンチャー・キャピタルへの接近と利用性
3．起業者活動の事例
4．暫定的経営相談のための機会
5．人員および支援サービスの利用可能性

企業家の意思決定

出所）Cooper, A. C., Strategic Management: New Ventures and Small Business, Loyd, B. ed., *Entrepreneurship――Creating and Managing New Ventures.*, Pergamon Press, 1989, p. 99.

　一企業形成に至るうえでの企業者の意思決定への影響を図表10― 2 のように示した.[7]

　ベンチャー企業が成立し，それが本物となって成長を続け，やがて企業らしい大企業となるにはそれなりの年月がかかるのが普通である．われわれは，ベンチャー企業の成立には，やはり企業者精神にもとづく新企業者ともいえる新経営者の成立が必要であると考えている．

2― 2．ベンチャー企業の枠組み

　ベンチャー企業を創設する場合，またベンチャー企業を育てていく場合，もっとも重要な点は，経営者（企業者）がとくに経営体（企業体）を全体構造のなかでとらえることである．ここでは，基本的に経営体をバランス・シート（貸借対照表）のうえにおいて検討してみよう．ここでは実際の企業の，事業

報告書のなかの貸借対照表および損益計算書を利用する．なお，ここでは，この会社（B社）の1年の経営活動の流れを理解するために，中間財務諸表を利用することにしたい．なお，ここでとりあげる実際の会社は，われわれの理論的モデルの説明のための必要性から利用しているのであって，会社そのものの評価をしているのではないことをお断りしておきたい．

資料10－1および資料10－2はJASDAQ（店頭登録）に登録されているいわゆるベンチャー企業の株主に送られてきた中間事業報告書のなかの中間貸借対照表および中間損益計算書を示したものである．

この資料は前中間期，前期および当中間期のデータが示されている．われわれは，資産の部における実態がここに行ってきたこの会社の投資結果が示されている．また負債の部および資本の部における実態はこの会社の資本調達結果が示されているといえる．これらの説明はいずれも財務論の視点からみたものであって会計学的視点からみたものではない．

この会社の投資については平成8年11月30日現在156億8000万円が有価証券残高となっており，この投資が今後どのような投資形態になっていくかが，ベンチャー企業としての社会的責任を問われることになろう（なお，B社は，平成8年（1996年）7月に，100万株の公募増資を発行価額1株16587円で発行した）．また，自己資本比率が平成8年11月30日現在，87.8％であり，負債比率（L／E）[8]は13.9％となっている．すなわち，この会社は自己資本による資本調達でまかなっていることがわかる．自己資本は原則として株主から提供された資本であるところから，リスク資本として考えて置く必要がある．われわれは，平成8年5月31日現在で総資産利益率（ROA）[9]が6.8％であり，自己資本利益率（ROE）[10]が9.3％となっている．ここでの利益率の数字そのものの評価については割愛するが，ここでの問題としては，資本調達と投資決定とを結び付ける役割を果たしている資本コストをどのように測定するかということである．

ベンチャー企業の枠組みとしては，資本調達が自己資本を中心として調達す

資料 10 − 1　Ｂ社中間貸借対照表

(単位：千円)

期別 科目	前中間期 (平成7年11月30日現在)	当中間期 (平成8年11月30日現在)	前　期 (平成8年5月31日現在)
（資産の部）	(13,549,146)	(31,406,096)	(15,313,911)
流 動 資 産	9,529,175	21,017,254	10,463,311
現 金 預 金	2,680,447	1,517,786	1,689,754
受 取 手 形	25,233	—	—
売 掛 金	2,326,476	3,526,093	2,656,030
有 価 証 券	4,282,730	15,680,287	5,877,397
棚 卸 資 産	15,825	11,542	19,207
そ の 他	211,861	304,055	235,921
貸 倒 引 当 金	△ 13,400	△ 22,509	△ 15,000
固 定 資 産	4,019,970	10,388,841	4,850,600
有 形 固 定 資 産	1,000,295	1,756,039	1,447,933
建 物	426,163	641,930	474,313
器 具 備 品	574,132	1,114,108	973,589
無 形 固 定 資 産	203,647	219,443	212,304
投 資 等	2,816,028	8,413,358	3,190,362
投 資 有 価 証 券	99,819	5,217,115	153,343
子 会 社 株 式	—	10,000	10,000
敷 金 保 証 金	2,372,467	2,809,430	2,672,429
そ の 他	368,913	399,549	376,069
貸 倒 引 当 金	△ 25,171	△ 22,736	△ 21,480
資 産 合 計	13,549,146	31,406,096	15,313,911

（単位：千円）

期別 科目	前中間期 （平成7年11月30日現在）	当中間期 （平成8年11月30日現在）	前　　期 （平成8年5月31日現在）
（負債の部）	(2,833,714)	(3,835,145)	(4,036,160)
流動負債	2,707,591	3,686,891	3,898,534
買　掛　金	373,394	422,094	545,006
短期借入金	197,336	—	—
未払法人税等	433,499	653,173	681,994
未払事業税等	144,430	195,606	225,774
未払消費税	102,244	149,410	153,729
未払費用	1,167,158	1,735,515	1,549,889
そ　の　他	289,528	531,091	742,139
固定資産	126,122	148,254	137,626
退職給与引当金	91,976	114,492	105,000
役員退職慰労金引当金	29,600	28,300	28,000
そ　の　他	4,546	5,462	4,626
（資本の部）	(10,715,432)	(27,570,950)	(11,277,751)
資　本　金	2,166,850	10,015,850	2,166,850
法定準備金	4,033,514	11,893,214	4,033,514
資本準備金	4,019,464	11,867,464	4,019,464
利益準備金	14,050	25,750	14,050
剰　余　金	4,515,067	5,661,885	5,077,386
任意積立金	3,900,000	4,800,000	3,900,000
中間（当期）未処分利益	615,067	861,885	1,177,386
（うち中間（当期）利益）	(485,565)	(713,199)	(1,047,884)
負債および資本合計	13,549,146	31,406,096	15,313,911

出所）Ｂ社中間事業報告書より

資料 10－2　　B 社中間損益計算書

(単位：千円)

科目		期別	前中間期 自 平成 7 年 6 月 1 日 至 平成 7 年 11 月 30 日	当中間期 自 平成 8 年 6 月 1 日 至 平成 8 年 11 月 30 日	前　期 自 平成 7 年 6 月 1 日 至 平成 8 年 5 月 31 日
経常損益の部	営業損益の部	営業収益 　売　上　高	9,656,652	13,055,705	20,474,423
		営業費用 　売　上　原　価	7,004,743	9,471,363	14,785,820
		販売費および一般管理費	1,703,100	2,236,656	3,609,882
		営　業　利　益	948,809	1,347,684	2,078,719
	営業外損益の部	営業外収益 　受　取　利　息	36,050	86,238	76,705
		その他の収益	13,347	13,853	24,329
		営業外費用 　支　払　利　息	4,333	2,659	7,126
		新株発行費	—	62,874	—
		営業権償却	22,669	—	22,669
		その他の費用	1,012	1,529	12,652
	経　常　利　益		970,181	1,380,712	2,137,305
特別損益の部	特別損失 　固定資産除却損		27,887	17,513	51,983
	その他		36,728	—	37,437
	税引前中間(当期)利益		905,565	1,363,199	2,047,884
	法人税および住民税		420,000	650,000	1,000,000
	中　間（当期）利　益		485,565	713,199	1,047,884
	前 期 繰 越 利 益		129,501	148,686	129,501
	中間(当期)未処分利益		615,067	861,885	1,177,386

注) 1．金額は，千円未満を切り捨てて表示しております．

	前中間期	当中間期	前　期
2．有形固定資産の減価償却累計額	801,269 千円	1,210,951 千円	994,521 千円

3．リース契約

中間貸借対照表に計上した固定資産のほか，リース契約により使用している重要な固定資産として，オペレーション支援システムおよび業務処理システム用コンピュータがあります．

	前中間期	当中間期	前　期
4．子会社に対する短期金銭債権	935 千円	13,001 千円	1,702 千円
短期金銭債務	—	78 千円	316 千円
5．1 株当たりの中間（当期）利益	121 円 39 銭	150 円 02 銭	261 円 97 銭
6．子会社に対する売上高	500 千円	17,961 千円	2,100 千円
販売費および一般管理費	—	524 千円	198 千円
営業取引以外の取引高	—	—	102 千円

出所) B 社中間事業報告書より．

る仕組みが重要であり，投資決定としては，資本コストを上回る投資決定を行っているかということである．ここでの実際の会社はすでに会社としての歴史をもってきており，すぐに会社が危うい状態になるわけではないが，ベンチャー企業そのものの本来のあり方としては，会社が高いビジネス・リスクを負って経営していることにかわりはなく，リスクを負って経営を追求することがベンチャー企業本来の姿であり，いわゆる経営原理ともなっているのである．

3　ベンチャー企業と資本調達

3−1．エクイティ資本の重要性

　エクイティ資本は新株発行を伴う資本を示しており，普通株式に加え，優先株，転換社債および新株引受権付社債等が含まれる[11]．ベンチャー企業にあっては，これらの資本調達手段によって資本調達することが経営原理として重要である．

　エクイティ資本がなぜ重要になってくるのかといえば，普通株，優先株に代表される自己資本を構成する資本については，会社側に返済義務がないことである．もしベンチャー企業にとって戦略的事業分野に投下された資本が，短い期間のなかで返済義務を負う資本でまかなわれているということになれば，ベンチャー企業そのものの成長・発展にとってその資本は有効な資本ではないことになる．そういった意味で，ベンチャー企業が資本調達するうえで，経営戦略上エクイティ資本を基本とすることが重要である．

　エクイティ資本のうち，転換社債および新株引受権付社債については投資家の多様化および資本調達手段の多様化と国際化により，非常に重要な手段となっている．とくに転換社債についてはベンチャー企業の高度の成長性を考えることにになれば，きわめて重要な資本調達手段であると考えている．

　エクイティ資本としての重要性を考える場合，財務論的視点から考えてみると「資本コスト」の問題を切り捨ててはいけない．なぜなら，ベンチャー企業

における投資決定行動においても資本コスト基準を考慮しておくことが重要である．「資本コスト」の考え方がなぜ必要となるのかについては，ベンチャー企業の発展にとっての投資決定基準の判定方法に必要であるからである．

3－2．負債資本の重要性

ベンチャー企業において，負債資本の重要性は通常の企業と変わらない．しかしながら，ベンチャー企業の立ち上げの場合においては，少なくともエクイティ資本をまずベースにして資本調達を行う必要がある．そして，ベンチャー企業が立ち上がって，ベンチャー企業が成長・発展する場合においては，負債資本の積極的利用が経営財務原理にあったものとなる．

ベンチャー企業の負債資本の利用については，運転資本管理の必要額の範囲内にとどめる必要がある．これは，経営財務原理として行われる通常の範囲内であって，流動資産を構成する投資運用の一部をまかなうために，流動負債を構成する資本調達手段の資本調達である．つまり，企業の事業活動を円滑にするための運転資金がこういった負債利用を行うことになる．

ベンチャー企業の負債調達は，通常は商業銀行から行うことになるが，ベンチャー企業の立ち上げの時期およびベンチャー企業の年齢が若い場合においては，ベンチャー・キャピタルがその任にあたってよい[12]．この場合，エージェンシー理論においては，株主および負債者は同一となり，基本的には，ベンチャー・キャピタル自体のリスク管理が問題とされる．

ベンチャー企業の負債調達は長期的な視点にたった戦略的事業投資に向けられるものであるから，ベンチャー企業自体の全資本調達のうちの限定的な部分を占めているにすぎない．したがって，ベンチャー企業の創設およびまだベンチャー企業展開の初期の段階においては，財務論で扱うところの財務リスクは考えなくてよい．つまり負債を増やすことによって財務リスクを負う，一方，負債調達によって企業成長に貢献する図式を考えなくてよいことである．

4　ベンチャー企業と投資決定基準

4－1．ベンチャー企業における回収期間法

　ベンチャー企業において，われわれは投資決定基準として伝統的方法であった回収期間法（payback method）にまず注目してみる．ここでいう回収期間法の内容は，回収期間が原投資を回収する年数のことであり，回収期間が投資決定の唯一の判断基準となっている．回収期間法が財務論的に意味をもつ場合，回収期間が不確実性に対処するものであるということである．ベンチャー企業において，回収期間を何年にするかについては，基本的にはエクイティ資本を提供する株主等のステークホルダーの要求とも関連してくるといえる．

　ベンチャー企業において回収期間法が意味をもつ場合，ベンチャー企業のビジネス・リスクがどの程度に測定されているのかということである．通常，ベンチャー企業のビジネス・リスクは，ハイ・リスクであり，それとトレード・オフ関係にあるリターン（収益）はハイ・リターンである[13]．この点については看過してはならない．

　ベンチャー企業において，回収期間の設定は，ベンチャー企業そのものの，事業のリスク度を決定する影響力をもっている．したがって，回収期間の設定には，ベンチャー企業がどの程度不確実性に対応できるかについて，十分な議論と判断がベンチャー企業経営者はもちろんのこと，ベンチャー・キャピタル側にとっても十分，検討することが重要である．

4－2．ベンチャー企業における割引現価法

　ベンチャー企業においての投資決定基準としては，経営財務原理としての投資決定基準である割引現価法（discounted present value method）が採用される．割引現価法でもっとも一般的なものが正味現在価値法（net　present　value　method）である．

　ブリーリーとマイヤース（Brealey, R. A. & S. C. Myers）は，投資決定基準の

方法のなかで正味現在価値法が，他の基準の方法より優れている理由を説明している.[14] ここではその内容について割愛するが，少なくとも，彼らが主張する論理の根底には，企業と株主との密接な関係，ひいては「資本コスト」の原理が根底にあって理論構築がなされているということである.

　もちろん，ここでこの割引現価法を使う場合には，少なくとも日本企業においては店頭登録後か，店頭登録がまだなされていない場合でも，近い将来，店頭登録される予定のあるベンチャー企業にこの方法が適用される. このことはベンチャー企業立ち上げの時点においては，割引現価法を採用することに対しては適当ではない. なぜなら，ベンチャー企業創設時における企業実態は，まだ完全に企業化したものではないことを理解しておく必要がある.

　しかしながら，われわれがここでとりあげる正味現在価値法を中心とする割引現価法が投資決定基準として重要な意味をもっていると考える大きな理由は，証券市場を中心とする資本市場の力がベンチャー企業の展開にとって必要であるからである. ベンチャー企業を立ち上げ，成功させるためには，中期的な段階においてどうしても証券市場等を利用することが重要である. このことは，ベンチャー企業の経営者はもちろんであるが，エクイティ資本を提供するベンチャー・キャピタル側にとってももっとも重要なものの1つである. われわれの見解ではこの市場での成功がなくては，ベンチャー企業の育成・展開はほとんど不可能であると考えている.

5　ベンチャー企業と資本コスト

5−1．資本コスト概念の導入における問題点

　ベンチャー企業の行動原理を展開し，かつベンチャー企業者の経営意思決定を考えると，財務論の視点から資本コスト原理に触れる必要がある. 資本コスト原理はアメリカではもちろんのこと，日本においてもすでに財務論関連の学会においては，経営財務原理あるいは経営財務理論としての位置を示してきた

といってよい.

　しかしながら，日本企業の経営実践家においては，この資本コスト原理が経営意思決定過程へ組み込むことをしてこなかったのである．なぜ，経営実践家が資本コスト概念を経営意思決定のなかにとりいれなかったかという点については，次のように考えてよい．１つは，経営実践家が資本コストの概念をまったくかあるいはほとんど知らなかったことである．もう１つは，ステークホルダーとしての株主が経営体（経営者）に対し，株主の要求利益率を出してこなかったからであるといってよい[15].

　以上のような日本における経営環境，市場環境に対し，われわれは，すでに『日本的経営財務論』のなかで日本的経営財務を構築するキーワードとして「資本コスト論（the cost of capital）」が存在することを主張してきた[16].資本コストの原理が経営者に理解され，経営者の意思決定原理に組み込まれたときに，はじめてベンチャー企業が優れた企業としての性格をもつようになり，将来的に経営体としての性格をもつことになろう．

　資本コストは，財務理論では，投資のために資本調達された投資から最低限稼得しなければならない利益率である．経営者は，投資決定の意思決定過程において，資本コスト原理を利用することになる．資本コストは，今日の経営財務上，もっとも優れた意思決定基準となっており，ステークホルダーである株主はじめ社債権者にとっても重要な意思決定基準である．この資本コスト原理が世界の市場において通用しうる経営財務原理であり，ベンチャー企業にとっても国際化・グローバル化の過程のなかで成功に導く役割を担っているといえよう．そういった意味で，資本コスト原理がベンチャー企業の財務論的視点から検討した場合においても重要なキーワードとなっている．

５－２．ベンチャー企業における資本コストの計算

　ここでは，ベンチャー企業における資本コスト計算をどのようにするのかを考えてみよう．資本コスト計算でもっとも重要な計算は，自己資本コストの計算である．自己資本コストは，無リスク利子率にリスク・プレミアムを加えた

ものに等しい．しかしながら，財務論でとりあげる資本コスト計算は，ベンチャー企業がすでに店頭登録されている状況の前提のなかで検討される．したがって，ベンチャー企業立ち上げにおける自己資本そのものは，単純な計算は不可能である．それでは，どのように計算するかというと，ベンチャー企業側では明確にはできない．ベンチャー・キャピタル側での計算となる．われわれの仮説の理論では，ベンチャー・キャピタル側において，資本コストを組み込んだポートフォリオ理論を導入することである[17]．この点に関する理論的展開は今後の研究課題としておきたい．

　ベンチャー企業が店頭登録をした後においては，資本市場の論理にあった自己資本コスト計算が行われる．ベンチャー企業の自己資本コスト計算は，リスク・プレミアム[18]を通常高く見積もる必要があり，それに見合った投資効率がベンチャー企業に要求されることになる．リスク・プレミアムの測定に関しては，通常，安定しているか成熟した企業においても 3 ％程度は考える必要がある．したがって，ベンチャー企業にあっては 5 ％から 10 ％のリスク・プレミアムを考慮する必要があると考えられる．もちろんこのような資本コスト原理にもとづく資本コスト計算は，企業が立ち上がった後に採用できるものであることを指摘しておきたい．しかしながら，長期的な視点においては，この資本コスト原理が経営意思決定基準として機能することになろう．

6　ベンチャー企業の財務原理

　以上にわたって，ベンチャー企業の財務論的接近から，ベンチャー企業の本質を明らかにしてきた．ここで指摘してきた内容は，ベンチャー企業が関わる経営活動のうち，財務に関わるすべての活動に関するものであった．ベンチャー企業を創造するためには，経営者（企業者）の能力はもちろん基本的なものであるが，ベンチャー企業を創造し，発展させる原動力としては資本が必要であり，財務論の視点からは資本調達の問題が基礎的に重要な職能となる[19]．

　われわれの見解では，ベンチャー企業の資本調達においては，エクイティ資本による資本調達が経営財務原理として有効である．したがって，ベンチャー企業の資本調達手段においては，普通株式，優先株，転換社債および新株引受権付社債（ワラント債）が基本的な調達手段となるわけである．このうち，普通株式と転換社債が通常，経営実践的なものとなろう．普通株の発行市場としては，日本においては店頭市場がその任にあたる必要があろう．

　ベンチャー企業の投資決定においては，伝統的な回収期間法を経営財務原理としての割引現在価値法のなかにどのように関連づけ，組み込んでいくかが重要である．少なくとも，われわれの基本的見解では，今日の市場理論を経営環境の1つとしてもっとも重要であると考えており，その理論を経営における投資決定に適用すれば，割引現在価値法の合理性を否定することはできないのであって，ベンチャー企業の投資決定においてもこの理論を使った経営意思決定がなされるのである．

　ベンチャー企業の資本コストにおいては，資本コストの財務論上の位置づけを明確にすることによって，資本コスト原理が経営実践のレベルにおいて経営財務原理となる必要がある．資本コストの経営財務原理として基本的な理解がなされていない場合においては，ベンチャー企業の資本調達において，資本市場を十分活用することはできない．資本を提供するものにとって，ベンチャー企業の将来的な展開，具体的には株価の極大化がベンチャー企業経営者の経営能力によってもたらされることを期待しているわけである．

　ベンチャー企業の創造と発展にとって，財務論的視点からの分析はもっとも必要なものの1つである．ここでとくに主張したかった点は，エクイティ資本の利用である．負債資本の利用ではないことである．こういった資本調達の財務論上の原点を再度，今日のベンチャー企業の創造と発展に利用していくことが重要である．なお，もう一方で，ベンチャー企業の経営者論が必要である．[20]

（小椋康宏）

注）

1）アメリカでは，ベンチャー・ビジネスという用語ではなく，ベンチャー（venture）という用語で統一されているようである．しかしながら，日本では，ベンチャー・ビジネスという用語が使われ，したがって本章では主としてベンチャー企業という用語を使用した．

2）ＮＡＳＤＡＱおよびＪＡＳＤＡＱ等における，店頭登録企業のなかにベンチャー企業の基本的タイプをみている．

3）日本企業の再構築のためには，ベンチャー企業の生成・発展が必要条件であると考えている．なお，日本型ベンチャー改革論として特集している次の文献をみよ．
「DIAMONDハーバード，ビジネス7月号」ダイヤモンド社　第21巻第4号1996年7月1日

4）Drucker, P. F., The discipline of Innovation, *Harvard Business Review,* May-June, 1985, pp. 67-72.

5）Baumol, W. J., Formal entrepreneurship theory in economics ; Existence and Bounds, *Journal of Business Venturing 8*(3) 1993, pp. 197-210.

6）Dean, T. J. and G. D. Meyer, Industry Environments and New Venture Formations in U. S. Manufacturing ; A Conceptual and Empirical Analysis of Demand Determinants, *Journal of Business Venturing* 11(2) 1996, pp. 107-132.

7）Cooper, A. C., Strategic Management : New Ventures and Small Business, Loyd, B. ed., *Entrepreneurship-Creating and Managing New Venture,* Pergamon Press, 1989, pp. 97-103.

8）Ｌ／Ｅは，負債対自己資本として計算されている．

9）ＲＯＡは総資産利益率であるが，総資産に対する利益の割合を示しており，ここでは税引後利益が使われている．

10）ＲＯＥは自己資本利益率であるが，自己資本に対する利益の割合を示しており，ここでは税引後利益が使われている．

11）エクイティ資本は通常，狭義としては自己資本のことを意味しているが，ここでは財務論的視点からエクイティ資本を考えている．

12）ベンチャー・キャピタル側の行動原理がベンチャー企業を発展させると考えている．

13）リスク・リターンの関係については次をみよ．
Brealey, R. A. and S. C. Myers, *Principles of Corporate Finance* 5th ed., McGraw-Hill, 1996, pp. 173-196.

14）*Ibid.,* pp. 85-107.

15）ステークホルダーとしての株主と企業体との関連でのコーポレート・ガバナンスに関し，筆者の見解については次をみよ．

　小椋康宏　「コーポレート・ガバナンスの財務論的接近，『経営研究所論集』
第20号　東洋大学経営研究所　1996年2月

16)　小椋康宏『日本的経営財務論』中央経済社　1984年

17)　ポートフォリオ理論の原理および資本市場理論については次をみよ.
　　Brealey, R. A. and S. C. Myers, *op. cit.,* pp. 143-231.

18)　リスク・プレミアムの測定には，利益成長率，自己資本利益率，資本市場環
　　境および経済環境等を織り込んだ計算をとりあえず考えている.

19)　ベンチャー企業の創造における「資本調達論」の重要性は，コーポレート・
　　ファイナンスの新しい研究課題を提示している.

20)　実践経営学の方法による「ベンチャー経営者論」が必要であると考えている.

本研究に関する現状と動向

　ベンチャー企業論が展開されるようになってかなりの年月が経過してきた．そのなかで，アメリカにおいては，マイクロソフト社やインテル社のように，華々しく経営社会に登場し，その後大きな成長・発展を遂げ現在に至っている会社は見受けられるが，日本におけるベンチャー企業のなかにはそのような会社は必ずしも十分ではない．日本企業のなかにあっては，依然として巨大企業が経営社会の推進役としての役割を担っているともいえる．

　このような状況のなかで，ベンチャー企業がなぜ必要とされ，なぜベンチャー企業の成長を期待しているのかといえば，21 世紀の経営社会において，新しい企業の創造とその発展が，日本経営社会を改革し，ひいては世界経営社会を変革させていく力をもつと期待しているからである．

　ベンチャー企業論をとりあげる場合，ベンチャー企業の経営者の側面の分析が必要であることはいうまでもないが，ベンチャー企業と対境関係にあるベンチャー・キャピタル側の分析があらためて必要となる．ベンチャー企業の創設とその発展には，すくなくともスモール・ビジネスの経営者などの実践的インタビューをする必要がある．

　ベンチャー企業経営者論としては次の 5 点を考えておく必要がある．第 1 には，新企業者論としての経営者論である．それは 21 世紀の企業像・経営像に求められる企業者論でもある．第 2 には，資本・財務能力の問題である．とくに新事業の立ち上げから，すなわち「起業」から「企業」への段階までの資本調達能力の問題でもある．第 3 には，人事・労務の面では，人材の調達でもある．これは「起業」から「企業」への問題のなかで重要な仕事となる．第 4 には，生産・技術・研究開発の能力の増大である．これは必ずしも経営体自体が保有していなくてもよいが，少なくとも経営者自身が研究開発投資に大きな力を注ぐ必要がある．第 5 には，マーケティング能力である．マーケティングによる市場開発が期待されることになる．

　本章では，ベンチャー企業の財務論的接近として，新企業の創造における財務の問題を明らかにした．また，新事業の会社に投資をするベンチャー・キャピタル側の投資原理，すなわち株主の要求利益率がベンチャー企業の経営者にとってよく理解される必要がある．ベンチャー・キャピタル側の投資はベンチャー企業への単なる支援ではないことである．

第 11 章　企業の社会的責任とステークホルダーマネジメント

企業の社会的責任　　ステークホルダー

イノベーション　　ソーシャルイノベーション

地球環境問題

1　企業競争力としてのステークホルダーマネジメント

　イノベーションは企業競争力の源泉である．企業競争力としてのステークホルダーマネジメントは，イノベーションにおけるステークホルダー（利害関係者：stakeholder）のパートナーないしサポーターとしての役割に関心が向けられている．このようなステークホルダーの役割では，既存のステークホルダーの利害を調整するという視点だけでなく，イノベーションの成果の向上によって企業の競争力を高めるようにステークホルダーをつなぐことが求められる．つまり，このようなステークホルダーマネジメントの機能には，イノベーションの基盤として，新たなステークホルダーを含めた価値フローを設計し，実践するという機能が加わることになる．

　企業の生産活動は原材料の調達，加工，販売そして製品の使用，廃棄に至る全過程に責任を負う時代となった．言い換えれば，企業の生産概念が製品のライフサイクルによって決定されるといえる．企業が生産する製品・サービスは，組織内部における諸活動の価値連鎖（value chain）だけでなく，組織外部の諸活動の価値連鎖とつながることになった．

　さらに進んで，このような企業のステークホルダー問題への取り組みが企業活動のリスク回避やモニタリングなどの監視的な性格から参画的な性格を強め，さらに企業のイノベーション活動への統合という段階へと進んでいる．このような動向は，企業のステークホルダー関係への取り組み，すなわちステークホルダーマネジメントが企業競争力としての役割を高めつつあることを意味している．

1—1．企業の社会的責任の基本的性格

　企業は，営利的な生産組織体である．企業の営利的行動の基本構造から次のような企業の社会的責任の構成が明らかとなる[1]．

　① 社会性—われわれの生活に必要な財貨・サービスを生産（production）

② 公益性—みんなの利益を考えること

③ 公共性—「してはならないこと」をしない

　まず，① 社会性 企業の行動目標である利潤（profit）は，一般的にイノベーション（innovation）によって獲得されるものである．そして，イノベーションとは，新しい市場の発見，より広範な消費者の需要を生み出すための生産物の分化，新しい生産物の開発など広範囲な活動を意味し，新しい生産方法をも含むのである．企業と社会経済との関連のなかで，社会経済から企業に対してイノベーションが期待され，その期待に応えることが経営者に求められているのである．そこでは，機能主義の経営理念に徹し，社会性としてのイノベーションを創出する経営力を高めることが必要である．

　② 公益性 生産するためには，生産手段や資源が必要である．したがって，継続的な生産を維持するためには，生産活動に投入される経営資源を生み出している利害関係者への成果配分を適切に行うことが求められるのである．経営は生産活動から生ずる成果の配分についても責任を負うのである．成果の配分に対する責任は，公正な配分，つまりみんなの利益という意味で「公益性」とよばれるのである．この意味では，公益性責任は，利害関係者論がもっとも端的に現れる社会的責任論である．

　③ 公共性 企業のみならずすべての組織体は，外部との相互作用によって制約されているのである．とりわけ，人間社会の場合には，社会秩序を法律という形で維持するのが一般的である（法令遵守：コンプライアンス；compliance）．もちろん，法律のように明文化されていないルールといったものも考えられるのである．公共性は，「してはならない」事柄をしないということである．この公共性は，法令遵守，コンプライアンスの問題を中心に展開されている．ただし，貧困の問題や人権の問題もあり，拡大する傾向がみられる．

　さて，ドラッカー（Drucker, P. F.）は，「社会のリーダー的存在としてのマネジメントの社会的責任とは，公共の利益をもって企業の利益とするということである．マネジメントは公共の利益に無関心でいることはできない．しかも，

自らの利益を公益に従属させるだけでは十分でない．まさに，公益を自らの利益とすることによって，公益と私益の調和を実現しなければならない[2]」とする．さらに，ポーターとクラマー（Porter, M. E. & Kramer, M. R.）は，企業の社会的責任を超えた企業と社会の「共通価値（shared value）」の創造への取り組みが必要であるとする．「共通価値の創造は，決してフィランソロピーではなく，社会的価値を創造することで経済的価値も創造するという利己的な行為である[3]」．つまり，社会にとって利益になることは企業にとって利益になるのである．共通の価値とは，従来型の企業にとって利益となることは社会にとっても利益であるという考え方と逆で，社会にとって利益となることは，企業にとっても経済的価値を生むはずであるという考え方である．企業の創出する経済的価値は，社会の犠牲の上に成り立つのではなく，社会と企業との共通の利益の上に成り立つのである．このような企業の社会的責任に関する理解は，新た

図表11—1　社会的責任の概念的枠組み

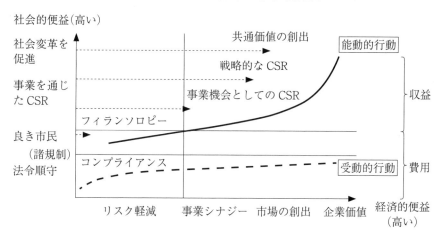

社会的便益（高い）

社会変革を促進

事業を通じたCSR

良き市民（諸規制）

法令順守

共通価値の創出　　能動的行動

戦略的なCSR

事業機会としてのCSR

フィランソロピー

コンプライアンス　　受動的行動

収益

費用

リスク軽減　事業シナジー　市場の創出　企業価値

経済的便益（高い）

出所）Porter, M. E. & M. R. Kramer, "The competitive advantage of corporate philanthropy", *Harvard Business Review*, 2002, December, p.5.
Militaru, Gh. & S. Ionescu, "The Competitive Advantage of Corporate Social Responsibility", *U. P. B. Sci. Bull.*, 68(2), 2006, p.96.
Intel, *THE ROLE OF CORPORATE. SOCIAL INOVATION: FROM CSR1.0 TO CSR3.0. The story of how Intel learnt to create a vibrant social ecosystem to unleash social innovation and tackle China's social and environmental challenges*, 2014., p.9. を基に筆者作成．

な事業の可能性とあり方を提示するのである.

　以上のような企業の社会的責任の基本的な理解だけでなく，今日ではより積極的な方策における認識の変化がみられる.

1－2．ステークホルダーの基本的性格

　ステークホルダーは，利害関係者ともよばれるが，一般的に「組織目標の達成に影響を与えるか，または影響を受ける任意のグループまたは個人」[4]と定義されている．この定義は包括的であるため，ステークホルダーの特定化についてはさまざまな理解がなされている．たとえば，組織内のステークホルダーとして所有者（株主），経営者，従業員が位置づけられ，組織の外部として消費者，サプライヤー，金融機関，地域社会，政府・自治体などが理解されてきた[5].今日では，自然環境（natural environment）も地球環境問題への対応という視点からステークホルダーに加えることもある[6].さらに，所有者（株主），従業員，顧客，サプライヤー，競争企業，政府・自治体などを1次的，主要ステークホルダーとし，金融機関，地域社会，メディア，流通業者などを2次的ステークホルダーとすることもある[7].

　このように企業におけるステークホルダーの位置づけは，時間の経過を考慮すれば変化するし，企業の事業特性などによっても異なるので一義的ではない．企業におけるステークホルダーの位置づけは，たとえばステークホルダーの力（power），正当性（legitimacy）そして緊急性（urgency）などによって説明されてきた[8].しかし，ステークホルダーの概念には，力（圧力，依存性），正当性（合法性）そして緊急性は制度的，定性的な要因が含まれるため一様ではない.

　ステークホルダーは，これまで経営成果の配分に対する利害を主張する存在として，企業の売上高から順次，製造原価，支払い利息，税金，さらに配当へと配分される損益計算の構造がひとつの形式として利用されてきた．いうまでもなく，経営成果の配分は，公正で公平なことが求められ，公益性責任ともよばれた．そこには，事業の成功や失敗により損失を被る個人や組織をステークホルダーとする理解が存在している．さらに，企業統治とステークホルダーの

関係についての議論が株主の利益を守ることが経営陣の信頼できる義務であるという伝統的な見解と，経営陣がすべてのステークホルダーの利益のために意思決定を行うという見解の対比から生まれた．

その後，企業とステークホルダーの関係が拡張し，間接的な関係も含まれることになった．特に，地球環境問題はNPOやNGOの発展もあり企業と間接的なステークホルダーが組み込まれることになった．さらに，企業はステークホルダーの役割が新たな企業と社会との関係を構築するために，社会的な課題の解決を模索し始めた．企業評価についてもステークホルダーによるCSR評価が組み入れられることになった．とりわけ，ステークホルダー・エンゲージメントは，企業の経営陣が取り組むべき経営課題の評価と優先順位の策定へのステークホルダーの参画を意味する．

企業は，さまざまなステークホルダーの利害を組織の利害と調整し，その結果を反映したマテリアリティを社会に提示し企業活動への理解と支持を獲得す

図表11—2　CSRへの残余的および総合的アプローチ

	残余的CSR	統合的CSR
CSRの定義	社会への還元（利益が発生した後）	倫理的，社会的，そして環境的な意思決定基準との統合
ステークホルダーの関心	最初に，ステークホルダー，そして地域社会ないしその他	すべてのステークホルダーが道徳的地位をもっている
経済的な関心	利益の再配分（利益が最大化された後）	価値創造
CSRの目的	事業の正当性を維持する	企業のあらゆる成功に貢献する
CSRビジネスモデル	社会的な苦情に応じる	ステークホルダーグループとのパートナーシップを構築する
CSRプロセス	コミュニケーション：パブリッククリレイションズ	ステークホルダーエンゲージメント
CSR活動	企業フィランソロピー：後援	伝統的な企業報告書へ非財務的報告の統合

出所）Freeman, R. E., Harrison, J. S., Wicks A. C., Parmar, B. L. and de Colle, Simone. *Stakeholder Theory: The State of the Art*, Cambridge University Press, 2010, p.258.

ることを試みた．このような試みは，経営成果の配分が生産活動の成果の配分であるのに対して，経営課題の決定に関わる関与度の配分ともいえる．そして，企業経営への参画方法としてのステークホルダー・エンゲージメントは，経営意思決定への参画という点で従来のステークホルダー論をより包括的で，機能的な性格の理論へと進めることになった．

いうまでもなく，このような考え方の基盤は，CSR に関する認識の深化である．CSR は，事業活動から派生するリスクの回避や社会的なイメージの向上などの付随的な活動から，経済的な評価を含めた統合的な性格をもつとともに，企業活動と一体化して理解されるようになった．したがって，CSR そのものが企業経営に取り入れられ，ステークホルダー・エンゲージメントという形で企業活動が社会的な課題解決への貢献との関連で評価され，そこに新たな事業の方向性を見出すようになってきたのである．

また，企業と社会との間に共創の関係が生じるとともに，企業の成果としての利潤の源泉であるイノベーションについても，ステークホルダーの役割が再考されるようになってきたのである．企業と社会の共創の時代には，企業経営にとっても，ステークホルダーの新たな役割と活動を再定義する必要が生まれていると考える．

2　ステークホルダーとイノベーション

イノベーションと CSR の関係は，双方向の主導性によって理解され．ひとつは，企業のビジネス・イノベーションの成果が地球環境問題や社会的な問題の解決に結果として貢献するというビジネス・イノベーション主導型の方向性である．いまひとつは，地球環境問題や社会的な問題の解決という CSR が主導して，結果として新たなイノベーションを生み出す方向性である．地球環境問題の解決に取り組むという社会的な要請に企業が対応するために電気自動車を開発することなどがあげられる．

さらに，イノベーションとCSRの双方向性は，社会的便益と企業の経済的な成功のトレードオフ関係が議論された段階とは異なり，正の関係性によって特徴づけられる[10]．そして，CSRは地球環境，社会そして経済という側面を統合した考え方によって定義づけられるようになった．このような段階では，イノベーションも経済的な成果だけでなく，地球環境問題を含む包括的なCSRの観点から思考され，実行そして評価されることになる．それは，イノベーションとCSRの共創といえる．

イノベーションとCSRの共創時代における企業のイノベーションとステークホルダーの関係は，経営成果の配分における利害，経営課題の決定に関わる関与度の配分という側面だけでなく，共創的なイノベーションのパートナー的な関係として理解されるようになる．企業とステークホルダーの関係は，製品やサービスだけでなく，活動（機能），情報そして資源など多様なつながりが考えられる．

企業と顧客の関係は，単なる製品やサービスの提供と消費という一面的な関係だけでなく，顧客の活動や消費情報などが企業のイノベーションに強い影響を与え，また顧客自身が新たなイノベーションを生み出すことも考えられるのである．企業とステークホルダーの間に生じる共創の関係は，決して組織的な主従関係ではなく，それぞれが自立した関係であると理解される．したがって，製品やサービスそのもののイノベーションだけでなく，顧客の活動や消費情報から2次的，派生的に生まれるイノベーションが経済的，環境的そして社会的に成果を生むと考えるのである．

ステークホルダー・エンゲージメントは，今やより多くの多様なステークホ

図表11—3　CSR牽引のイノベーションとイノベーション牽引のCSR

出所）Steven, P. M. & F. Joan, "Exploring the Fit Between CSR and Innovation", *Working Paper WP-759*, IESE Business School-University of Navarra, 2008, p.14.

ルダーをイノベーションの価値フロー（value flow）に含める協力関係を構築する基盤として理解される．つまり，ステークホルダーは企業の事業活動へ統合され，意見の聞き取りや発言ではなく，関与，協力という役割を担うことになる．[11] ステークホルダーにはあらゆる種類のものがあり，企業の経営陣はその組織目的に基づいてどのステークホルダーが関与するのかを設計する．このようにステークホルダーの役割は，企業の不正行為を防止し，リスク軽減によって損失を防ぐだけでなく，新しい製品やサービスについて企業に対して社会的・経済的なニーズを積極的に理解させるサポーターでもある．さらに進んで，ステークホルダーには，企業とともに新たな価値共創のパートナーとしての役割が加わることになる．

　さらに，経営陣がいかにステークホルダーを認識し，関係性を設計するか（つなぐか）が重要である．そこでは，複数の相互作用の性質やステークホルダー・グループ間の相互依存性の評価が求められる．また，各種のステークホルダー自身も固有のステークホルダー関係を形成している．このことが複数の相互作用の性質やステークホルダー・グループ間の相互依存性を特徴づけている．たとえば，消費者は企業との関係だけでなく，異なるステークホルダー関係を形成しているのである．病院，学校，地域社会，メディアなど生活に必要な視点から形成される．このことは，企業との関係が消費者にとって関連するステークホルダーのひとつに過ぎないことを意味する．ここに，オープンイノベーションの鍵があるし，リスクがある．しかし，企業は，1次的，直接的なステークホルダーに止まらず，各ステークホルダーが独自に形成しているステークホルダー関係にも考慮し，2次的，間接的なステークホルダーにもつなぐことが求められるのである．

　ステークホルダーマネジメントは，企業とステークホルダーの関係について① 企業の成果配分に関わるマネジメント，② 企業活動のモニタリング・マネジメント（ステークホルダー・エンゲージメント，マテリアル分析など），③ イノベーション・プロセスへの統合マネジメントという3つの役割によって特

徴づけられることになる．このようなステークホルダーマネジメントでは，企業と環境・社会の関係がより開放的で，緊密な関係へと変化し，影響を相互に与えることがある．まさに，ステークホルダーマネジメントは，企業の経営的な主体性をもちながら，開かれた関係を設計することになる．この意味で，ステークホルダーマネジメントはイノベーション・マネジメントとともに企業競争力を創出する役割を担うと考えられる．

3　企業の社会的責任の認識進歩

　持続可能な発展を目指す経済社会では，企業も社会や地球環境に対する配慮を自らのあらゆる意思決定や活動に組み込むことが求められる．

　企業の社会的責任については，環境的次元（the environmental dimension），社会的次元（the social dimension），経済的次元（the economical dimension），ステークホルダーの次元（the stakeholder dimension），ボランティアの次元（the voluntariness dimension）があるとされる[12]．

　具体的に，環境的次元では自然環境の問題が取り上げられ，事例としてはクリーンな環境，環境への責務，事業活動における環境への配慮がある．社会的次元では企業と社会の関係の問題が取り上げられ，事例としてはより良い社会への貢献，事業活動における社会的関係の統合，地域社会へのあらゆる影響を考慮がある．経済的次元では事業活動の視点から記述されたCSRを含む社会経済的ないし財務的な局面の問題が取り上げられ，事例としては経済発展に貢献，収益性の維持，事業活動がある．ステークホルダーの次元ではステークホルダー（利害関係者）ないしステークホルダー・グループの問題が取り上げられ，事例としてはステークホルダーとの相互作用，組織が従業員，サプライヤー，顧客，地域社会と対話する方法がある．ボランティアの次元では法律によって規定されない活動の問題が取り上げられ，事例としては倫理的な価値に基づく法的義務以外の自主的な取り組みがある．

242

　ここでは，環境的，社会的そして経済的な次元といった機能の問題を基本として，ステークホルダーの次元とボランティアの次元は関連的な問題として理解する．社会的責任は，「組織に焦点を合わせたもので，社会及び環境に対する組織の責任に関するものである．社会的責任は，持続可能な発展と密接に結びついている．持続可能な発展は，すべての人々に共通の経済，社会及び環境に関する目標であるから，責任ある行動を取ろうとする組織を考慮に入れる必要のある」[13]と説かれるのである．

　そして，企業の社会的責任の基本的な枠組みは，図表11—4のように構成されることになる．

図表11— 4　経済的，環境的，社会（地域社会）的な発展の相互作用

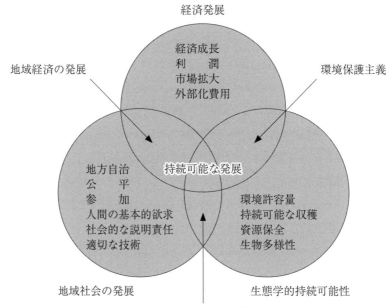

出所）Taticchi P., Carbone P. & V. A. Albino (ed.), "Corporate Sustainability" Springer, 2013, p.119.
Bell, S., and S. Morse, Learning from experience in sustainability. In *Proceedings of the 2003 International Sustainable Development Research Conference,* UK: University of Nottingham, 2003. p.4.

　今日の企業活動は，地球環境問題，社会問題と隔離した状況では十分な経済的な成果を達成することができない．むしろ，企業の社会的責任は，経済問題，環境問題，そして社会問題を包括的に理解することで新たな企業活動へと導くことになる．このような企業の社会的責任は，「持続可能な発展」に貢献する企業活動に意義を与えるものである．確かに，「持続可能な発展」は，具体的な企業活動との間に，隔たりがあり，企業活動の原理として十分に機能しないとの指摘もみられる[14]．

　しかし，地球環境問題へのこれまでの取り組みにみられるように，環境効率を目指したエコ・イノベーション（eco-innovation）だけでは十分な効果を達成できず，新たな環境問題や社会問題を生み出していることも看過されてはならない．

4　社会的責任の新たな経営的位置づけ

　企業における社会的責任の経営的な位置づけは，その重要性が認識されているものの財団の設立，寄付そして社会活動への従業員の参加といったボランティア的な位置づけから始まった．また，同時に当初から社会の一員として個人と同じく法的な規制を順守すること，つまりコンプライアンス（compliance 法令遵守）も企業の社会的責任として重要な責任であり，今日でも変わることはない．しかし，企業は営利的な生産組織であり，その生産活動により人間社会の生活に必要な財貨やサービスを提供するという責任も企業の社会的責任の基本的部分をなすことも明らかである．この意味では，企業の経営は，経済的な利潤を目的とする生産活動を核として，その他の社会的責任を補足的な部分として位置づける傾向にあったと考える．

　今日，企業の社会的責任における認識も地球環境問題や社会的問題を中心に変化し，より広域で多様な性格をもつようになってきた．さらに，地球環境問題や社会問題への国際的な取り組みは，企業活動の国際化もあって，企業活動

への影響を強める段階に至っている．この段階に至って，企業経営における社会的責任の位置づけも，図表11—5のように変化している．そこでは，次の4つの形態に分けられる[15]．① 持続可能性／CSR の思考と行動が認識されているが，無関係とみなされている．② 持続可能性／CSR の思考と行動が限定的に受容され，企業活動の一部と位置づけられている．③ 持続可能性／CSR の思考と行動が企業活動の中核的な問題となっている．④ 持続可能性／CSR の思考と行動が企業経営のすべての側面に統合されている．もとより，非常に簡素化した図表11—5ではあるが，これらは時系列的に考えるよりも，同時にそれぞれのモデルが存在していると考えるのが現実的である．このように企業の社会的責任の経営的位置づけは，無関係な位置から企業活動の一部として，また核として，さらにすべての側面に統合される形態が示されている．この点に関しては，競争優位の CSR 戦略という構想が企業の社会的責任の経営的位

図表11—5　企業の社会的責任の採用モデル

持続可能性／CSR の思考と行動が認識されているが，しかし無関連とみなされている．

持続可能性／CSR の思考と行動が経営のすべての側面に統合されている．

持続可能性／CSR の思考と行動が限定的に受容されている．

持続可能性／CSR の思考と行動が中核的な問題となっている．

出所）Koep, L. & A. O'Driscoll, *Towards a Model for Integrating Management and Communications Theory in Sustainability/CSR Research*, 2014, p.4.

置づけを端的に示している．さらに，「現在支配的な CSR の考え方は，あまり
に部分的であり，事業や戦略とも無関係で，企業が社会に資するチャンスを限
定している．むしろ，事業上の判断を下すのと同じフレームワークに基づいて，
その社会的責任を果たすというように考えれば，CSR はコストでも制約でも，
また慈善行為でもなく，ビジネスチャンスやイノベーション，そして競争優位
につながる有意義な事業活動であることがわかるであろう」[16]．いうまでもなく，
企業の社会的責任は，今や企業活動のフレームワークのなかに統合され，新た
な事業機会やイノベーションを生み出すものとして期待されている．

　企業は「持続可能な発展」を目標としているのでなく，その内実としての企
業の社会的責任を目指していると理解できる．企業は基本的に営利的な生産組
織として社会的な役割を付与されているからでもある．企業は，目標達成の手
段である生産という社会的役割に関して社会及び環境に対する組織の責任を組
み込むことになると考えられる．このことは，次の図表11―6のようなマク
ロとミクロの違いが明らかにしていると考えられる．「持続可能な発展」とい
うすべての人びとに共通の経済，社会及び環境に関する目標は，マクロレベル
の性格をもつものである．

　これに対して，このような「持続可能な発展」に組織として貢献するという
意味で，企業（ミクロレベル）は持続可能な企業価値を経済的な領域，社会的
な領域そして環境的な領域からなる企業の社会的責任の実行によって特徴づけ
られると考える．ここに，「持続可能な発展」と企業の社会的責任は，マクロ
とミクロというレベルの違いによって「持続可能性」の認識が異なると考える．
同時に，このような「持続可能な発展」と企業の社会的責任の関係に関する認
識進歩が，企業の社会的責任の新たな経営的位置づけに影響を及ぼしていると
もいえる．

　もとより，「いかなる企業であれ，すべての社会問題を解決したり，そのコ
ストをすべて引き受けたりはできない．それゆえ，自社事業との関連性が高い
社会問題だけを選択せざるを得ない．そのほかの社会問題は，体制が整ってい

図表11―6　マクロとミクロのレベルにおける持続可能性

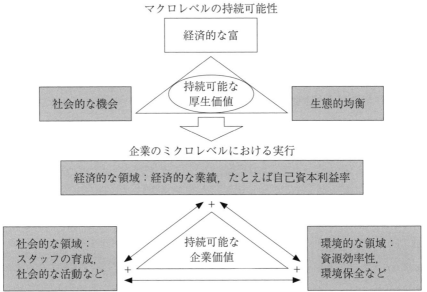

出所) Schäfer, H., Beer, J., Zenker, J. & P. Fernandes, *Who is who in corporate social responsibility rating ? A survey ofinternationally established rating systems that measure corporate responsibility* (Bertelsmann Foundation, Gütersloh), 2006, p.11.

る他産業，NGO，政府機関に任せることになる」[17].

　しかし，企業の社会的責任に関する経営的な位置づけは，部分的な位置づけから戦略的そして全社的な位置づけに変化し，同時に受動的な性格からすべての領域における経営資源の適切な配置，将来に向けたイノベーションの在り方につながる積極的なビジネス機会として理解されるようになってきたと考えられる．

5　社会的責任とイノベーションの関係性

　企業の社会的責任は，企業活動に対する規制対応や付随的な対応という受動的な取り組みから戦略的な対応へと深化を遂げている．そして，今や企業の社

会的責任では，ビジネスチャンスとして理解するとともに，問題解決へのイノベーションに取り組む段階へと進んでいる．

5—1．地球環境問題とイノベーション

　企業の環境経営は，図表11—7のような展開が一般的である．まず，第1のタイプは，政府の規制や関係者の要望等を受け，受動的な形で環境保全に関する取り組みを行うものである（規制対応型）．ついで，第2のタイプは，環境対策を事業活動のリスク対応として認識し，事業者内部の環境管理体制の整備を行い，予防的な取り組みを行うものである（予防対応型）．そして，第3のタイプは，環境保全を事業者の経営戦略またはビジネスチャンスとして捉え，エコビジネスを展開し，より環境の負荷の少ない製品の製造の展開を図っていくものである（機会追求型）．さらに，第4のタイプは，環境保全は企業の社会的責任でありかつ，持続可能な企業経営のために必要不可欠なことであると

図表11—7　環境経営の取り組み姿勢による類型化

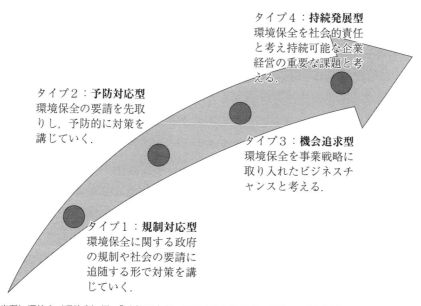

タイプ4：**持続発展型**
環境保全を社会的責任と考え持続可能な企業経営の重要な課題と考える．

タイプ2：**予防対応型**
環境保全の要請を先取りし，予防的に対策を講じていく．

タイプ3：**機会追求型**
環境保全を事業戦略に取り入れたビジネスチャンスと考える．

タイプ1：**規制対応型**
環境保全に関する政府の規制や社会の要請に追随する形で対策を講じていく．

出所）環境庁（環境省）編　『平成12年版　環境白書』2000年　135ページを修正．

捉え，事業活動全体における環境負荷の削減を図っていくものである．また，事業活動の持続可能性の観点から他の主体との連携を図り，生産する製品の転換，業態の変換等を行う場合もある（持続発展型）．また事業活動の持続可能性の観点から他の環境責任主体（国，自治体，国民）との連携を図り，問題解決の相乗効果を高めることが求められている[18]．

ただし，これら4つのタイプは，段階的というよりは，同時に行われているとされている．

さらに，2011 年になって，UNEP（国連環境計画 United Nations Environment Programme）が「グリーン経済（Green Economy, 2011.11）」を宣言し，OECD が「グリーン成長（Green Growth, 2011.5）」を掲げて，企業社会も持続可能な開発を目指す時代へと進むことにより，エコ・イノベーションを核とする地球環境問題への革新的な取り組みが登場することになる．エコ・イノベーションは，エンド・オブ・パイプの段階から ISO14000 の導入による地球環境に配慮した生産プロセスの段階，そして製品・サービスのエコ・イノベーションへと展開している．しかし同時に，エコ・イノベーションは新たな問題を内包していることが明らかになった．エコ・イノベーションは，新たな派生的な地球環境問題（生物多様性問題など）や社会問題（食糧危機，貧困，人権，不正な取引慣行などの問題）を生じさせていることも看過されてはならない．このような変化は，地球環境問題への政府や企業の対応の変化としてあらわれている．

さらに，日本企業における環境報告書から社会的責任報告書，サステナビリティ報告書への展開は，環境経営の原理が経済的，社会的な側面との緊密な関係において理解されるようになったことを意味している．このように地球環境問題を経済的，社会的の側面との統合的な関係で理解することは，環境問題への対応が新たな問題を生むといったエコ・リバウンドの回避にも役立つのである．

5－2．社会問題とイノベーション

企業の社会的責任に関しては，地球環境問題とともに，社会問題への企業の

かかわりが問われている．企業は経済組織体であり，会社という法律上の人格をもつもので，自然人とは異なる．しかし，市民と同様に法律を遵守しなければならない．さらに，市民と同様に，社会活動にも参加することもある．とりわけ，地域社会との関係では，地域社会の発展に貢献することも求められる．このような社会的な性格を自覚して，企業は寄付，慈善事業などを通じて社会貢献をしてきたし，社会的責任としても理解してきた．しかし，今日の企業をめぐる社会の変化は，地球環境問題にとどまらず，社会的な問題の解決へのより積極的なかかわりを求められるようになってきた．企業活動が国際化するに従って，国際的な対応が求められる貧困，人権，教育そして健康・福祉など多様で複雑な社会的な問題解決への取り組みが企業の評価（ISO26000，GRI，UNGCなど）に組み入れられるようになった．

　企業の社会的責任に関する議論は，理論的にも実践的にも，コスト／リスクの最小化という視点から機会の最適化という視点へと展開している．今日の社会的責任論では図表11—8に示されているように，積極的に社会的な課題に取り組み製品とサービスのイノベーションを推進する企業のソーシャル・イノベーション（social innovation）が関心を集めている[19]．

　このような企業におけるソーシャル・イノベーションの展開は，企業活動の実践に反映されている．図表11—9はIntelの企業事例であるが[20]，企業の社会的インパクトと企業価値の2つの軸で企業の社会的責任を位置づけるとともに，ソーシャル・イノベーションを社会変革への貢献と市場の創出という視点から評価し，展開するとしている．企業のソーシャル・イノベーションを展開するためには，企業は外部の異なるセクターとの協働や推進するためのエコシステムが問題となる．ここに，企業における経営の対外活動と主体的な経営が求められることになる．なお，ソーシャル・イノベーションについては，一般的に，NGO，NPO，政府そして自治体などの幅広い組織が主体となって展開されてあり，企業におけるソーシャル・イノベーションを特にコーポレート・ソーシャル・イノベーション（corporate social innovation）とよぶことがある．

図表 11— 8　CSR の発展と社会・経済的マネジメント思考の段階

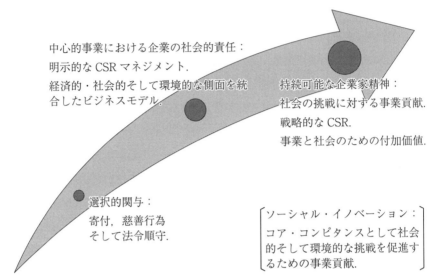

中心的事業における企業の社会的責任：
明示的な CSR マネジメント.
経済的・社会的そして環境的な側面を統
合したビジネスモデル.

持続可能な企業家精神：
社会の挑戦に対する事業貢献.
戦略的な CSR.
事業と社会のための付加価値.

選択的関与：
寄付，慈善行為
そして法令順守.

ソーシャル・イノベーション：
コア・コンピタンスとして社会
的そして環境的な挑戦を促進す
るための事業貢献.

出所) Schmidpeter, R., Corporate social Responsibility: A New Management Paradigm? In Okpara, J. O. & Idowu, S. O. (ed.), *Corporate Social responsibility*, Springer-Verlag Berlin Hiedelberg, p.179 を修正

6　企業の革新的な社会的責任

　さて，今日の企業では，環境経営の展開と社会的な課題への取り組みがいず
れも持続可能な発展に貢献する企業の社会的責任を目指す形で展開されている.
さらに，エコ・イノベーションもソーシャル・イノベーションもいずれも企業
が持続可能な発展において重要な要因となっている. このことは，持続可能な
発展を基盤とする企業の社会的責任の特徴がイノベーションにあることを物語
っているといえる. そして，統合的な企業の社会的責任は，ビジネス・イノベ
ーションにエコ・イノベーションとソーシャル・イノベーションを統合した革
新的な企業の社会的責任であるともいえる. まさに，この革新的な企業の社会
的責任は，経営戦略の核としての社会的責任をさらにイノベーションに基づく

図表 11—9　CSR1.0 から CSR3.0 へ

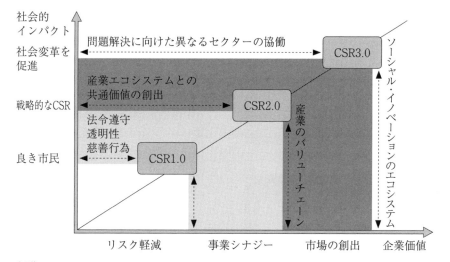

出所）Intel, *THE ROLE OF CORPORATE. SOCIAL INOVATION: FROM CSR1.0 TO CSR3.0. The story of how Intel learnt to create a vibrant social ecosystem to unleash social innovation and tackle China's social and environmental challenges.*, 2014, p.9.

社会的責任へと展開する段階と考える．そして，企業の社会的責任に関しては，図表 11—10 のような経済的展望，環境的展望そして社会的展望という 3 つの展望が示されている．いずれの展望にも，経済的，社会的そして環境的な展望が重なり合っているが，それぞれの基礎となる展望によって特徴づけられている[21]．

　これらの展望は，持続可能な発展に向けた展望であり，これまでの機能や事業という思考に基づいて企業活動を理解するのではなく，経済的，環境的そして社会的展望に基づく企業活動である．各展望をイノベーションに関係づけると，ビジネス・イノベーションは，経済的な展望に基づいて生産プロセス，製品サービスそして組織に関するイノベーションを展開することになる．

　これに対して，エコ・イノベーションは，地球環境への負荷の低減（環境効率）を目指して，環境的展望に基づいて環境保全プロセス，環境適合設計そして資源・エネルギー効率に関するイノベーションを展開することになる．

図表 11—10　持続可能性の３つの展望

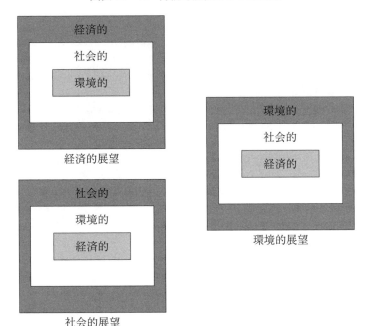

出所）Hussain, Z. & J. Singh, A Study of Consumer Attitudes and Behaviour Towards Sustainability in Bradford, UK: An Economical and Environmentally Sustainable Opportunity, In Taticchi, P., Carbone, P. & V. A. Albino (ed.), *Corporate Sustainability*, Springer Hiedelberg, 2013, p. 118.

　そして，ソーシャル・イノベーションは，社会問題（貧困，人権など）の解決に関するイノベーションを展開する．これらは，いずれも持続可能な発展に貢献するイノベーションであるが，いずれも経済的，環境的そして社会的な側面の重層的な関係において理解される．

　今後，企業の社会的責任は，経済的，環境的そして社会的な側面を重層的に統合したものとして理解されるとともに，ビジネス・イノベーション，エコ・イノベーションそしてソーシャル・イノベーションの企業における境界はますます不明瞭になると考えられる．このような企業の社会的責任をここでは，革新的な社会的責任（Innovative CSR）と理解したいのである．

　企業活動における企業の社会的責任の組み入れは，開放的な組織観によって

のみ理解されるものであり，マネジメントが内部管理的な性格から，対外活動を含む全体的で，総合的な性格へ進んでいることを明らかにする．内と外の両者を企業の経営活動が一体化するとき，企業経営の今日的な特徴が明らかにされる．そして，企業の革新的な社会的責任に関する枠組みは，図表 11—11 に示される．[22] ここでは，企業の統合的な社会的責任に基づくイノベーションによ

図表 11—11　企業の統合的な社会的責任の概念的枠組み

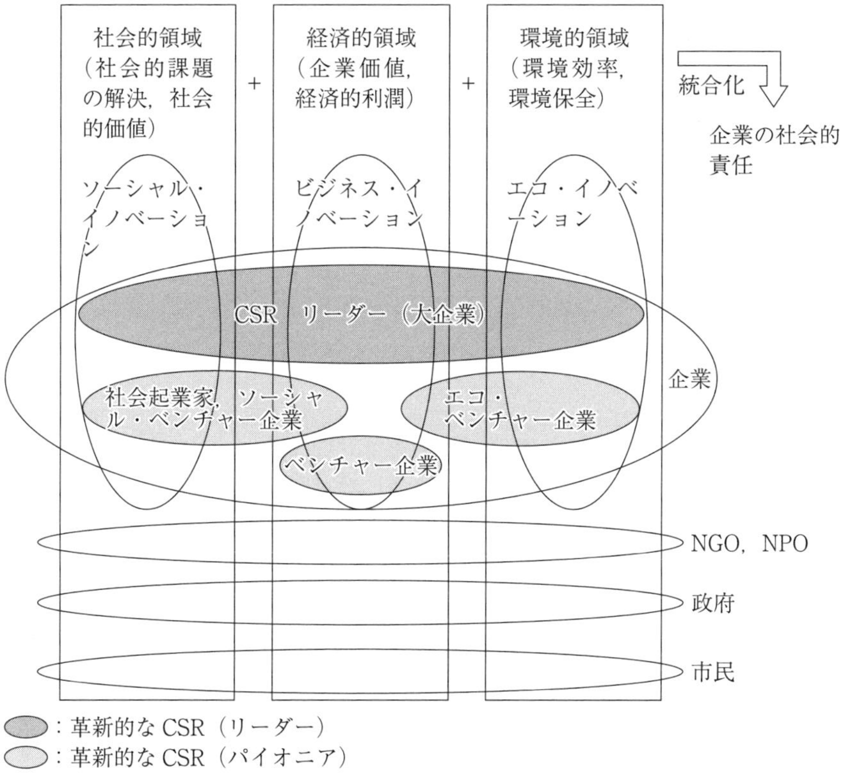

◗：革新的な CSR（リーダー）
◗：革新的な CSR（パイオニア）

出所）Avlonas, N., The *EFQM Framework for Corporate Social Responsibility American College of Greece. Adviser EFQM* online. Available at: http://research.shu.ac.uk/cfie/ecop/docs/EFQMCSRFrameworkECOPF.pdf. 2014, p.2.
Schäfer, H., Beer, J., Zenker, J. & P. Fernandes, *Who is who in corporate social responsibility rating? A survey of internationally established rating systems that measure corporate responsibility,* Bertelsmann Foundation, Gütersloh, 2006, p.13. を加筆・修正.

って企業価値を高めている企業を革新的な社会的責任のリーダーとして，またエコ・イノベーションの可能性をもつ企業をエコ・ベンチャー企業，ソーシャル・イノベーションの可能性をもつ企業を社会起業家，ソーシャル・ベンチャー企業として，これにビジネス・イノベーションの可能性をもつベンチャー企業を加えて企業の革新的な社会的責任のパイオニアと位置づける．

　企業の統合的な社会的責任から企業の革新的な社会的責任への展開は，Intel や Phillips の企業事例にみられるように，エコ・ベンチャー企業，社会起業家・ソーシャル・ベンチャー企業，ベンチャー企業，さらに NGO，NPO，政府，地方自治体，市民を加えて，個別的な関係構築ではなく，関係そのものが意義のあるネットワークを企業の経営者が作り上げて，実践することが不可欠になる．このような経営者の行動原理は，企業の革新的な社会的責任を機能させ，企業価値の実現を図ることである．また，このように企業と社会との双方的な関係は，ステークホルダーの参画の意義をさらに重要なものとするだけでなく，イノベーションの創出という視点からも看過できない経営課題として位置づけられることになる．

※この章は，つぎの論文を再編集したものである．

　拙稿『企業競争力としてのステークホルダーマネジメント』東洋大学経営力創成研究センター『経営力創成研究』第 14 号，2015 年　45-46 ページ．

　拙稿『スモールビジネスの創造と CSR』東洋大学経営力創成研究センター『スモールビジネスの創造とマネジメント』2017 年　1-17 ページ．

　拙稿『企業の総合的な社会的責任の概念的枠組み』第 12 号，2016 年　61-74 ページ．

注）

1）山城章『経営学』白桃書房　1977 年

2）Drucker, P. F., *"The Practice of Management"* Harper & Brothers Publishers, 1977.（野田一夫監修・現代経営研究会訳『現代の経営』ダイヤモンド社　1987 年　277 ページ）

3）Porter, M. E. & M. R. Kramer, "Creating Shared Value; How to reinvent capitalism — and unleash a wave of innovation and growth", *in Harvard Business Review,* and January-February, 2011, pp.62-77.（編集部訳「経済的価値と社会的価値を同時実現する　共通価値の戦略」『DIAMOND ハーバード・ビジネス・レヴュー』2011 年　30 ページ）

4) Freeman, E. R., *Strategic management : a stakeholder approach,* Boston: Pitman, 1984, p.46.

5) 水尾順一「企業社会責任とステークホルダーマネジメントシステム」『日本経営診断学会論集』（第 1 号），2001 年　62-76 ページ

6) 株式会社日立製作所「日立グループ　サスティナビリティ・レポート 2015」2016 年

7) Slabá, M., "Stakeholder pro file and stakeholder mapping of SMEs", *Littera Scripta,* Volume 9, Issue 1, 2016, p.128.

8) Mitchell, R. K., Agle, B. R. & D. J. Wood, "Toward a Theory of Stakeholder Identification and Salience: Defining the Principle of Who and What Really Counts", *Academy of Management Review,* 22(4), 1977, pp.865-868.

9) MacGregor, S. P. & J. Fontrodona, *"Exploring the Fit between CSR and Innovation",* Working Paper WP-759, IESE Business School-University of Navarra, 20, 2008, p.14.

10) Porter, M. E. & M. R. Kramer, 前掲訳書，2011，11-13 ページ.

11) Tencati, A. & L. Zsolnai, "Collaborative Enterprise and Sustainability: The Case of Slow Food", *Journal of Business Ethics,* Vol.110, No.3, October, 2012, p.346.

12) Dahlsrud, A., How Corporate Social Responsibility is Defined: an Analysis of 37 Definitions. *Corporate social responsibility & Environmental Management,* 13, November, 2008, p.4.

13) 日本工業標準調査会審議『JIS 社会的責任に関する手引き，JIS Z 26000（ISO 26000)』日本規格協会　2012 年　15 ページ

14) Porter, M. E. & M. R. Kramer, Strategy and Society The Link Between Competitive Advantage and Corporate Social Responsibility, In *Harvard Business Review, January.,* 2006,（「競争優位の CSR 戦略」『「公器」の経営』『DIAMOND ハーバード・ビジネス・レビュー』January 2008 年　82 ページ）

15) Koep, L. & A. O'Driscoll, *Towards a Model for Integrating Management and Communications Theory in Sustainability/CSR Research,* 2014, p.4.

16) Porter, M. E. & Kramer, M. R., 前掲訳書，2006，80 ページ

17) 同上訳書，84 ページ

18) 環境庁（環境省）編『平成 12 版　環境白書』2000 年　223 ページ

19) Schmidpeter, R., Corporate social Responsibility: A New Management

Paradigm? In Okpara, J. O. & Idowu S. O. (ed.), *Corporate Social responsibility*, Springer-Verlag Berlin Hiedelberg, 2013, pp. 171–180.

20) Intel, *THE ROLE OF CORPORATE. SOCIAL INOVATION : FROM CSR1.0 TO CSR3.0. The story of how Intel learnt to create a vibrant social ecosystem to unleash social innovation and tackle China's social and environmental challenges*, 2014.

21) Hussain, Z. & J. Singh, A Study of Consumer Attitudes and Behaviour Towards Sustainability in Bradford, UK: An Economical and Environmentally Sustainable Opportunity, In Taticchi, P. Carbone, P. & V. A. Albino (ed.), *Corporate Sustainability*, Springer Hiedelberg, 2013, pp. 115–156.

22) Avlonas, N., *The EFQM Framework for Corporate Social Responsibility American College of Greece. Adviser EFQM* online. Available at: http://research.shu.ac.uk/cfie/ecop/docs/EFQMCSRFrameworkECOPF.pdf. 2014.

Schäfer, H., Beer, J., Zenker, J. & P. Fernandes, *Who is who in corporate social responsibility rating ? A survey ofinternationally established rating systems that measure corporate responsibility*, Bertelsmann Foundation, Gütersloh, 2006.

本研究に関する現状と動向

　企業が営む生産活動は市場によって評価され，社会の発展に貢献することになる．しかし，社会の発展が単に経済的な問題だけでなく，社会問題や地球環境問題を含む持続可能な発展を意味する時代へと進んでいる．今や，企業は，持続可能な社会を前提とする営利的な生産組織として再定義されるのである．このような持続可能な社会における企業は，企業規模の大小にかかわらず，新たな社会における役割を認識し，行動に反映させることが求められるのである．こうした動きは，ISO14000（環境マネジメント），ISO26000（社会的責任）やGRI（統合報告書）などのCSRの国際標準の登場によっても，知ることができるのである．

　企業の社会的責任とステークホルダーに関する研究は，ポーターの「CSRを超えて」という指摘とともに，事業活動に付随する活動の段階から事業活動それ自体の活動の段階へと変化してきている．このような動向の端緒は，戦略的CSRという表現が示している．その内実は企業と社会の共通の価値に関する研究ということになる．さらに，今日では，多くの企業がサスティナブル報告書という形で次の章で取り上げるSDGsに基づく報告を行っている．

　企業の利潤は，一般にイノベーションによって獲得される．ここでのイノベーションとは，新しい市場の発見，より広範な消費者の受容を生み出すための生産物の分化，新しい生産物の開発など広範囲な活動を意味し，新しい生産物や生産方法を含むのである．企業と社会との関連のなかで，社会から企業に対してイノベーションが期待され，その期待にこたえることが企業に求められているのである．したがって，企業の経営者は，機能主義の理念に徹し，社会が期待するイノベーションを創出する経営力を高めることになる．

　企業におけるイノベーションとバリューチェーン（価値連鎖）の関係では，経営陣がいかにステークホルダーを認識し，関係性を設計するか（つなぐか）が重要である．そこでは，複数の相互作用の性質やステークホルダー・グループ間の相互依存性の評価が求められる．また，各種のステークホルダー自身も固有のステークホルダー関係を形成している．このことが複数の相互作用の性質やステークホルダー・グループ間の相互依存性を特徴づけている．たとえば，消費者は企業との関係だけでなく，異なるステークホルダー関係を形成しているのである．病院，学校，地域社会，メディアなど生活に必要な視点から形成される．このことは，企業との関係が消費者にとって関連するステークホルダーのひとつに過ぎないことを意味する．ここに，オープンイノベーションの鍵があるし，リスクがある．しかし，イノベーションと価値フローの関係においては，1次的，直接的なステークホルダーに止まらず，各ステークホルダーが独自に形成しているステークホルダー関係も考慮し，2次的，間接的なステークホルダーにもつなぐことが求められるのである．

第 12 章　SDGs と国際的企業家育成

SDGs

オープンイノベーション　　アウトバウンド

インバウンド

企業家育成

1　SDGs と企業

　2015 年に国連で採択された SDGs（Sustainable Development Goals）について
の取り組みがビジネス機会として関心を高めている．また，SDGs は，企業行
動に組み込まれ，中核的な経営課題となっている．SDGs は，諸目標実現のた
めの創造性とイノベーションを企業に期待している．イノベーションは，経済
成長だけでなく，気候変動，高齢化社会，貧困などの経済的，環境的および社
会的課題に対する解決策を生み出す基盤である．

　さて，国際的企業家とは，国際的な企業行動の指針（compass）に基づく企
業家である．企業家は，敏捷性をもつ人物であり，ビジネス機会を素早くみつ
けて商業化する人物である．ここでは，持続的な発展の担い手としての企業家
に着目するとともに，企業家育成という課題への取り組みについても考察する．

　これまで企業は，地球環境問題や社会的責任（social responsibility）問題に関
する国際的な取り組みに基づいて企業行動の再構築を展開してきた．そして，
いま SDGs が新たな国際的な取り組みとして企業行動に影響を及ぼしている[1]．

（1）　地球環境問題から社会的責任問題へ

　わが国の公害問題は，公害対策基本法（1967），環境庁発足（1971）からリオ
デジャネイロの地球環境サミット（1992），環境基本法（1993）へと進み，地球
環境問題の多様化へと転換した．その後は，循環型社会形成推進基本法
（2000），環境省発足（2001）により循環型社会への取り組みが本格化した．

　さらに，この時期に ISO（International Organization for Standardization：
国際標準化機構）により ISO14001（1996）が発行され，大企業だけでなく，
中小企業においても取引関係による認証取得が進展した．また，家電，食品そ
して自動車などのリサイクル法が整備され，企業の生産活動は，地球環境問題
とともに，社会とのつながりを深めてきた．結果として企業は環境部を設置す
るなど事業活動に地球環境問題を組み入れるとともに社会的責任問題として展

開することになった．同時に，ヨハネスブルクの地球環境サミット（2002）で持続可能な発展に関する世界首脳会議が開催され，持続可能な発展に向けた世界的な取り組みが本格化した．企業の社会的責任に関する取り組みは，ISO26000（2010）の組織の社会的責任に関する国際規格，GRI（Global Reporting Initiative；2000：第1版，2013：第4版）へと進んでいる．

(2) 社会的責任問題から持続可能な発展問題へ

わが国では，ISO26000が多くの企業で採用されてきたが，国際的にはGRIが多く採用されていた[2]．その後，国際的な動向が国連主導の「持続可能な発展」という考え方が普及するとMDGs（Millennium Development Goals, 2001）からGRIも参加したSDGs（2015）への発展的な継承がなされた．

さて，SDGsは，MDGsが発展途上国を対象とし，各国の政府や国際機関を達成主体とするのに対して，対象に先進国を加え，達成主体を企業やNGO，NPOなどへと拡張した．さらにSDGsは，目標数も8から17へと増やして地球環境問題，社会的問題そして経済的問題を含む包括的な構想へと進展した[3]．

具体的には，MDGsの8つの目標は，① 極限の貧困と飢餓の撲滅，② 乳幼児死亡率の削減，③ 妊婦の健康の改善，④ HIV／エイズ，マラリア及びその他の疾病の蔓延防止，⑤ 普通的初等教育の達成，⑥ ジェンダーの平等の推進と女性の地位向上，⑦ 環境の持続可能性の確保，⑧ 開発のためのグローバル・パートナーシップの推進である．

他方，SDGsの目標は，簡略すれば，① 貧困をなくそう，② 飢餓をゼロに，③ すべての人に健康と福祉を，④ 質の高い教育をみんなに，⑤ ジェンダー平等を実現しよう，⑥ 安全な水とトイレを世界中に，⑦ エネルギーをみんなにそしてクリーンに，⑧ 働きがいも経済成長も，⑨ 産業と技術革新の基盤をつくろう，⑩ 人や国の不平等をなくそう，⑪ 住み続けられるまちづくりを，⑫ つくる責任 つかう責任，⑬ 気候変動に具体的な対策を，⑭ 海の豊かさを守ろう，⑮ 陸の豊かさも守ろう，⑯ 平和と公正をすべての人に，⑰ パートナーシップで目標を達成しようである．そして，これらの17の目標は，169のター

ゲットと 230 の指標から構成されている.

　さらに, SDGs の目標のうち, ①〜⑥は, MDGs の①〜⑦に対応している. そして, SDGs の理念的な目標といえる⑰は, MDGs の⑧であり, 基本理念の継承が図られている.

　ただし, 個別企業の場合は多種多様な制約要因があり, 「大きな影響が期待できる領域について最も関連性の高い指標（複数可）を選択するか, その指標をヒントに独自で指標を設定することができる[4]」とされているのである. たとえば, Siemens の事例では, 高いインパクトの目標として SDGs の③, ⑦, ⑨, ⑪, ⑬を, 中程度のインパクトの目標として④, ⑤, ⑧, ⑫, ⑯, ⑰を, そして低いインパクトの目標（間接的インパクト）として①, ②, ⑥, ⑩, ⑭, ⑮を位置づけている[5]. SDGs では, 対象の主体が多様性をもつとともに, それぞれの個別の特性や条件を考慮して主体的に取り組むことになる.

　そして, 企業行動については,「67.（民間企業活動）民間企業の活動・投資・イノベーションは, 生産性及び包摂的な経済成長と雇用創出を生み出していく上での重要な鍵である. 我々は, 小企業から共同組合, 多国籍企業までを包含する民間セクターの多様性を認める. 我々は, こうした民間セクターに対し, 持続可能な開発における課題解決のための創造性とイノベーションを発揮することを求める[6]」としており, この点が MDGs との違いともいえる. このような企業の主体的な対応が SDGs では求められている. 同時に, 民間セクターの創造性とイノベーションの発揮という従前の社会的責任とは異なる点も求められていることが看過されてはならない.

　このような企業の地球環境問題, 社会的責任問題そして持続可能性問題への流れは, 図表 12―1 のように整理することができる.

　このように地球環境問題から社会的責任問題, そして持続可能な発展問題へと移行してきたのである. それは, 企業の地球環境問題や社会的責任問題に横たわっていた経済的側面とのトレードオフ関係を克服する試みともいえる. このような試みは, 「グリーン経済」(UNEP, 国連環境計画, 2011)「グリーンイ

図表 12—1　CSR に関する規定，ガイドラインの流れ

	ISO14001	ISO26000	GRI	MDGs	SDGs
性　　格	認証評価	ガイドライン	報告書評価	目　　標	目　　標
対象項目	環　　境	社会責任	環境・社会・経済の統合	環境・社会	環境・社会・経済
対応行動	管理システム全体	全項目の評価ステークホルダー	全項目の評価，マテリアリティステークホルダー格付け	全項目問題提示	全項目・選択問題解決イノベーションプラットホーム
対　　象	すべての組織	すべての組織	企業	すべての組織	すべての個人・組織
設 定 年	1980	2000	2000	2010	2015
評価領域	1	7	3	8	17

出所）日本規格協会（2014），日本工業標準調査会審議（2012），GRI, United Nations (2015a), United Nations (2015b) より作成.

ノベーション」（OECD, 2011）といった取り組みがなされるとともに，イノベーション，とりわけオープンイノベーション（open innovation），エコイノベーション（eco-innovation）やソーシャルイノベーション（social innovation）への関心の高まりによっても推進されてきた.

2　オープンイノベーションと企業

　チェスブロー（Chesbrough, H.）は，企業や組織内でのイノベーションをクローズドイノベーションとし，これに対してオープンイノベーションを提示する．オープンイノベーションとは「知識の流入と流出を自社の目的にかなうように利用して社内のイノベーションを加速するとともに，イノベーションの社外活用を促進する市場を拡大すること[7]」と定義している．そして，企業や組織外のイノベーションとしてはユーザーイノベーション（user innovation）がある．ユーザーイノベーションの「ユーザーとは，製品やサービスを「使用する」こ

とで効用（benefit）を受けようとする企業または個人をさす．これは，メーカーが製品やサービスを「販売する」ことで効用を受けようとするのとは対照的である[8]」としている．このようにオープンイノベーションとユーザーイノベーションとは対照的な特性をもつが，イノベーションの発生が分散している点では同じである．この分散型イノベーション（distributed innovation）が従来の企業内部に閉じ込められていたイノベーションの概念を変えただけでなく，企業の在り方をも変えたといえる．特に，中小企業にとってユーザーイノベーションは，ニッチ市場の特性をもつことから関心が高まっている[9]．

　チェスブローのオープンイノベーションモデルは，図表12—2のようにR&D から商業化（commercialization）を加えた拡張がなされている．さらにユーザーイノベーションの取り込み，統合的な思考に基づく新たなイノベーションへの関心が高まっている．オープンイノベーションは，知識のインバウンド（inbound 流入）とアウトバウンド（outbound 流出）という 2 つの側面によって特徴づけられている．もちろん，イノベーションのプロセスを考えると，知識だけでなく，資源や活動そして組織さえ流入と流出の対象となる．さらに，イノベーションがユーザーの下で発生することを考えると，企業にはユーザーからのフィードバックも考慮されることになる．

　さて，図表12—2において，◆━━▶は，共同活動関係をあらわしている．━━━▶は，一方向を示している．一方向は市場取引に近い関係であり，共同活動関係（共同での研究開発，生産そして商業化など）は相互依存性が程度の差によって多様な形態が存在する．このような協力関係は提携から統合まで多様な形態をとる．ただし，相互依存性の高まりは，当該組織の独立性を損なうことになる．したがって，他の企業や組織との協力関係は，価値共有という側面をもつものであるが，同時に支配と従属などの力関係という側面も内包していると考えられる．この意味で主体の自立性とともに，関係そのものの独自な意義が関係の形成では重要である．

図表 12—2　オープンイノベーションのパラダイム

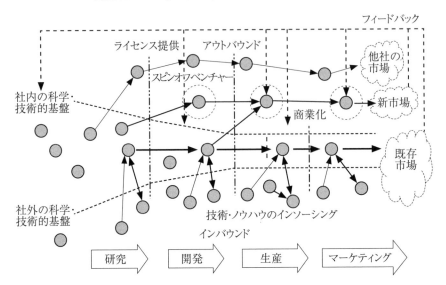

出所）Chesbrough, H., et al., 著，PRTM 監訳，長尾高弘訳『オープンイノベーション―組織を越えた
　　　ネットワークが成長を加速する―』英知出版　2008 年を修正して作成.

① アウトバウンドの形態

　企業の研究活動の成果は，すべて開発され，生産されそして商業化されるわ
けではなく，自社内に未利用の知財として蓄積されている．この未利用の知財
はアウトバウンドという形態で活用される対象となる．企業のアウトバウンド
の場合は，自社の未利用として特許などを他企業へライセンス供与することが
ある．提供を受けた企業がその特許などを開発部門で実用化し，生産し商業化
する．その結果，他企業が新しい市場を形成する．

　また，自社の特許に基づいて開発し，その生産をスピンアウトにより組織さ
れた別会社（子会社，関係会社）で生産し，商業化して新しい市場を形成する．
この場合，自社の特許が既存の市場と異なる新しい市場を形成することが別会
社へとスピンアウトする要件となる．このような新しい市場への知財の活用は，
企業の多角化戦略として行われるといえる．したがって，生産活動の分業的，

地域的な分化など企業の生産組織的な合理化を図るためのスピンアウトにより形成される子会社，関係会社とは異なるものである．ただし，これらのスピンアウトによりつくられた子会社，関係会社の一部は中小企業で一定割合を占めていると考えられる．また，アウトバウンドは，企業内知財の未利用という意味でイノベーションの内部非効率性（internal inefficiencies）の問題として検討されている[10].

②　インバウンドの形態

ついで，企業のインバウンドの場合は，研究段階，開発段階そして商業化段階の各段階で外部の資源や活動を組み込んで，自社の研究活動，開発活動そして商業化活動を活性化し，市場での競争優位を創出しようとするものである．つまり，研究活動や開発活動では，外部の研究成果であるアイデアや特許の提供を受けることになるし，開発活動では製品開発技術，さらに商業化の活動ではマーケティングについての技術やノウハウの提供を受けることになる．企業のインバウンドの場合は，多様な形態で実施される．つまり，ライセンスの提供から企業買収まで多様性がみられる．この多様性が企業間関係の多様性を生み出しているのであり，オープンイノベーションが企業間関係や企業以外の組織を含む組織間関係の問題とされるゆえんである．

当初のオーブンイノベーションは，研究や開発の段階に焦点が当てられていたが，今日では商業化の段階にも拡大している．このような拡大によりイノベーション研究が企業全体の経営課題として理解されることになった．また，イノベーションの商業化の段階が取り上げられることにより，イノベーションの収益性という企業の特性を反映したイノベーションのモデルが構築されることになった．このことは，製品イノベーション，生産過程のイノベーションそしてマーケティング・イノベーション，さらに組織のイノベーションなどイノベーションの拡張と多様性を生み出すとともに，複雑化をもたらすことになっている．したがって，経営者は，このようなイノベーションの拡張，多様性そして複雑化に対応することが求められるようになっている．

(2)　組織間関係からみたオープンイノベーション

　オープンイノベーションの進化は，企業に新たなイノベーションの可能性を
提示している．企業は，研究開発からマーケティングまでのあらゆる領域での
イノベーションに取り組んでいる．同時に，イノベーションの主体であったり，
支援であったり2面性をもつ点も今日の企業の特徴となっている．しかし，い
ずれの側面でも関係形態は，活動，資源そして主体という関係の内容によって
イノベーションへの取り組みが異なる．主体は活動によって資源を活性化させ
る．活動は資源の消費を意味し，主体の能力が発達するにつれて進化する．資
源は主体が追求できる範囲を制限する．主体間の結束は，積極的で意識的に強
力な活動の接続と資源の連結という関係を構築するための前提条件である．こ
のような3つの次元の相互作用は，企業発展の原動力である．

　ここでの企業間関係は，基本的に主体間の関係であり，一方が他方に従属す
る関係ではない．したがって，主体間の連結が企業買収，資本参加などの支配
的な形態をとる場合は，経済的な意味で単体の組織となり，企業間関係とは異
なる．子会社や関係会社は，厳密には親会社との会社間関係といえる．ここで
の企業間関係は企業の自立性が経済的にも保持され，経営的な自立性（意思決
定の自立性）が保たれていることが前提となる．ただし，少数資本参加でも企
業買収へと展開する可能性もあり，主体の連結は企業間関係の基軸となる．

　そして，活動の接続や資源の結合は，企業の研究開発の成果，技術・ノウハ
ウの流出につながる点も留意することが求められる．したがって，企業間関係は，
取引関係から協働関係まで多様な形態をとることになる．オープンイノベーショ
ンを前提とした協力関係という意味で，イノベイティブな協力関係への取り組み
が重要となる．組織間関係からイノベーションを検討することは，イノベーショ
ンの主体を検討することになり，さらには企業家精神の具現化でもある．

　まさに，オープンイノベーションとユーザーイノベーションに関心が高まり，
企業活動にも影響が高まるとき，企業の経営者は企業間関係ないし組織間関係
の取り組みを通じてイノベーションを創出する能力を高めることが要求される．

　分散型イノベーションは，間接的なイノベーション活動の存在を表している．オープンイノベーションとユーザーイノベーションは，ともに分散型イノベーションであるが，その目的が異なる．オープンイノベーションは企業の利潤を目指しているが，ユーザーイノベーションはユーザー（顧客）の便益を目的として創出される．両者は，この意味で異なるものであるが，ユーザーイノベーションの商業化による統合化の研究が関心を高めている．市場のデジタル化は，組織間関係だけでなく，イノベーションのデジタル化という側面を提起する．

　そして，重要なことは，分散型イノベーションが盛んとなるとともに，ユーザーの工夫や研究開発によって創出されるイノベーションとしてのユーザーイノベーションがユーザーの個人的な状況と利便性によって生じるものであり，自発的に公開されることである．そこでは，図表12—3のように，アイデア創造者，共同制作者そしてテスター，エンドユーザーとしてのユーザーという特徴づけがなされて企業のイノベーションプロセスと相互関係を形成することに関心が高まっている．したがって，分散型イノベーションの時代では，企業

図表12—3　イノベーションプロセスにおけるユーザーの位置と関係

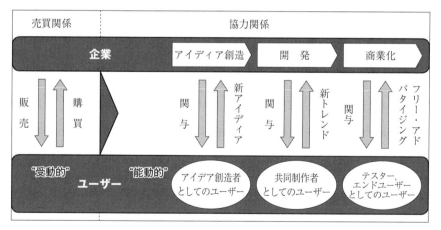

出所）Laurent Probst, Laurent Frideres, Dawit Demetri, Safaá Moujahid, Bastian Vomhof & OliviaKelly Lonkeu, PwC Luxembourg, *Business Innovation Observatory. Customer Experience, Customer incentives and involvement*, Case study 36, Enterprise and Industry. Ref. Ares 2015, p.3. を修正して作成．

はユーザーイノベーションを含めて広くイノベーションの機会の発見に取り組むことが求められ，そのための情報技術やAIの進歩を活用することが不可避となる．

したがって，分散型イノベーションの時代では，企業はユーザーイノベーションを含めて広くイノベーションの機会の発見に取り組むことが求められ，そのための情報技術やAIの進歩を活用することが不可避となる．

3　SDGsとイノベーション

さて，SDGs は，民間セクターに対して創造性とイノベーションによる SDGs 目標への貢献を期待している．

3—1．SDGsとオープンイノベーション

SDGs は，地球環境，社会そして経済というトリプルラインによって特徴づけられており，各目標を達成するための挑戦も，従来のビジネスイノベーションだけでなく，エコイノベーションそしてソーシャルイノベーションといった複数のイノベーションが関わる．さらに，SDGs は，すべての国，すべてのステークホルダー及びすべての人の参加が前提であり，民間セクターでも，小規模企業から多国籍企業，共同組合，市民社会組織や慈善団体等多岐にわたる民間部門がその主体となっている．SDGs の目標達成は，個別企業単体では困難であり，SDGs の目標 17 のようにバーナーシップが求められる．

すでに，民間セクターである企業も SDGs による創造性とイノベーションへの期待によるまでもなく，すでにクローズドイノベーシンだけでは存続が困難な状況にある．今日の企業では，オープンイノベーションが重要な役割を演じている．SDGs への企業の対応では，イノベーションによる SDGs への貢献だけでなく，SDGs からイノベーションへという方向性も重要である．特に，環境・社会的なイノベーションは個別的な特性があらわれる．さらに，イノベーションの進化は，オープンイノベーション，ユーザーイノベーションさらにサ

ービスイノベーションと多様性を増している．このような動向は，SDGsの諸
目標の達成をイノベーションの機会として捉え，企業の技術・ノウハウで諸課
題の解決を目指す，オープンイノベーション・プラットフォームであるSHIP
の設立などからも理解できる.[11]

　これまでも企業は地球環境問題や社会的問題の解決に取り組んできた．特に，
エコイノベーションやソーシャルイノベーションがこれである．また，ISO26000
やGRIなどの取り組みが企業評価に具現化され，地球環境問題や社会的問題
が企業活動に組み込まれるようになった．さらに，企業が生産する製品やサー
ビスにも具現化される時代となった．地球環境に配慮し，社会的な課題解決に
貢献することになった．つまり，企業は，地球環境問題や社会的な問題を事業
機会としてだけではなく，それらの問題に取り組むことなしに生産ができなく
なりつつある．たとえば，環境に配慮した車でなければ使用してもらえないと
いうことである．

3―2．オープンイノベーションとユーザー（市民）参加

　イノベーションが活性化するには，「多様な要素（企業，起業家，研究機
関・大学，政府等）の相互作用（競争や協業，融合等）のなかでイノベーショ
ンが創出される仕組み」が必要である．

　さて，SDGsはまさにイノベーションの民主化を進める手懸りでもあり，同
時に国際的な価値共有という性格をもつものである．したがって，今後，企業
の国際化においても企業規模の問題だけでなく，SDGsへの取り組み評価がイ
ノベーションの質に加味されることになる．

　この意味では，欧州が進めているオープンイノベーション2.0の動向が看過
されてはならない．[12]オープンイノベーション2.0の特徴は，これまでの産官学
の協力システムと異なるユーザー（市民）を組み入れたオープンイノベーショ
ンを指向していることである．オープンイノベーション2.0は，従来の政府，
企業そして大学のパートナーシップに基づくイノベーションや起業の推進とい
う構想に対して，ユーザーを加えた4つの主体によるパートナーシップに基づ

図表12—4 「ユーザー主導」と「ユーザー志向／ユーザー参画」の違い
ユーザーの関与度

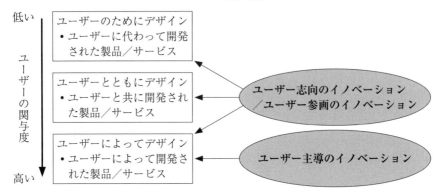

出所）Arnkil, R., Järvensivu, A., Koski, P. & T. Piirainen, *Exploring Quadruple Helix: Outlining user-oriented models*, 2010, p.21.

くイノベーションを推進しているのである．

　また，ユーザー（市民）参加型オープンイノベーションには，図表12—4のようにユーザーを使用者（商業化の対象）だけでなく，企画・研究開発の段階からともに参画する主体として，さらにイノベーションを主導する主体とみる基本的な理解がある．このようなユーザーの理解から，①ユーザー志向型，②ユーザー参加型，そして③ユーザー主導型のイノベーションが区分される．ただし，イノベーションへのユーザーの関与度は多様であり，一義的ではない．

　イノベーション2.0は，ユーザー，とくに市民参加型のオープンイノベーションを構想していると考えられ，SDGsへの対応力を備えた方向へと進んでいるとみられる．さらに，ユーザー（市民）参加型のオープンイノベーションを推進する２つの理由が指摘されている[13]．①企業に付与された特許の数は使用された数よりはるかに多いという事実，②企業や公的研究機関によって開発された技術や使用が市民から非環境的，非倫理的とみなされる可能性のあること（たとえば原子力エネルギー技術，バイオ技術など）がこれである．このような理由もユーザー（市民）参加型のオープンイノベーションへの移行を促進

図表 12— 5　三重らせん＋ユーザーモデル

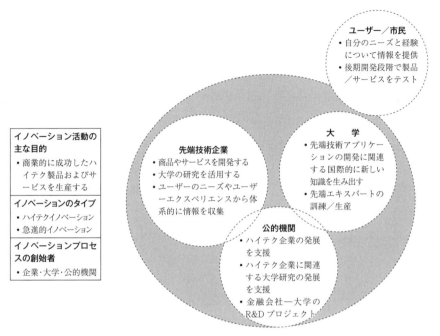

出所）Arnkil, R., Järvensivu, A., Koski, P. & T. Piirainen, ibid., p.67.

しているとされる．

　さて，オープンイノベーション 2.0 については，次のような整理がなされている．[14] このような四重らせんモデルは，図表 12—5 ～ 7 のように企業，大学，公共機関そしてユーザー（市民）の協力モデルが，従来の企業，大学，公共機関という三重らせんの協力モデルにユーザー参加を加えた理想モデルとして整理されている．①「三重らせん協力モデル＋ユーザーモデル」，②「企業中心のリビングラボモデル」，③「公共部門中心のリビングモデル」，④「市民中心のモデル」（一部のみ掲載）である．

　なお，リビングラボ（Living Labs: LL）とは，概念的には多様で弾力的であるが，ユーザーや市民が参加した共創活動（共創と Testbed の機能）の場として理解されている．このようなリビングラボの活用は，企業に新たな事業展

図表12—6　企業中心のリビングラボのモデル

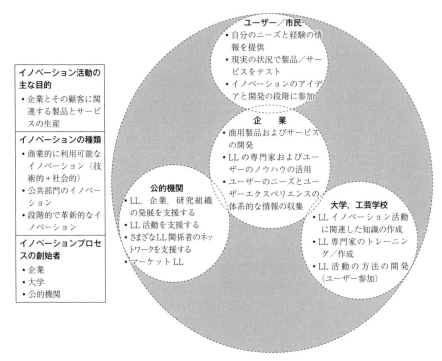

| イノベーション活動の主な目的 |
| 企業とその顧客に関連する製品とサービスの生産 |

イノベーションの種類
- 商業的に利用可能なイノベーション（技術的＋社会的）
- 公共部門のイノベーション
- 段階的で革新的なイノベーション

イノベーションプロセスの創始者
- 企業
- 大学
- 公的機関

ユーザー／市民
- 自分のニーズと経験の情報を提供
- 現実の状況で製品／サービスをテスト
- イノベーションのアイデアと開発の段階に参加

企　業
- 商用製品およびサービスの開発
- LLの専門家およびユーザーのノウハウの活用
- ユーザーのニーズとユーザーエクスペリエンスの体系的な情報の収集

公的機関
- LL，企業，研究組織の発展を支援する
- LL活動を支援する
- さまざまなLL関係者のネットワークを支援する
- マーケットLL

大学，工芸学校
- LLイノベーション活動に関連した知識の作成
- LL専門家のトレーニング／作成
- LL活動の方法の開発（ユーザー参加）

出所）Arnkil, R., Järvensivu, A., Koski, P. & T. Piirainen, ibid., p.68.

開を提供する実験の場であるとともに起業を促進する実験の場としても期待される．いずれの場を活用するかは主体の個別の特性や要件によって左右されるし，主体の意識改革も必要とされる[15]．

　また，地域性や特定のテーマなどを反映したオープンイノベーションモデルとしては中小企業やベンチャー企業にとってユーザー志向を高めるには有用と考えられる．ただし，地方自治体や公的機関，大企業などの支援も必要である．

　オープンイノベーション2.0やリビングラボでのイノベーション構想には，図表12—8のようにきわめて多様なイノベーションが混在しているとの基本的な理解がある．このような混在したイノベーションの基本的な理解は，オープンイノベーションの弾力的な進展に不可欠である

図表 12—7　市民中心の四重らせんモデル

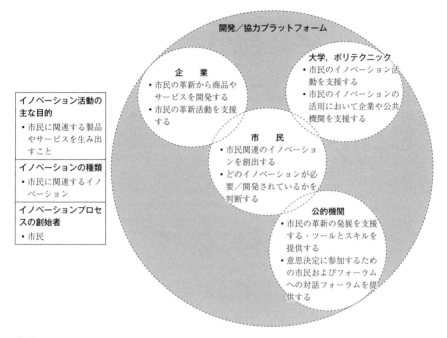

出所）Arnkil, R., Järvensivu, A., Koski, P. & T. Piirainen, ibid., p.72.

　さらに，オープンイノベーション 2.0 の展開は，個人がイノベーションの源泉であるという理解からランダムイノベーション（random innovation）が指摘されている．このような構想では，イノベーションの多様な主体と関係性が混在する状況となり，まさにランダムなイノベーション創出も考えられるのである．この意味では，ファブラボの登場も看過されてはならない．「ファブラボは，デジタルからアナログまでの多様な工作機械を備えた，実験的な市民工房のネットワークです．個人による自由なものづくりの可能性を拡げ，「自分たちの使うものを，使う人自身がつくる文化」を醸成することを目指しています」とされている．ただし，ファブラボとよばれる条件としては，① 市民に開かれていること，② ファブラボ憲章の理念に基づき運営されていること，③ 共通の推奨機材を備えていること，④ 国際規模のネットワークに参加する

図表12— 8　地方自治体と4つの基本的な四重らせんモデル

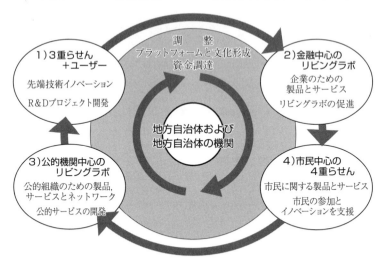

出所）Arnkil, R., Järvensivu, A., Koski, P. & T. Piirainen, ibid., p.103.

図表12— 9　オープンイノベーション2.0：エコシステム中心，組織横断的イノベーション

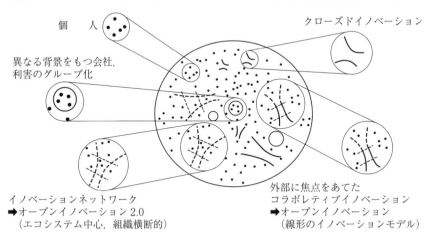

出所）den Ouden, Elke & Valkenburg, Rianne & Blok, Steef, *"Exploring the future of Living Labs"*, Research report TU/e Light House, 2016. p.11.

ことである（FabLab Japan Network）.

　このようなオープンイノベーション2.0のエコシステムは，図表12—9のよ

うに，組織横断的イノベーションやグループ・個人によるイノベーションも存^17)
在するといった多様性と自由度をもった構想となっているといえる．

　また，リビングラボのようなユーザー（市民）や他の利害関係者を巻き込ん
だ社会ニーズに基づいたイノベーションの推進は解決策が生活の質に直接貢献
するとされる．この意味でも，リビングラボが目指す意味のあるイノベーショ
ンの SDGs の諸目標への貢献の可能性は看過できないといえる．

4　国際的企業家育成と SDGs

　SDGs は，生産の意味を変えつつある．これまで企業は財貨やサービスを経
済的な視点から生産してきた．しかし，地球環境問題に直面して地球環境への
影響に配慮した生産へ，そして社会的な課題への取り組みとして社会的責任を
展開してきた．今や SDGs により生産活動は環境的，社会的そして経済的な側
面を総合した目標へと変化した．このような社会経済の目標の変化が，企業と
社会経済の関係に変化をもたらしていると考える．つまり，図表 12—10 のよ
うに，企業の目標は利潤であるが，その手段としての生産が変化したのである．
　すでに，生産活動は，経済的な側面だけではなく，地球環境問題や社会的な
問題への配慮を含む総合的な性格を強めているのである．このような変化を具
現化したのが SDGs である．したがって，企業の目標は変化しないが，その手
段である生産活動が変化していることを理解する必要がある．同時に，このよ
うな変化が国連のリーダーシップにより推進され，参加国が承認して国際的な
価値の共有がなされていることが看過されてはならない．ここに，国際的企業
家育成の新しい特性が明らかになると考える．将来の企業家に要請されるもの
は，このような国際的な目標の実現への貢献である．国際貢献も決して経済的
な義務ではなく，新市場，新技術そしてあたらしい価値（意味のある価値）な
どの視点で企業の将来的な価値を高めると考えるのである．
　イノベーションの進化は速く，オープンイノベーションの形態も，多様であ

図表 12—10　企業と社会経済のパラドックスと生産の質的変化

		企　　業	社　　会
SDGs の企業と社会	目標	利　　潤	SDGs の社会 生産（経済，環境，社会）
	手段	生産（経済，環境，社会）	利　　潤

		企　　業	社　　会
伝統的な企業と社会	目標	利　　潤	生産（経済）
	手段	生産（経済）	利　　潤

出所）筆者作成

　るだけでなくランダムイノベーションが問われ始めている．中小企業の資源が限られているため，SDGs のような目標型の CSR 研究の進化は，有効であると考えられる．同時に，クローズドイノベーションからオープンイノベーションへの展開，さらにランダムイノベーションへの進化は，中小企業やベンチャー企業に新たな展開の可能性を示唆していると考える．すでに，個でのイノベーションを基本としながらも，コネクティッド（Connected）によって多様な知識，技術そしてスキルが型にとらわれないイノベーションを創出する時代と考えられる．ただ，そこには SDGs という国際的なイノベーションの方向性が存在し，方向づけられたランダム性とイノベーションの登場が明らかになる．このような時代には，イノベーションの民主化，マネジメントの民主化，技術の民主化が進み，これが社会変革の民主化へと展開することが期待される．

　SDGs に基づく企業家は，国際的企業家の新しい概念を提起している．国際化は，地理的，空間的な広がりだけでなく，国際的な行動指針に従うという意味も存在する．国際的な指針に基づいて行動するとき，その行動を国際化とよぶのである．まさに，ここで提起した国際的企業家とは，このような国際的な行動指針に基づく企業家という意味であり，その育成が国際社会の発展に貢献

する．したがって，中小企業やベンチャー企業が SDGs の実現を目指したイノベーションを行うとき，国際的な中小企業やベンチャー企業ということになる．その市場や活動が国内であっても，国際的な中小企業やベンチャー企業とみなされることになる．

SDGs の普及によって，企業，政府，市民の連携が進むことになる．結果として，企業のオープンイノベーションへの取り組みの進化とともに，ソーシャルイノベーションへの取り組みも進化し，ともに共通の目標を目指すことになる．

さらに，リビングラボ，ファブラボの登場は，国際的に考え，地域で行動することで SDG に貢献できると考える．これらは，ランダムイノベーションにつながる可能性があり，SDGs の実現に向けた新たな可能性を開くと期待される．さらに，リビングラボ，ファブラボの進展は，オープンイノベーションにおけるランダムイノベーションの創出の場としても，また起業の場としても看過されてはならない．今後の SDGs に貢献するイノベーションは，利用者，組織，地域そして社会のそれぞれのレベルでの各種のイノベーションを特徴づけるともにパートナーシップによって共通価値を創出するという「意味のあるイノベーション（meaningful innovations）[18]」を目指すことになる．そこでも敏捷性が企業家の特徴であることに変わりはない．しかも，これらのラボがルールに基づいてネットワーク化されることにより，国際的な知識や経験の交流がなされることで社会的にも，ベンチャー企業を担う国際的企業家の育成という点でも貢献できると考える．

※この章は，つぎの論文を再編集したものである．
　拙稿『SDGs と国際的企業家育成に関する一考察』東洋大学経営力創成研究センター『経営力創成研究』第 15 号，2019 年，pp.43-57.
　拙稿『持続可能な開発と経営力創成』東洋大学経営力創成研究センター『経営力創成研究』第 10 号，2014 年，pp.5-16.

注）
　1）日本経済団体連合会（一般社団法人）「Society 5.0 ―ともに創造する未来―」2018 年

278

2）経済産業省「グローバル企業が直面する企業の社会的責任の課題」『調査報告書概要』2014年　5ページ

3）United Nations, *The Millennium Development Goals Report 2015.* 2015a.
United Nations, *Transforming our world : the 2030 Agenda for Sustainable Development.* 2015b.
外務省『（仮訳）我々の世界を変革する：持続可能な開発のための 2030 アジェンダ』2015年

4）United Nations Global Compact, GRI, wbcsd, *SDGs Compass : The guide for business action on the SDGs.* Global Compact Japan Network, 2015.（IGES 邦訳『SDGs の企業行動指針―SDGs を企業はどう活用するか―』2016 年）

5）OECD, *Better Business for 2030 ; Putting the SDGs at the Cor.*, 2018, p.21.

6）United Nations, 2015b,

7）Chesbrough, H., et al., *Open Innovation : Researching a new paradigm,* Oxford University Press, 2006.（PRTM 監訳，長尾高弘訳『オープンイノベーション―組織を越えたネットワークが成長を加速する―』英治出版　2008 年）

8）von Hippel, E., *Democratizing innovation.* Cambridge, MA: MIT Press., 2005.（サイコム・インターナショナル訳『民主化するイノベーションの時代』ファーストプレス社　2005 年）

9）同上訳書

10）関智一『イノベーションと内部非効率性―技術変化と企業行動の理論』白桃書房　2017 年

11）SHIP (SDGs Holistic Innovation Platform), 2018.

12）EUROPEAN COMMISSION, *Open innovation 2.0 yearbook 2017-2018* Directorate-General for Communications Networks, Content and Technology, 2018.

13）Arnkil, R., Järvensivu, A., Koski, P. & T. Piirainen, *Exploring Quadruple Helix : Outlining user-oriented innovation models,* 2010.

14）同上書

15）同上書

16）EUROPEAN COMMISSION, *Open innovation 2.0 yearbook 2016*: Directorate-General for Communications Networks, Content and Technology, 2016.

17）den Ouden, Elke, Valkenburg, Rianne & Blok, Steef, *Exploring the future of Living Labs,* Research report TU/e Ligth House, 2016, p.11. Exploring the future of Living Labs door Elke den Ouden, Rianne Valkenburg & Steef Blok | Blurb-boeken Nederland. https://nl.blurb.com/b/6889181-exploring-the-future-of-living-labs（2021 年 3 月 1 日アクセス）

18）den Ouden, Elke, *Innovation Design-Creating Value for People, Organizations and Society,* Heidelberg・New York: Springer, 2012, pp.51-56.

本研究に関する現状と動向

　SDGs はこれからの持続的な経済発展のあるべき姿を提示したとともに，企業経営のあるべき姿をも具現化したものである．ここでも，イノベーションはキーワードとなっている．シュンペーターがいうようにイノベーションは発見や発明とは同じではない．むしろ企業家的な行動と機能的な充実が不可欠である．さらに，SDG の登場により，より多様性と民主的なイノベーション概念と企業家の登場が期待される．

　SDGs の掲げる諸目標の実現に役立つ事業機会を発見し，評価し，活用する企業家を新しい企業家象として定義したい．これからのイノベーションの基盤は，企業，社会，地球環境にとっての肯定的な変化に関連している．企業が生産する財貨・サービスが地球環境にやさしい解決策，福利厚生の向上に連結しているということである．このようなイノベーションは，ベンチャーであれ，既存企業であれステークホルダーと結びついて展開される．そこでの論理は，パートナーシップに基づくイノベーション価値の共有であり，「意味のあるイノベーション」であると考える．ステークホルダーのパートナーとしての役割を見出し，企業と社会の「共通の価値」の創出にどのように関わっているかを研究することが重要である．さらに多様なステークホルダーとの深い複数のパートナーシップは，イノベーションに不可欠であり，そこで形成されるパートナーシップは特異な模倣できないネットワークを形成すると考えられる．これらの課題は現在の直面する経営課題である．

　今後，わが国が目を向けるべきは，北欧の国であり，同時に国土面積では小国である．2008 年 1 月 1 日の日本経済新聞で，ポール・サミュエルソン MIT 名誉教授は「日本はむしろスイスやフィンランド，アイルランドなど成功を収めている小国の戦略から学ぶべきだ．市場原理を導入しながら，公的規制のもとで競争するという「中間の道」がある．これらの国は日本と同じように出生率が低下し，人口と労働人口の減少に直面している．同時に医学の発達によって寿命が延び，生活の質も改善することが約束されている．」さらに，「日本の労働者が現在よりも長期にわたり働き続けるべきであるのは明白である．定年後の生活水準を維持するため，70 歳代になっても働き続けなければならなくなる人が出るかもしれない．……今後の難しい時代に世帯当たりの平均所得と貯蓄を引き上げる方法のひとつは，グローバルな潮流に沿って夫婦双方が働くことではないか」．このようなポール・サミュエルソンの見解はとても重要である．北欧の小国，たとえばスウェーデン，ノルウェー，デンマーク，フィンランドなどは，労働生産性やSDGs の評価がわが国よりも高水準であり，欧州でのイノベーションシステムの水準でも高い評価を得ているのである．

図表1－9－補1　上場会社収益状況（東証上場会社・連結ベース）

（単位：社，十億円，％）

年度・ 決算期	集計対象 会社数	売上高	経常利益	当期純利益	売上高 経常利益率	総資本 経常利益率	株式資本 当期純利益率 （ROE）
1998	1,358	463,544	11,226	1,666	2.42	2.17	1.20
99	1,450	466,040	14,644	2,567	3.14	2.80	1.79
2000	1,644	501,625	20,553	7,174	4.10	3.72	4.57
01	1,709	494,728	13,325	△612	2.69	2.38	△0.38
02	1,729	483,605	19,951	6,548	4.13	3.75	4.09
03	1,766	498,654	25,038	11,653	5.02	4.71	6.98
04	1,828	534,948	30,953	14,186	5.79	5.67	7.89
04. 4	5	397	28	14	7.16	14.37	16.12
5	24	1,296	69	22	5.33	7.46	5.09
6	19	904	42	20	4.72	5.80	6.70
7	4	187	8	2	4.66	5.23	3.41
8	15	908	107	52	11.89	15.53	11.94
9	29	1,847	71	74	3.88	5.92	13.85
10	14	711	27	13	3.80	5.04	5.08
11	20	1,492	69	34	4.64	5.46	6.48
12	127	25,601	1,696	884	6.63	7.89	9.68
05. 1	21	2,451	116	35	4.74	4.78	3.03
2	91	23,130	1,119	△179	4.84	6.32	△3.13
3	1,459	476,017	27,596	13,211	5.80	5.53	8.20

注）1．集計対象会社は，各年度末現在の東証上場内国会社のうち，「銀行業」，「証券，商品先物取引業」，「保険業」，及び「その他金融業」の4業種に属している会社を除き，当期及び前期において連結財務諸表を作成し，その決算期間がいずれも12か月である会社．
　　2．売上高経常利益率＝経常利益／売上高×100
　　総資本経常利益率＝経常利益／総資本（期首・期末平均）×100
　　株主資本当期純利益率（ROE）＝当期純利益／株主資本（期首・期末平均）×100

補2　収益関連指標の推移

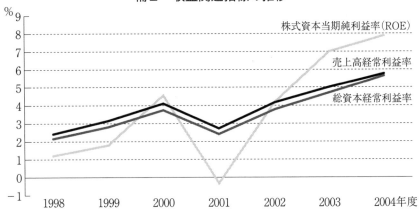

補3　業種別株主資本当期純利益率（ROE）（東証上場会社・連結ベース）

（単位：社，十億円，%）

業　　種	集計対象会社数	当期純利益 a	株主資本		株主資本当期純利益率（ROE）$a/\{(b+c)/2\}\times100$
			2003 年度 b	2004 年度 c	
全　　　　　　社	1,828	14,186	174,902	189,146	7.89
製　　造　　業	1,014	9,742	108,296	118,334	8.64
非　製　造　業	814	4,444	66,606	70,811	6.62
水 産・農 林 業	5	2	203	210	1.06
鉱　　　　　　業	8	105	751	999	12.29
建　　設　　業	120	△288	7,041	6,780	△4.55
食　　料　　品	94	442	8,003	8,282	5.45
繊　維　製　品	56	162	3,097	3,223	5.15
パ ル プ・紙	18	74	1,530	1,567	4.83
化　　　　　学	137	1,322	11,210	12,538	11.15
医　　薬　　品	36	668	6,923	7,400	9.33
石油・石炭製品	10	280	1,841	2,145	14.07
ゴ　ム　製　品	16	181	1,521	1,632	11.48
ガラス・土石製品	33	117	2,039	2,127	5.63
鉄　　　　　鋼	41	732	4,150	4,975	16.10
非　鉄　金　属	27	169	2,281	2,433	7.17
金　属　製　品	47	103	2,327	2,401	4.39
機　　　　　械	146	736	8,235	8,937	8.58
電　気　機　械	194	1,779	27,717	29,966	6.18
輸　送　用　機　器	76	2,493	21,026	23,956	11.30
精　密　機　器	31	187	1,738	1,927	10.26
そ の 他 製 品	52	290	4,650	4,819	6.15
電 気・ガ ス 業	23	879	10,854	11,382	7.91
陸　　運　　業	43	524	5,955	6,276	8.57
海　　運　　業	15	254	813	1,052	27.29
空　　運　　業	5	56	357	456	13.87
倉庫・運輸関連業	26	43	839	896	4.98
情　報・通　信　業	104	2,197	16,571	17,907	12.75
卸　　売　　業	169	361	8,867	9,945	4.12
小　　売　　業	141	△38	7,641	7,591	△0.52
不　動　産　業	52	134	3,217	3,587	4.12
サ ー ビ ス 業	103	212	3,490	3,723	5.90

注）　1．集計対象会社は，2005 年 3 月末現在の東証上場内国会社のうち，「銀行業」，「証券，商品先
物取引業」，「保険業」，及び「その他金融業」の 4 業種に属している会社を除き，当期及び前期に
おいて連結財務諸表を作成し，その決算期間がいずれも 12 か月である会社.
　　　2．株式資本当期純利益率（ROE）＝当期純利益／株主資本（期首・期末平均）×100
　　　3．集計対象会社の中に優先株式を発行している会社がある場合には，株主資本当期純利益
（ROE）の算出に際して，当期純利益から優先株式配当額を株主資本から各期末現在の優先株式
払込資本（発行価額×当該期末現在の発行済株式数）をそれぞれ控除した数値を用いているため，
表に記載の当期純利益及び株主資本を用いて計算した数値と異なることがある.
出所）図表1―9―補1，補2，補3共に東京証券取引所『東証要覧』東京証券取引所調査部　2006
　　　年　74 ページ，75 ページ.

参 考 文 献

和文献

池田正純『企業者とはなにか』有斐閣選書　1984 年

石井淳蔵・奥村昭博・加護野忠男・野中郁次郎『経営戦略論』有斐閣　1985 年

市村昭三『資本構造計画論』同文舘　1967 年

伊藤宣生『取締役会制の意義』千倉書房　1985 年

上野明『多国籍企業の経営学』有斐閣　1990 年

占部都美『改訂　企業形態論』白桃書房 1985 年

占部都美『株式会社』森山書店　1977 年

大島国雄『企業形態論』同文舘　1976 年

大隅健一郎『新版　株式会社変遷論』有斐閣　1987 年

小椋康宏『経営財務（増補版）』同文舘　1984 年

小椋康宏『日本的経営財務論』中央経済社　1984 年

小椋康宏編著『経営学原理』学文社　1996 年

小椋康宏・堀彰三（編著）『比較経営学』学文社　1996 年

小田切宏之『日本の企業戦略と組織』東洋経済新報社　1996 年

オープンイノベーション・ベンチャー創造協議会（JOIC），国立研究開発法人　新エネルギー・産業技術総合開発機構（NEDO）『オープン イノベーション白書 初版』一般財団法人　経済産業調査会　2016 年

オープンイノベーション・ベンチャー創造協議会（JOIC），国立研究開発法人　新エネルギー・産業技術総合開発機構（NEDO）『オープン イノベーション白書 初版』一般財団法人　経済産業調査会　2018 年

柿崎洋一「企業の統合的な社会的責任の概念的枠組み」東洋大学経営力創成研究センター『経営力創成研究』⑿　2016 年　pp.61-74.

笠原俊彦『技術論的経営学の特質』千倉書房　1983 年

亀川俊雄『体系　経営分析論』白桃書房　1991 年

亀川俊雄・関根敏博『マネジリアル・エコノミックス』丸善株式会社　1972 年

亀川雅人『企業資本と利潤』中央経済社　1991 年

環境省『すべての企業が持続的に発展するために―持続可能な開発目標（SDGs）活用ガイド―』2018 年

神田秀樹『会社法入門』岩波書店　2006 年

岸田民樹『経営組織と環境適応』三嶺書房　1995 年

経済産業省「グローバル企業が直面する企業の社会的責任の課題」『調査報告書概要』2014 年

工藤達男・佐久間信夫・出見世信之『現代経営における企業理論』学文社　1997

年

国弘員人『三訂　企業形態論』泉文堂　1987 年

黒田全紀『国際コンツェルン決算書』税務経理協会　1981 年

神戸大学会計学研究室編『第 4 版　会計学辞典』同文舘　1984 年

小松章『企業形態論』新世社　1990 年

小松章『企業形態論（第 3 版）』新世社　2006 年

榊原清則・大滝精一・沼上幹『事業創造のダイナミックス』白桃書房　1992 年

坂本和一・下谷政弘『現代日本の企業グループ』東洋経済新報社　1987 年

佐々木健『日本型多国籍企業』有斐閣　1986 年

下谷政弘『日本の系列と企業グループ』有斐閣　1993 年

柴川林也編著『企業行動の国際比較』中央経済社　1997 年

菅野康雄編著『企業発展と現代経営』中央経済社　1990 年

ダイヤモンド・ハーバード・ビジネス編集部編『持株会社の原理と経営戦略』ダ
　イヤモンド社　1996 年

高田馨『経営者の社会的責任』千倉書房　1975 年

高橋俊夫編著『コーポレート・ガバナンス』中央経済社　1995 年

田島壯幸『企業論としての経営学』税務経理協会　1984 年

田村茂『企業金融の経済学』有斐閣　1970 年

対木隆英『現代経営者（増補版）』中央経済社　1985 年

通商産業省産業政策局編『企業組織の新潮流』通商産業調査会　1995 年

中村秀一郎『挑戦する中小企業』岩波新書　1985 年

中村秀一郎『21 世紀型中小企業』岩波新書　1994 年

仁科一彦『財務破壊』東洋経済新報社　1995 年

日本規格協会『JIS ハンドブック　環境マネジメント 2014』日本規格協会　2014 年

日本工業標準調査会審議『JIS 社会的責任に関する手引き，JIS Z 26000
　（ISO26000)』日本規格協会　2012 年

延岡健太郎『マルチプロジェクト戦略』有斐閣　1997 年

平田光弘『わが国株式会社の支配』千倉書房　1982 年

古川栄一『経営学通論』同文舘　1992 年

増地昭男『企業形態研究』千倉書房　2000 年

増地昭男・佐々木弘編著『現代企業論』八千代出版　1994 年

松下満雄監修『持ち株会社解禁』ASAHI NEWS SHOP　1996 年

万仲脩一『現代の企業理論』文眞堂　1990 年

三戸公『家の論理 1 ——日本的経営論序説』文眞堂　1991 年

三戸公『家の論理 2 ——日本的経営の成立』文眞堂　1991 年

村松司叙『企業合併・買収』東洋経済新報社　1989 年

藻利重隆『現代株式会社と経営者』千倉書房　1984 年

藻利重隆編『経営学辞典』東洋経済新報社　1967 年

森本三男『企業社会責任の経営学的研究』白桃書房　1994 年

森本三男『経営学の原理』中央経済社　1978 年

山城章『経営学』（増補版）白桃書房　1982 年

山城章『経営学原理』白桃書房　1991 年

山城章『経営原論』丸善株式会社　1970 年

山城章『現代の企業』森山書店　1961 年

山城章『日本的経営論』丸善株式会社　1976 年

山城章編著『関連会社の経営』中央経済社　1977 年

山城章編著『経営教育ハンドブック』同文舘　1990 年

欧文献

Abegglen, J. C. and G. Jr. Stalk, *Kaisha,* Basic Books, 1985（植山周一郎訳『カイシャ』講談社　1986 年）.

Afuah, A., *Innovation Management : Stratgies, Implementation, and Profits,* Oxford University Press, 1998.

Albach, H. und R. Albach, *Das Unternehmen als Institution : Rechtlicher und gesellschaftlicher Rahmen,* Gabler, 1989.

Ansoff, H. I., *Corporate Strategy,* McGraw-Hill, 1965（広田寿亮訳『企業戦略論』産業能率短期大学出版部　1969 年）.

Ansoff, H. I., *The New Corporate Strategy,* Wiley, 1988（中村元一・黒田哲彦訳『最新戦略経営』産能大学出版部　1990 年）.

Baker, J. C., Ryans, J. K. Jr. and D. G. Howard, (eds.) *International Business Classics,* Lexington Books, 1988（中島潤・首藤信彦・安室憲一・鈴木典比古・江夏健一監訳，AIB JAPAN 訳『国際ビジネス・クラシックス』文眞堂　1990 年）.

Bell, S., and S. Morse, Learning from experience in sustainability. In *Proceedings of the 2003 International Sustainable Development Research Conference,* uk: University of Nottingham, 2003.

Berle, A. A. and G. C., Means, *The Modern Corporation and Private Property,* Macmillan, New York, 1932; revised, Harcourt, World and Brace, New York, 1968（北島忠男訳『近代株式会社と私有財産』文雅堂銀行研究社　1958 年）.

Brely, R. A. and S. C. Myers, *Principles of Corporate Finance,* 5th ed., McGraw-Hill, 1996.

Brigham, E. F., and J. L. Pappas, *Managerial Economics,* The Dryden Press Inc., 1972.

Buchholz, R. A., *Business Environment and Public Policy,* Englewood Cliffs, NJ: Prentice Hall, 1986.

Buckley, A. *Multinational Finance,* Philip Allan, 1986.

Bull, I., Thomas, H., and G.Willard, (eds.) *Enterpreneurship — Perspectives on Theory Building,* Elsevier Science, 1995.

Chandler, Alfred D. Jr., *Scale and Scope : The Dynamics of Industrial Capitalism,* The Belknap Press of Harvard University Press, 1990（阿部悦生・川辺信雄・工藤章・西牟田裕二・日高千景・山口一臣訳『スケール　アンド　スコープ——経営力発展の国際比較』有斐閣　1993 年）.

Dean, J., *Managerial Economics,* Prentice-Hall, 1951.

Donaldson, G., *Corporate Restructuring-managing the change process from within,* Harvard Business Press, Boston, Massachusetts, 1994.

Drucker, P. F., *Innovation and Entrepreneurship,* Harper & Row Publishers, 1985（小林宏治監訳・上田惇生・佐々木実智男訳『イノベーションと企業家精神』ダイヤモンド社　1985 年）.

Drucker, P. F., *The Practice of Management,* Harper & Brothers Publishers, 1954（野田一夫監修・現代経営研究会訳『現代の経営』ダイヤモンド社　1987 年）.

Ebers M., *The Formation of Inter-Organizational Networks,* Oxford University Press, 1997.

FabLab Japan Network, FabLab Japan Network.

Ford, David, *Managing Business Relationships,* John Wiley & Sons Ltd., 1998（小宮路雅博訳『リレーションシップ・マネジメント―ビジネス・マーケットにおける関係性管理と戦略―』白桃書房　2001 年）.

Gahl, A., *Die Konzeption strategischer Allianzen,* Duncker & Humblot, 1991.

Galbraith, J. R. and D. A. Nathanson, *Strategy Implementation : The Role of Structure and Process,* West Publishing, 1978（岸田民樹訳『経営戦略と組織デザイン』白桃書房　1989 年）.

Gerlach, M. L., *Alliance Capitalism,* University of California Press, 1992.

Gordon, R. A., *Business Leadership in the Large Corporation,* Brooking Institution, 1996(1945)（平井泰太郎・森昭夫訳『ビジネス・リーダーシップ——アメリカ大企業の生態』東洋経済新報社　1954 年）.

Government of the People's Republic of China, *China's National Plan on Implementation of the 2030 Agenda for Sustainable Development,* September 2016.

GRI (Global Reporting Initiative) www.globalreporting.org/.（特定非営利法人　サスティナビリティ日本フォーラム）.

Harrigan, K. R., *Managing Joint Venture Success,* D. H. Heath and Company, 1986（佐伯光彌監訳『ジョイントベンチャー成功の戦略』有斐閣　1987 年）.

Hoffmann, F. (Hrsg.), *KonzernHandbuch,* Gabler, 1993.

Japan Innovation Network (JIN), Japan Innovation Network (JIN) (ji-network.org)

2018.

Jenkinson, T. and A. Ljungqvist, Going Public — The Theory and Envidence on how Companies Raise Equity Finance, Clarendon Press, 1996.

Kirzner, Israel M., *Competition and Enterpreneurship*, The University of Chicago Press, 1973（田島義博監訳『競争と企業家精神』千倉書房　1985 年）.

Kirzner, I. M., *"How Markets work, Disequilibrium, entrepreneurship and Discoverly"* 1997（西村幹夫，谷村智輝訳『企業家と市場とはなにか』日本経済評論社　2001 年）.

Lerner, E. M. and W. T. Carleton, *A Theory of Financial Analysis*, Harcourt, Brace & World, Inc., 1966（石黒隆司・宮川公男訳『財務分析の理論――新しい企業金融論――』東洋経済新報社　1972 年）.

Lewis. J. D., *Partnerships for Profit*, New York, 1990（中村元一・山下達哉監訳『アライアンス戦略』ダイヤモンド社　1993 年）.

Loyd, B. (ed.), *Entrepreneurship : Creating and Managing New Venture*, Pergamon Press, 1989.

Mansfield, E., *Managerial Economics : Theory, Applications, and Cases*, 3rd ed., W. W. Norton & Company Inc., 1996.

Marris, R., *The Economic Theory of "Managerial" Capitalism*, Macmillan Co. London, 1964（大川勉・森重泰・沖田健吉『経営者資本主義の経済理論』東洋経済新報社　1971 年）.

McNally, K., *Corporate Venture Capital : Bridging the equity gap in the small business*, Routledge, 1997.

Mizruchi, M. S. and M. Schwartz, *Intercorporate Relations : Structural Analysis of Business*, Cambridge University Press, 1987.

Militaru, Gh. & S. Ionescu, "The Competitive Advantage of Corporate Social Responsibility", *U. P. B. Sci. Bull.*, 68(2), 2006, 89–103.

Monks, R. A. G. and N. Minow, *Corporate Governance*, Brackwell, Cambridge, Massachusetts, 1995.

Nathsius, K., *Venture Management : Ein Instrument zur innovativen Unternehmun gsentwicklung*, J. C. B. Mohr (Paul Siebeck), 1979.

OECD, *"Towards Green Growth—A summary for police makers"*, 2011.

OECD, *Better Business for 2030 ; Putting the SDGs at the Core.* 2018.

Svensson, J. and C. Ihlström Eriksson, *Open Innovations in Small Enterprises - A Living Lab Approach*, Proceedings of ISPIM 2009, Vienna, Austria, 2009, June 21–24.

Penrose, Edith, *The Theory of the Growth of the Firm*, New York, John Wiley, 1959（末松玄六訳『会社成長の理論（第 2 版）』ダイヤモンド社　1980 年）.

Peterson, P. P., *Financial Management and Analysis*, McGraw-Hill, 1994.

Png, I. P. L., *Managerial Economics,* Blackwell Publishers, 1998.

Poniachek, H. A. (eds.), *International Corporate Finance,* Unwin Hyman, 1989.

Porter, M. E., *Competitive Strategy,* The Free Press, 1980（土岐坤・中辻萬治・服部照夫訳『競争の戦略』ダイヤモンド社　1982 年）.

Porter, M. E., *Competition in Global Industries,* The Free Press, 1986（土岐坤・中辻萬治・小野寺武夫訳『グローバル企業の競争戦略』ダイヤモンド社　1989 年）

Porter, M. E., & M. R. Kramer, "The competitive advantage of corporate", philanthropy. *Harvard Business Review,* 2002, Dec., 5-16.

Rodriguez, R.M. and E. E. Carter, *International Financial Management,* 3rd ed., Prentice-Hall, 1984.

Ruepp, R. U., *Die Aufteilung der Konzernleitung zwischen Holding-und Managementgesellscaft,* Zurich, 1994.

Rumelt, R. P., *Strategy, Structure and Economic Performance,* Harvard Business School Press, 1974（鳥羽欽一郎・川辺信雄ほか訳『多角化戦略と経済成果』東洋経済新報社　1977 年）.

Schein, E. H., *Organizational Culture and Leadership,* Jossey-Bass Inc., 1985（清水紀彦・浜田幸雄訳『組織文化とリーダーシップ』ダイヤモンド社　1989 年）.

Schumpeter, J. A., *Business Cycles,* 1939.（吉田昇三監修・金融経済研究所訳『景気循環論』(1-5), 有斐閣　1958-64 年）.

Schumpeter, J. A., *Capitalism, Socialism and Democracy.* 1942（中山伊知郎・東畑精一訳『資本主義・社会主義・民主主義』(新装版), 東洋経済新報社　1995 年）.

Schumpeter, J. A., *History of Economic Analysis,* 1954（東畑精一訳『経済分析の歴史』(1-7), 岩波書店　1955-62 年）.

Shapiro, A. C., *Foundations of Multinational Financial Management,* 2nd ed., Allyn and Bacon, 1994.

Starr, M. K., *Grobal Corporate Alliances and the Competitive Edge-Strategies and Tactics for Management,* Quorum Books, 1991.

Stiglitz, Joseph E. and Bruce C. Greenwald, *Creating a learning society : a new approach to growth, development and social progress,* Columbia university press, 2015（藪下史郎・岩本千晴訳『スティグリッツのラーニング・ソサイエティ―生産性を上昇させる社会―』東洋経済新聞社　2017 年）.

Stoner, J. A. F., Freeman, R. E. & D. R. Jr. Gilbert, *Management,* 6th ed., Prentice-Hall, 1995.

Theisen, M. R., *Der Konzern,* Stuttgart, 1991.

Tricker, R. I., *International Corporate Governance : Text, Reading and Cases,* Prentice Hall, Simon & Schuster (Asia), Singapole, 1994.

UNEP, "Towards a Green Economy: Pathways to Sustainable Development and

Poverty Eradication", *Green Economy Report*, 2011.

United Nations Global Compact, GRI, wbcsd, *SDGs Compass : The guide for business action on the SDGs*. Global Compact Japan Network, 2015（IGES 訳『SDGs の企業行動指針―SDGs を企業はどう活用するか―』2016 年）.

Utterback, J. M., *Mastering the Dynamics of Innovation : How Companies Can Sieze Opportunities in the Face of Technological Change*, Harvard Business School Press, Boston, Massachusetts, 1994.

van der Hijden, Pieter et al., *Manual : How to align your Fab Lab ∕ Makerspace with the U. N. Sustainable Development Goals (SDGs)* Technical Report・August 2018.

Weihrich, H. and H. Koontz, *Management : A Global Perspective*, 10th ed., McGraw-Hill, 1993.

Williamson, O. E., *Corporate Control and Business Behavior*, Englewood Cliffs, N. J., 1970（岡本康雄・高宮誠訳『現代企業の組織革新と企業行動』丸善株式会社 1975 年）.

Williamson, O. E., *Markets and Hierarchies : Analysis and Antitrust Implications-A Study in the Economics of Internal Organization*, New York, The Free Press, 1975（浅沼萬理・岩崎晃『市場と企業組織』日本評論社　1980 年）.

Zweifl, M., *Holdinggesellschaft und Konzern*, Zürich, 1973.

索　引

292

著者紹介

小椋康宏（おぐら　やすひろ）（第2，3，10章）

1945年　岐阜県に生れる
1969年　一橋大学大学院商学研究科修士課程修了
1970年　東洋大学経営学部専任助手，専任講師，助教授を経て，
　　　　現在，東洋大学名誉教授
専　門　経営学・経営財務論
主要著書　『経営財務（増補版）』同友館　1984年
　　　　　『日本的経営財務論』中央経済社　1984年
　　　　　『経営学原理』（編著）学文社　1996年
　　　　　『経営環境論』（編著）学文社　1999年
　　　　　『経営教育論』（編著）学文社　2000年

柿崎洋一（かきざき　よういち）（第1，4，5，6，7，8，9，11，12章）

1953年　秋田県に生れる
1977年　東洋大学大学院経営学研究科修士課程修了
1977年　東洋大学経営学部専任助手，専任講師を経て，
　　　　現在，東洋大学経営学部教授
専　門　経営学・企業論
主要著書　「企業発展と企業間関係の形成」菅野康雄編『企業発
　　　　　展と現代経営』中央経済社　1990年
　　　　　「企業間関係の経営教育的役割」森本三男編『実践経営
　　　　　の課題と経営教育』学文社　1999年
　　　　　『経営教育論』（共著）学文社　2000年

日本経営学基礎シリーズ 2

企　業　論
〈第4版〉

1998年 4 月 1 日　第一版第一刷発行
2019年 1 月10日　第三版第五刷発行
2021年 3 月30日　第四版第一刷発行

著　者　小椋康宏・柿崎洋一
発行所　㈱学　文　社
発行者　田　中　千　津　子

　　東京都目黒区下目黒 3-6-1 〒 153-0064
　　電話 03（3715）1501 振替 00130-9-98842

落丁，乱丁本は，本社にてお取替え致します。
定価は売上カード，カバーに表示してあります。

ISBN978-4-7620-3079-6　印刷／㈱亨有堂印刷所